电动车辆
复合电源系统集成管理基础

熊瑞　何洪文　著

Fundamentals of Energy Management for Hybrid Energy Storage Systems Used in Electric Vehicles

化学工业出版社
·北京·

本书对近些年来电动车辆复合电源系统中的新方法、新技术进行了概述，详细介绍了电动车辆复合电源系统的关键部件性能实验、建模理论、参数匹配和实时能量管理策略，叙述了复合电源系统台架试验搭建与验证方法。

本书注重理论与实际案例的结合，内容新颖、图文结合、通俗易懂，可作为从事电动车辆领域科研和工程技术人员的参考资料，也可作为高等院校教师、研究生和高年级学生教学教材与参考用书。

图书在版编目（CIP）数据

电动车辆复合电源系统集成管理基础/熊瑞，何洪文著. —北京：化学工业出版社，2019.3（2023.1重印）

ISBN 978-7-122-33680-4

Ⅰ. ①电… Ⅱ. ①熊… ②何… Ⅲ. ①电动汽车-电源 Ⅳ. ①U469.720.3

中国版本图书馆CIP数据核字（2019）第005926号

责任编辑：刘　琳　　装帧设计：王晓宇

责任校对：王素芹

出版发行：化学工业出版社（北京市东城区青年湖南街13号　邮政编码100011）

印　　刷：北京云浩印刷有限责任公司

装　　订：三河市振勇印装有限公司

710mm×1000mm　1/16　印张$11^1/_2$　彩插4　字数186千字　2023年1月北京第1版第2次印刷

购书咨询：010-64518888　　售后服务：010-64518899

网　　址：http://www.cip.com.cn

凡购买本书，如有缺损质量问题，本社销售中心负责调换

定　　价：73.00元

前言

Preface

发展节能与新能源汽车是国际共识，也是我国的战略性新兴产业和“中国制造2025”确立的重点领域。据中国汽车工业协会统计，我国新能源汽车2017年全年产销量分别达到79.4万辆和77.7万辆，连续三年位居全球第一，目前累计推广总量已突破200万辆。显然，新能源汽车产业迎来了前所未有的重大发展机遇，与此同时带动了动力电池系统产业的迅猛发展。然而，当前的动力电池系统技术难以同时兼顾高比功率、高比能量和低温高启动功率的多重要求，开发动力电池和超级电容等组成的复合电源系统已成为一种有效的解决途径。

本专著依托北京理工大学电动车辆国家工程实验室多年来在新能源汽车领域的设计与开发中的相关积累，结合2008年北京奥运会、2010年上海世博会和2010年广州亚运会中电动车辆的成功示范应用经验，并在筹备2022年北京冬奥会电动车辆新技术储备的基础上，详细讲述了电动车辆复合电源系统集成管理相关理论与技术。第1章剖析了国家新能源汽车发展战略和规划以及复合电源系统集成管理的技术要点。第2章详细介绍了复合电源系统关键部件实验平台搭建、实验方案设计与特性分析，系统分析了动力电池、超级电容和DC/DC变换器的工作特性及建模理论。作为系统集成管理的基础，第3章阐述了多种复合电源系统参数匹配优化方法。第4章和第5章深入地论述了基于规则策略的、基于全局优化的、基于实时优化和工况识别技术的多种复合电源系统能量管理方法，并结合具体实例进行对应算法的模型构建与系统仿真分析。第6章从半实物仿真验证角度论述了基于xPC-Target环境的复合电源系统集成管理验证方法。秉承理论与实践相结合的理念，力求能够更好地为读者所理解，本书在进行理论内容讲解时使用了许多具体的实例。本书虽然聚集动力电池和超级电容组成的复合电源系统，但阐述的理论和方法对于动力电池、超级电容、燃料电池、发动机、电动机等多种类型能量与动力源协同管理问题也具有较好的适用性。

本专著由熊瑞副教授和何洪文教授共同完成，何洪文教授负责此书的总体框架，熊瑞副教授负责全书的撰写和统稿。书稿资料的整理是由课题组博士生陈铖、陈欢、田金鹏、王春、王榘、杨瑞鑫，硕士生段砚州、靳琪、李幸港、李琳琳、林倩、刘晓炜、马骕骁、潘悦、王侃、吴舒婕等共同完成，曹家怡、王熠、张潇华、张硕和刘伟为全书提供了部分撰写材料与修改，在此向他们表示感谢。在本书的编写和修改过程中得到重庆大学刘永刚教授、哈尔滨理工大学吴晓刚教授以及北京交通大学鲍谚副教授与牛利勇副教授的大力帮助和指导，并为本书的定稿做了大量细致认真的审阅和修改工作，在此表示特别感谢。

此著作经过多年酝酿和努力，笔者力图将该领域国内外最新的研究进展以及课题组在新能源汽车能量管理方面的研究成果与心得体会奉献给同仁和读者，助力我国在该领域的创新与进步，推动行业技术发展。虽经多次修改，但仍有不尽如人意之处，主要是有些工作仍然没有结束，有些理论与技术还在探讨，自然谬误也难以避免。望读者体谅笔者初衷，欢迎通过电子邮件（rxiong@ieee.org）进行沟通，提出批评与斧正意见，共同推动我国新能源汽车电源管理的研究与开发工作快速发展。

熊瑞

北京

目录

CONTENTS

目录

CONTENTS

第 1 章 新能源汽车复合电源系统概述

1.1 国家新能源汽车发展战略和规划

在目前能源危机、环境污染日益严重的情况下，大力发展新能源汽车以减少对化石能源的依赖、降低大气污染已逐渐成为国际共识。我国能源和环境问题突出，正面临着能源紧缺和环境污染的双重压力。图 1-1 为我国 2008~2017 年石油消耗总量、进口量与对外依存度的相关数据。

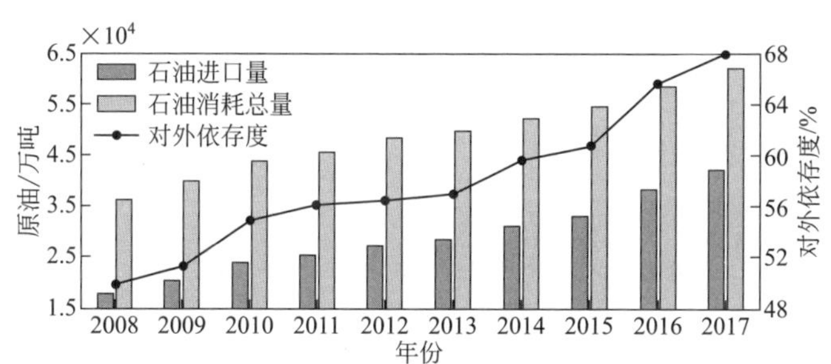

图1-1 我国2008~2017年石油消耗总量、进口量与对外依存度

从图 1-1 中可以看出，早在 2011 年我国的石油对外依存度就超过了 56%。2015 年对外依存度首次突破了 60%，这一数字在 2017 年达到了 68%，过高的石油对外依存度严重威胁着我国的能源安全。另一方面，近年来在我国部分地区频繁出现的雾霾天气不仅容易诱发急性呼吸道系统疾病，还易引发神经系统、心血管系统等方面的慢性疾病，严重威胁人民群众的身体健康。

在此背景下，越来越多的国家鼓励汽车制造商加大清洁能源汽车的投资和研发力度，向着清洁、高效和可持续的方向发展，并给予相应的政策扶持。电动汽车作为解决上述问题的最有潜力的选择，近几年来在工业和商用领域得到了长足的进步和发展。我国政府十分重视汽车产业的可持续发展，在新能源汽车领域给予高度重视和大力支持，早在“八五”期间就开始对电动汽车技术进行了攻关布局。

“十五”期间，国家 863 计划“电动汽车”重大科技专项确立了以混合动力汽车、纯电动汽车、燃料电池汽车为“三纵”，以多能源动力总成控制系统、驱动电机和动力电池为“三横”的电动汽车“三纵三横”研发布局，全面组织启动大规模电动汽车技术研发，为我国电动汽车发展奠定了技术基础。

“十一五”期间，我国组织实施了“节能与新能源汽车”重大项目，继续坚持“三纵三横”的总体布局，围绕“建立技术平台，突破关键技术，实现技术跨越”“建立研发平台，形成标准规范，营造创新环境”“建立产品平台，培育产业生态，促进产业发展”三大核心目标，全面展开电动汽车关键技术研究和大规模产业化技术攻关，并成功开展了“北京奥运”“上海世博”“深圳大运会”“十城千辆”等示范推广工程。

“十二五”期间，我国组织实施了“电动汽车科技发展”重大专项，紧紧围绕电动汽车科技创新与产业发展的三大需求，继续坚持“三纵三横”研发布局，更加突出“三横”共性关键技术，着力推进关键零部件技术、整车集成技术和公共平台技术的攻关与完善、深化与升级，形成“三横三纵三大平台”战略重点与任务布局。

2009 年 1 月，科技部、财政部、发改委和工信部共同启动“十城千辆节能与新能源汽车示范推广应用工程”，通过提供财政补贴，计划用 3 年左右的时间，每年发展 10 个城市，每个城市推出 1000 辆新能源汽车开展示范运行，涉及这些大中城市的公交、出租、公务、市政、邮政等领域，力争使全国新能源汽车的运营规模到 2012 年占到汽车市场份额的 10%。

2010 年 10 月，国务院印发《关于加快培育和发展战略性新兴产业的决定》（国发〔2010〕32 号），将新能源汽车列为七大战略性新兴产业之一，着力突破动力电池、驱动电机和电子控制领域关键核心技术，推进插电式混合动力汽车、纯电动汽车推广应用和产业化。

2012 年 6 月，国务院印发《节能与新能源汽车产业发展规划（2012~2020 年）》（国发〔2012〕22 号），以纯电驱动为新能源汽车发展和汽车工业转型的主要战略取向，重点推进纯电动汽车和插电式混合动力汽车产业化，提升我国汽车产业整体技术水平。

2014 年 5 月，习近平总书记在上海汽车集团考察时强调“发展新能源汽车是我国从汽车大国迈向汽车强国的必由之路”。

2015 年 2 月，国家科技部发布《国家重点研发计划新能源汽车重点专项实施方案（征求意见稿）》，将实施新能源汽车“纯电驱动”技术转型战略，完善电动汽车“三纵三横”技术体系和新能源汽车研发体系，升级新能源汽车动力系统技术平台作为总体目标。明确表示到 2020 年，建立起完善的电动汽车动力系统科技体系和产业链。

2015 年 5 月，国务院在发布的《中国制造 2025》纲要中明确指出，继续支持电动汽车、燃料电池汽车发展，掌握汽车低碳化、信息化、智能化核心技术，提升动力电池、驱动电机、高效内燃机、先进变速器、轻量化材料、智能控制等核心技术的工程化和产业化能力，形成从关键零部件到整车的完整工业体系和创新体系，推动自主品牌节能与新能源汽车同国际先进水平接轨。

2016 年 11 月，国务院印发了《“十三五”国家战略性新兴产业发展规划的通知》（国发〔2016〕67 号），明确提出推动新能源汽车产业快速壮大，构建可持续发展新模式，全面提升电动汽车整车品质与性能，建设具有全球竞争力的动力电池产业链，系统推进燃料电池汽车研发与产业化，加速构建规范便捷的基础设施体系。

2017 年 1 月，在国家发改委会同科技部、工信部、财政部等有关部门制定的《战略性新兴产业重点产品和服务指导目录》（2016 版）中，将新能源产品、充电及换电设施、生产测试设备等研究领域纳入重点发展规划。

2017 年 6 月，北京市科学技术委员会表示，北京 2022 年冬奥会的所有场馆区域将实现新能源汽车全覆盖。这一措施将极大地推进新能源汽车的快速发展，带动动力电池、超级电容、燃料电池等车用电源系统技术的快速推广，同时对电源系统的性能也提出了更高的要求。

1.1.1 动力电池技术现状

动力电池是新能源汽车电源系统的核心部件之一，目前广泛使用的车载动力电池主要有铅酸电池、镍镉（Ni-Cd）电池、镍氢（Ni-MH）电池、锂离子电池等。其中锂离子动力电池作为新型可充放电电池，具有能量密度高、单体电压高、自放电率低、无记忆效应、循环特性好、充电效率高、工作温度范围宽、循环寿命长等优点。目前，锂离子动力电池成为新能源汽车应用中最有潜力的选择之一。

根据正极材料类型不同，锂离子动力电池可分为三元动力电池（$LiNiMnCoO_2$，NCM）、镍钴铝酸锂动力电池（$LiNiCoAlO_2$，NCA）、磷酸铁锂动力电池（$LiFePO_4$）和锰酸锂动力电池（$LiMn_2O_4$）等。其中，依据镍、钴、锰 3 种元素的摩尔比将 NCM 动力电池再分为（NCM）$_{333}$ 和（NCM）$_{523}$ 两种。不同材料类型的锂离子电池特性参数如表 1-1 所示。

表1-1 不同材料类型的锂离子电池特性参数

项目	三元动力电池		镍钴铝酸锂（NCA）	磷酸铁锂（LFP）	锰酸锂（LMO）
	$(NCM)_{333}$	$(NCM)_{523}$			
电压平台/V	3.6~3.7	3.6~3.7	3.6~3.7	3.2~3.3	3.7~3.8
电芯比能量/（W·h/kg）	170	210	260	150	140
系统比能量/（W·h/kg）	≥110	≥130	≥150	≥110	≥100
正极材料	$LiNi_xMn_yCo_{(1-x-y)}O_2$	$LiNi_xMn_yCo_{(1-x-y)}O_2$	$LiNi_{0.85}Co_{0.1}Al_{(0.05)}O_2$	$LiFePO_4$	$LiMn_2PO_4$
工作温度	放电：-30~55℃ 充电：-20~55℃	放电：-30~55℃ 充电：-20~55℃	放电：-30~55℃ 充电：—	放电：-30~60℃ 充电：0~60℃	放电：-30~50℃ 充电：-15~50℃
典型寿命/cycle	2500	2000	600（初代特斯拉）	4000	1500
实际容量/理论容量/（mA·h/g）	140/278	160/278	180/274	140/168	100/145
产业化程度	已经产业化	已经产业化	国内无批量供应商	已经产业化	已经产业化
应用企业	宝马、北汽、大众	宝马、北汽等	特斯拉	比亚迪、北汽、上汽	日产

续表

项目	三元动力电池		镍钴铝酸锂（NCA）	磷酸铁锂（LFP）	锰酸锂（LMO）
	$(NCM)_{333}$	$(NCM)_{523}$			
优势	高比能量，长寿命	高比能量	高比能量	安全性高，成本低，寿命长	安全性高，成本低
劣势	安全性中，钴缺乏	安全性差，钴缺乏	难度高，钴缺乏，安全性差	已达比能量极限	已达比能量极限

然而，成本和安全性制约着锂离子动力电池在新能源汽车领域的大范围推广应用。对于电动汽车而言，锂离子动力电池的能量密度仍然较低且价格偏高（目前锂离子动力电池市场价格约为每度电 1200 元），续驶里程较短。钴、镍资源有限导致钴酸锂动力电池、镍酸锂动力电池的成本相对较高，发展前景不乐观。而铁、锰等元素在地壳内含量丰富，开采冶炼技术成熟，锰酸锂动力电池和磷酸铁锂动力电池具有低成本优势。另一方面，动力电池的安全性是电动车发展过程中首先要考虑和解决的问题，以热失控为特征的锂离子电池系统的安全性事故时有发生，困扰着电动汽车的发展。因此，相对于传统燃油汽车，目前电动汽车竞争力不足。

目前，动力电池技术的研究主要聚焦于提升比能量和比功率、控制成本、延长使用寿命、提高安全性等，具体包括优化现有的电池材料体系、优化电极体系、提升制造水平、研发新型的动力电池隔膜和电解液等。为进一步支撑新能源汽车的发展，需要持续提升动力电池单体能量密度，降低系统成本，目前针对纯电动汽车（Battery Electric Vehicles，BEV）和插电式混合动力汽车（Plug-in Hybrid Electric Vehicle，PHEV）车载动力电池，我国政府制定了具体的技术发展目标，如表 1-2 所示。

表1-2　我国动力电池技术的未来发展目标

	单体能量密度/（W・h/kg）			系统成本/（元/W・h）		
年份	2020年	2025年	2030年	2020年	2025年	2030年
BEV	350	400	500	1	0.9	0.8
PHEV	200	250	300	1.5	1.3	1.1

根据 2018 年的数据，我国相关动力电池制造厂家的锂离子动力电池能量密度统计如下。

① 宁德时代（CATL）：采用三元 NCM 作为电芯材料，能量密度最高可以达到 240W・h/kg。

② 比亚迪：在磷酸铁锂动力电池技术方面，目前生产的动力电池能量密度为 150W・h/kg，短期内或提升至 160W・h/kg，公司预计到 2020 年将动力电池能量密度提升到 200W・h/kg。在三元动力电池技术方面，目前能量密度达到了 200W・h/kg，公司目标是 2020 年动力电池比能量达到 300W・h/kg。

③ 沃特玛：目前生产的 32650 圆柱形磷酸铁锂动力电池和三元动力电池的能量密度分别为 145W・h/kg 和 200W・h/kg，预计到 2020 年，能量密度将分别提升至 200W・h/kg 和 300W・h/kg。

④ 亿纬锂能：2.75A・h 的 18650 三元动力电池能量密度目前可达 225W・h/kg。

⑤ 国能电池：磷酸铁锂动力电池单体能量密度为 160W・h/kg，对应动力电池模组的能量密度约为 125W・h/kg；三元动力电池能量密度后续将突破 240W・h/kg。

⑥ 捷威动力：已经量产的三元动力电池单体能量密度达 210W・h/kg。在保证动力电池安全性的基础上，预计 2020 年动力电池单体能量密度可达 300W・h/kg，动力电池成组后可达 220W・h/kg；钛酸锂动力电池单体能量密度可达 110W・h/kg。

⑦ 智慧能源：三元动力电池单体能量密度可达 220W・h/kg，成组后的能量密度达到 140W・h/kg。

⑧ 比克电池：目前比克 18650 类型的 3.0A・h 高能芯动力电池能量密度高达 250W・h/kg，后续还将进一步提升至 300W・h/kg。

1.1.2 超级电容技术现状

超级电容又称电化学电容、双电层电容器、黄金电容、法拉电容，由于其静电容量比普通电容高 3~9 个数量级，达到千法拉或万法拉而得名。德国物理学家亥姆霍兹在 19 世纪末发现，在电势的作用下，电极和电解液之间的固液双层结构间可以存储电荷，根据这一发现研发了利用电解质极化以静电荷方式储存能量的超级电容。超级电容的充放电属于物理过程，具有循环次数高、充电过程快的特点，非常适合在电动车中应用。超级电容电容量大且内阻小，使其可以有很高的工作电流和数倍于工作电流的峰值电流，因此具有很高的比功率，这个特点使超级电容非常适合在大电流频繁充放电的工况下使用。对于电动汽车而言，超级电容的这些特性可以满足其在起步、加速和制动等工况下对大电流高功率的需求。由于超级电容采用的是物理储能方式，不涉及化学反应，因此理论上超级电容不存在过放问题，可以一直放电到 0 而不会损坏。超级电容与普通电容相比的一个重要特点是时间常数较大（秒级），因此不适用于交流电路。

国际上，美国、日本、瑞士、俄罗斯、法国、韩国等国家的一些公司凭借多年的技术基础和经验积累在超级电容的研发上占据领先地位。同时这些国家的政府机构也十分重视超级电容的研发，将其列为一项战略工程。国外主要超级电容厂商产品性能如表 1-3 所示。

表1-3 国外主要超级电容厂商产品性能

品牌	额定电压/V	容量/F	内阻/mΩ	比能量/（W·h/kg）	比功率/（W/kg）	峰值比功率/（W/kg）	质量/kg	体积/L
Maxwell	2.7	2800	0.48	4.45	900	8000	0.475	0.32
Ness	2.7	10	25	2.5	3040	27000	0.0025	0.0015
Ness	2.7	5080	0.24	4.3	958	8532	0.89	0.712
Ashahi Glass	2.7	1375	2.5	4.9	390	3471	0.21	0.151
Panasonic（复合碳电极）	2.5	2500	0.43	3.7	1.35	9200	0.395	0.245
EPCOS	2.7	3400	0.45	4.3	760	6750	0.6	0.48
Okamura Power Sys.	2.7	1350	1.5	4.9	650	5785	0.21	0.151
ESMA	1.3	10000	0.275	1.1	156	1400	1.1	0.547

在国内，北京有色金属研究总院、锦州电力电容器有限责任公司、北京理工大学、北京科技大学、北京化工大学、哈尔滨巨容公司、上海奥威公司等也在开展电动车用超级电容的开发研究工作，国家“十五”计划和“863”电动汽车重大专项攻关中已将电动车用超级电容的开发列入发展计划。

超级电容高输出功率的特性引起了人们的广泛关注，应用范围包括各种专用车辆和乘用车。目前，各国都很重视超级电容在乘用车领域的应用。

① 日本最早将超级电容应用于混合动力电动汽车。超级电容的研发是近年来日本电动车动力系统开发中的重要领域之一。本田的FCX.V2燃料电池超级电容混合动力车是世界上最早实现商品化的燃料电池轿车，该车已于2002年在日本和美国的加利福尼亚州上市。本田公司又在其开发出的第三代FCX.V3和第四代燃料电池电动车FCX.V4中使用了自行开发研制的超级电容来取代动力电池组，减少了汽车的重量和体积，使系统效率增加，同时可在刹车时回收能量。测试结果表明，使用超级电容时燃料效率和加速性能均得到明显提高。日产公司于2002年6月24日生产了安装有柴油机、电动机和超级电容的并联混合动力卡车，此外还推出了天然气-内燃机-超级电容混合动力客车，该车的经济性是传统天然气汽车的2.4倍。目前，装备超级电容的混合动力电动公交车已经成为日本的国家科技攻关方向。

② 瑞士的PSI研究所在一辆48kW的燃料电池汽车上安装了360W·h的超级电容组，超级电容承担了驱动系统在减速和启动时的全部瞬态功率，以50kW的15s额定脉冲功率来协助燃料电池工作，牵引电机额定连续功率为45kW，峰值功率为75kW，采用360V直流电源。

③ 美国在超级电容方面的研究也取得了一定进展，Maxwell公司所开发的超级电容在多种类型电动汽车上得到了良好的应用。另外，美国NASA的Lewis研究中心研制的混合动力客车也采用超级电容作为主要的能量存储系统。

④ 我国对以超级电容作为唯一能源的电动汽车的研究取得了一定的进展。2004年7月我国首辆“电容蓄能变频驱动式无轨电车”在上海张江投入试运行，该公交车利用超级电容比功率大和公共交通定点停车的特点，当车辆进站停靠时在30s内快速充电，充电后就可持续供电，驱动车辆到达下一站，车辆运行时速可达44km/h。2006年8月28日，上海超级电容蓄能无轨电车商业运行线路正式开通。运营车辆采用上海奥威公司生产的超级电容，电容公交电车每公里带空调耗电1.4度，仅为燃油汽车的30%，刹车制动能量回收率达40%，中途充电仅需30s，终点站充电约90s。

未来超级电容主要有三个技术发展方向。

① 提高单体模块额定电压。

② 提高超级电容容量和比能量。

③ 降低超级电容成本。

影响超级电容大规模推广应用的重要因素之一是成本。采用碳电极或导电聚合物电极的超级电容在生产过程中不使用贵金属，其成本会随产量的增加而下降。高校或实验室用于实验的电容价格较贵，本书在后面章节为搭建硬件在环仿真平台购买的超级电容，单体额定电压为2.7V，价格折合人民币约2.00元/F。

1.1.3 国家“十三五”重点研发计划考核指标

2016年11月,《国务院关于印发“十三五”国家战略性新兴产业发展规划的通知》(国发〔2016〕67号)将新能源汽车列为我国战略性新兴产业之一，并明确提出“推动新能源汽车产业快速壮大，构建可持续发展新模式”。要求到2020年实现新能源汽车的规模应用，同时全面提升电动汽车整车品质与性能，建设具有全球竞争力的动力电池产业链。对动力电池的具体要求和目标如下。

① 着力突破动力电池成组和系统集成技术。

② 超前布局研发下一代动力电池和新体系动力电池，实现动力电池材料技术突破性发展，开展燃料电池、全固态锂离子动力电池、金属空气电池、锂硫电池等新技术研发。

③ 加快推进高性能、高可靠性动力电池生产、控制和检测设备创新，提升动力电池工程化和产业化能力。

④ 突破高安全性、长寿命、高能量密度锂离子动力电池等技术瓶颈。

⑤ 培育发展一批具有持续创新能力的动力电池企业和关键材料龙头企业，加大生产、控制和检测设备创新，推进全产业链工程技术能力建设。

⑥ 推进动力电池梯次利用，建立上下游企业联动的动力电池回收利用体系。

⑦ 到2020年，动力电池技术水平与国际水平同步，产能规模保持全球领先。

2017年10月，科技部关于发布《国家重点研发计划新能源汽车等重点专项2018年度项目申报指南》的通知中提到，继续深化实施新能源汽车“纯电驱动”技术转型战略；升级新能源汽车动力系统技术平台；抓住新能源、新材料、信息化等科技带来的新能源汽车新一轮技术变革机遇，超前部署研发下一代技术；到2020年，建立起完善的电动汽车动力系统科技体系和产业链，支撑大规模产业化发展。

对于乘用车动力电池，比能量≥ 210W · h/kg，循环寿命≥ 1200 次（80% 放电深度，模拟全年气温分布），全寿命周期、宽工作温度范围内荷电状态（State of charge，SOC）、功率状态（State of power，SOP）和健康状态（State of health，SOH）的估计误差绝对值≤ 3%，单体动力电池之间的最大温差≤ 2℃，快速充电至 80% 以上 SOC 状态所需时间≤ 1h，满足安全性等国标要求和宽温度使用范围要求，并符合 ISO 26262ASIL-C 功能安全要求及行业标准要求，成本≤ 1.2 元 /（W · h），年生产能力≥ 1 万套，产品至少为 2 家整车企业配套，装车应用不低于 3000 套；提交热失控和热扩散事故致灾分析和危害评测报告；建立基于整车一体化的动力电池系统的设计、制造与测试规范。

对于客车动力电池，动力电池系统的比能量≥ 170W · h/kg，循环寿命≥ 3000 次（80% 放电深度，模拟全年气温分布），全寿命周期、宽工作温度范围内 SOC、SOP 和 SOH 估计误差绝对值≤ 3%，单体动力电池之间的最大温差≤ 2℃，快速充电至 80% 以上 SOC 状态所需时间≤ 15min，满足安全性等国标要求和宽温度使用范围要求，并符合 ISO 26262 ASIL-C 功能安全要求及行业标准要求，确保单体热失控后 30 min 内系统无起火爆炸，成本≤ 1.2 元 /（W · h），年生产能力≥ 3000 套，产品至少为 3 家整车企业配套，装车应用不低于 1000 套；提交热失控和热扩散事故致灾分析和危害评测报告；建立动力电池系统设计、制造与测试的技术规范。

1.2 电动汽车电源需求

目前常见的电动汽车类型中，纯电动汽车车载动力电池的能量密度相对于汽车燃油 / 气的能量密度较低，动力电池能量还不足以提供与燃油车辆近似的续驶里程，同时纯电动汽车动力电池的充电技术有待进步，城市充电桩布置和安装也尚有很大问题。插电式混合动力汽车兼顾了传统混合动力汽车（Hybrid Electric Vehicle，HEV）和纯电动汽车的优点，它既能以纯电动模式行驶较长距离，又能在动力电池电量较低时以混合动力模式行驶来增加续驶里程。同时插电式混合动力汽车可以通过电网为动力电池充电，又具有比混合动力汽车动力电池容量大的特点。在动力电池技术和成本等因素还没有达到较理想要求的情况下，插电式混合动力汽车作为纯电动汽车技术的必要过渡形式，现阶段已成为国内外汽车企业重点发展对象，是当前课题研发和推广热点之一。

插电式混合动力汽车对车载能源系统的要求主要有以下几个方面。

① 比能量高、比功率大，总体质量和体积小。

② 安全可靠。

③ 寿命长，制造成本低。

④ 工作效率高。

⑤ 连续放电率高，自放电率低。

⑥ 可面对复杂运行环境。

⑦ 充电时间短。

⑧ 可回收再利用。

1.2.1 车用电源储能系统

车用电源储能系统可以根据不同的性能要求选择相应储能类型。目前存在的储能系统可分为三类：机械储能系统、电气储能系统和化学储能系统，如图 1-2 所示。电动汽车用储能系统种类繁多、特色各异，其性能指标主要包括额定功率、充放电速率、功率密度、能量密度、自放电率、响应时间、储能效率、循环寿命等。不同种类的储能系统具有不同的性能表征，典型储能系统的参数如表 1-4 所示。从表 1-4 中可以观察到，压缩空气储能系统、燃料电池储能系统、锂离子动力电池储能系统的响应时间相对更慢，典型放电时间相对较长，可以在较长时间内提供能量。与此同时，飞轮储能系统、超级电容储能系统、超导磁储能系统的响应时间很快，甚至达到了毫秒级，典型放电时间很短，可以在短时间内大倍率放电。

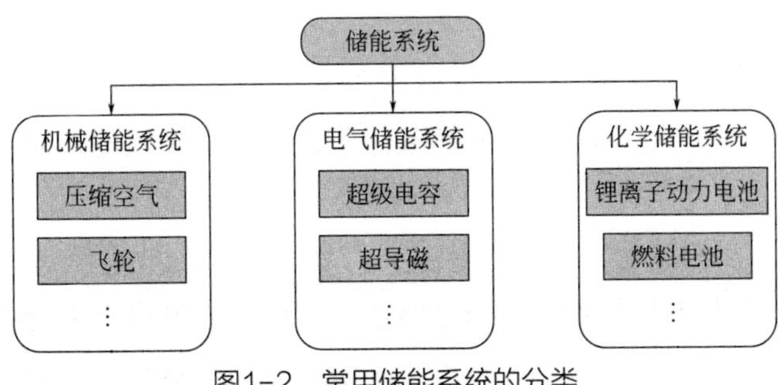

图1-2 常用储能系统的分类

表1-4　典型储能系统参数

储能系统	压缩空气	飞轮	超级电容	超导磁	锂离子动力电池	燃料电池
额定功率 /MW	100~300	0~0.25	0~0.3	0.1~10	0~0.1	0~50
典型放电时间	1~24h+	s~h	ms~1h	ms~8s	min~h	s~24h+
功率密度 /（W/L）	0.2~0.6	5000	$(4\sim12)\times10^4$	2600	$(1.3\sim10)\times10^4$	0.2~20
能量密度 /（W·h/L）	2~6	20~80	10~20	6	200~400	600（200bar）
每天自放电率 /%	小	100	20~40	10~15	0.1~0.3	0
响应时间	min	<s	<s	<s	<s	s~min
效率 /%	41~75	80~90	85~98	75~80	65~75	34~44
循环寿命 / 年	25~40	15~20	4~12	—	5~100	10~30
循环寿命 / 次数	$>10^5$	$10^4\sim10^7$	$10^5\sim10^6$	—	600~1200	$10^3\sim10^4$

1.2.2　单一车载储能电源系统

由于插电式混合动力汽车消耗的能量主要来源于电能，所以具有较高的能量经济性、较长的纯电动行驶里程、较高的安全性和较长的循环寿命。然而在不影响电源系统寿命的前提下，以目前的技术现状，单一储能系统很难同时满足混合动力汽车对于能量和功率的要求。市场推广应用的储能系统主要包括动力电池、超级电容、燃料电池等类型。对于采用单一动力电池组或超级电容组作为 PHEV 的车载电源系统的形式，主要包括以下几点问题。

① 行驶工况具有随机性，导致车辆需求功率的变化幅值和频率呈现不确定性，直线匀速行驶时需求功率较低，而急加速、爬坡时需求功率较高。在达到续驶里程要求下，需要更多数量或更大容量的动力电池来满足最高车速和加速时间对车辆动力性的要求，这将增大车辆整体质量，增加车辆初始购置成本。另外，大容量的动力电池组散热条件苛刻，安全性较差，对系统的热管理要求较高。

② 车辆高功率需求时，动力电池组将处于大电流放电状态。由于动力电池内阻的存在导致动力电池电压损失增加，实际的放电量小于标称容量，致使车辆续驶里程缩短。同时持续大电流放电状态下，逐渐增大的内部电解液浓度

差将导致动力电池 SOC 估计精度降低，影响车辆能量分配的精确管理。

③ 动力电池组在大电流放电情况下容量衰减速度增大，导致动力电池循环寿命减少。为保证电动汽车正常使用，需要提前更换动力电池组，这将大大增加车辆使用成本。而插电式混合动力汽车电源系统配备的动力电池组数量多，更换成本高，这将严重降低其在经济性方面的优势。

④ 超级电容本质上是功率型元件，适合用作启动、加速时的助力和制动再生能量回收。由于超级电容的能量密度较低，无法满足插电式混合动力汽车的容量要求。所以，选择超级电容作为单一储能元件的车辆大多采用公交运行模式，利用停站时间进行快速充电。

单一储能元件的特性决定了其应用时会存在多种问题。在现有的技术条件下，单一储能元件难以同时满足电动汽车动力系统对电源系统功率和能量的双重要求。

1.3 复合电源系统

在充分发挥各储能系统优势的基础上，由两种或多种储能系统组合构成的复合电源可以很好地解决上述问题。以各种储能系统功率和能量特性分析为基础，可以形成锂离子动力电池 + 超级电容、锂离子动力电池 + 超级电容 + 飞轮、锂离子动力电池 + 超导储能、锂离子动力电池 + 飞轮、压缩空气储能 + 超级电容、压缩空气储能 + 飞轮、燃料电池 + 超级电容、锂离子动力电池 + 燃料电池 + 超级电容等若干拓扑结构的复合电源。

近年来，由锂离子动力电池、超级电容和 DC/DC 变换器等相关部件构成的复合电源成为复合电源系统领域研究的热点。超级电容的使用可以减少插电式混合动力汽车的重量和体积，提高系统效率和整车的制动能量回收效率。更为重要的是，由于锂离子动力电池在低温条件下性能表现不佳，可以利用超级电容比功率高、低温性能好的特点进行大电流放电，延长复合电源系统使用寿命。因此，本文就锂离子动力电池 + 超级电容构成的复合电源系统技术展开系统分析，以下如不作说明，复合电源均表示此类系统。

1.3.1 车用复合电源系统方案

对于 PHEV 的运行模式而言，在纯电动工况下，复合电源系统实质上是一种混合动力系统，是“并联式电 - 电混合”的运行模式，如同“油 - 电混合”模式一样，两个能量源作用并不相同，一个提供主要动力，是主能量源，而另一个起辅助作用，是辅能量源。

因此，复合电源系统可以充分发挥动力电池高能量密度特性与超级电容高功率密度特性的优势，弥补两种储能元件的缺陷。但这种电源系统与混合动力汽车和纯电动汽车系统同样复杂，如何高效地对多能量源进行有效管理、协调各能量源的功率分配，充分发挥各自的优势成为插电式混合动力汽车研究的重点和难点。

复合电源系统的研究涉及电化学、电力电子技术、控制工程、工程优化、数值计算等内容。影响复合电源系统效率的因素有很多，采用仿真计算是解决问题的有效途径，利用适当简化的模型，在影响复合电源系统效率的诸多因素中找出主要矛盾，忽略次要因素，利用计算机数值计算和仿真技术对各种结构方案进行对比分析，根据分析结果提出针对 PHEV 的复合电源系统设计方案与能量管理策略。复合电源系统关键技术主要包括以下几点。

（1）复合电源系统部件建模

对锂离子动力电池、超级电容进行性能实验，获得其性能参数和工作特性，构建锂离子动力电池和超级电容的数学模型。此外，DC/DC 变换器模型的搭建也是复合电源系统建模的重要组成部分。

（2）复合电源系统结构参数优化与设计

根据循环工况需求，对复合电源系统进行结构参数设计，确定优化目标，对初选参数进行优化。总结复合电源系统的设计原则和设计方法，形成能够指导工程设计实践的结论。

（3）车载复合电源系统能量管理策略优化

对完成参数设计的复合电源系统制定能量管理策略，针对不同循环工况，结合系统元件特性，优化车载复合电源系统能量管理策略。通常优化目标是电源系统整体工作寿命和整车经济性。

（4）实时硬件在环仿真平台搭建

搭建基于 CAN 网络的分布式实时硬件在环仿真平台，根据复合电源系统的计算要求，设计仿真平台计算能力，测试基于 CAN 网络的仿真平台通信性能，搭建计算机与硬件仿真平台。完成软件编程、调试，硬件测试，完成系统性能验证。

（5）实验验证

在仿真平台上完成对复合电源系统的硬件在环实验，量化实物状态下结构参数和能量管理策略的优化效果，同时验证仿真平台系统的有效性和可靠性。

1.3.2 系统拓扑结构

复合电源系统中动力电池和超级电容具有不同的电压特性。为了缓解动力电池负荷，主动控制超级电容电流，需要在复合电源系统中增加 DC/DC 变换器。DC/DC 变换器的作用如下。

① 隔离动力电池和超级电容。

② 调节超级电容对外输出电压和制动回馈时充电电压。

③ 控制超级电容的充放电电流，实现复合电源配合工作的目的。

DC/DC 变换器按照输入电压与输出电压的关系可分为 Buck（降压）、Boost（升压）、Buck-Boost（升降压）等。双向升降压型和变压器隔离型全桥变换器是 DC/DC 变换器的两种主电路拓扑结构形式，后者由于本身开关数量较多，效率和可靠性较低，因此不适合用于车载复合电源，一般选用双向升降压型拓扑结构形式的 DC/DC 变换器。

锂离子动力电池、超级电容和 DC/DC 变换器的不同组合方式形成了多种类型的复合电源拓扑结构，不同的复合电源拓扑结构具有不同的成本、控制方法、适应性、性能表现和能量转换效率等特征。一般可分为三种类型：被动并联结构、全主动结构和半主动结构，如图 1-3 所示。

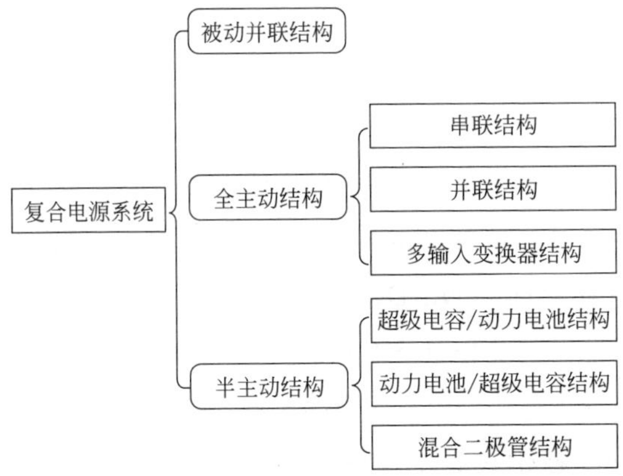

图1-3 锂离子动力电池+超级电容的复合电源系统拓扑结构分类

（1）被动并联结构

被动并联结构如图 1-4 所示，在该结构中，动力电池和超级电容直接并联在一起，然后与直流母线相连。由于其不包含 DC/DC 变换器，所以形式最为简单，成本也相对较低。超级电容在该结构中主要扮演低通滤波器的角色。与其他拓扑结构相比，动力电池和超级电容的功率分配很大程度上由它们各自的内阻值决定，而非控制系统。由于该复合电源系统不能被有效地控制和管理，导致动力电池承担了加速和制动过程中的部分大电流与高频电流，这不利于动力电池高效、健康地使用。与此同时，由于超级电容电压与动力电池电压需要始终保持一致，所以超级电容电压的变化幅度、频率受到极大的限制，导致超级电容的使用效率不高，不能充分发挥其在高功率方面的优势。

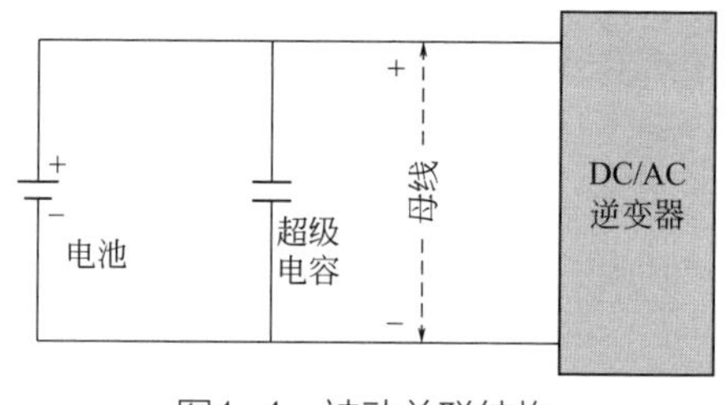

图1-4 被动并联结构

（2）全主动结构

全主动结构是指采用一个或多个 DC/DC 变换器实现动力电池和超级电容解耦的拓扑结构。它又分为串联结构、并联结构和多输入变换器结构。如图 1-5（a）所示，串联结构有两个参数不相同的 DC/DC 变换器。由于超级电容的电压变化范围较大，将一个 DC/DC 变换器连接在动力电池与超级电容之间，另一个 DC/DC 变换器连接在超级电容与直流母线之间，这样的结构更容易稳定动力电池端和母线端的电压。串联结构的另一种形式如图 1-5（b）所示，与前者的区别在于将动力电池和超级电容交换位置。该结构的最大问题在于如何克服在恒流负载下单体间的均衡。并联结构的示意图如图 1-5（c）所示，动力电池和超级电容分别与 DC/DC 变换器串联，然后再将这两条支路并联到一起。多输入变换器结构如图 1-5（d）所示，它包括了一个多端口输入的 DC/DC 变换器。该结构下的动力电池和超级电容的电压一般应低于母线电压，因此可能出现的均衡问题相对更少。总之，由于全主动结构通过增加 DC/DC 变换器实现动力电池和超级电容的完全解耦，可完全控制动力电池和超级电容的功率分配，直流母线电压值也更为稳定。然而整个系统的能量管理策略会更复杂，能量损耗、体积、重量和成本会显著增加。

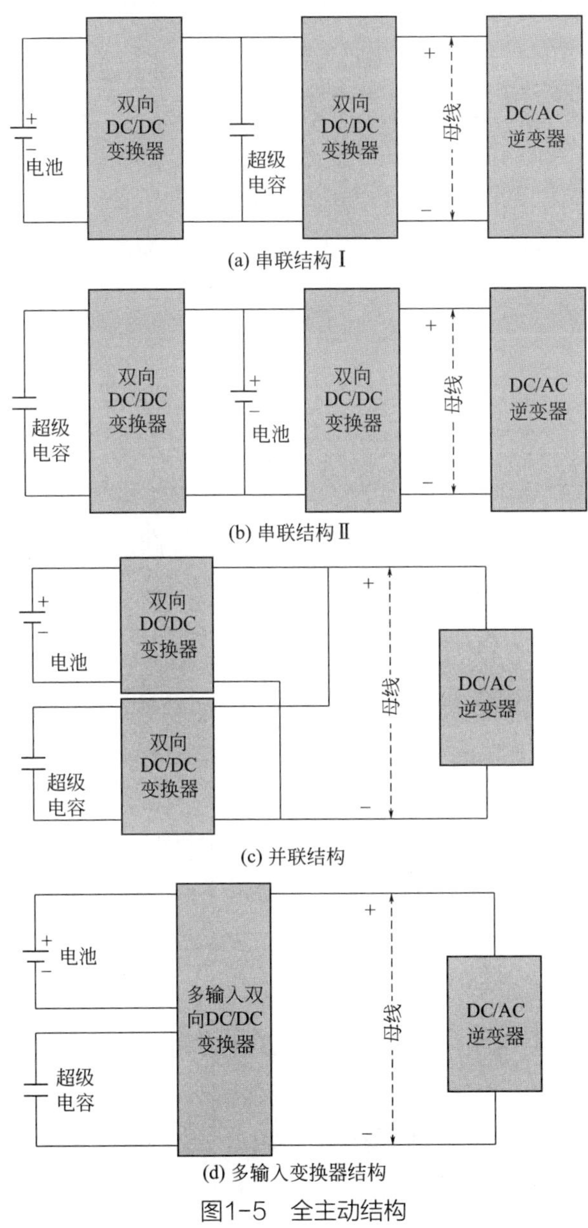

(a) 串联结构 Ⅰ

(b) 串联结构 Ⅱ

(c) 并联结构

(d) 多输入变换器结构

图1-5 全主动结构

（3）半主动结构

半主动结构主要是指动力电池或者超级电容中的一个能量源通过 DC/DC

变换器与直流母线实现解耦。它主要包括三种类型：超级电容 / 动力电池结构、动力电池 / 超级电容结构和混合二极管结构。超级电容 / 动力电池结构如图 1-6（a）所示，它由动力电池、超级电容和一个双向 DC/DC 变换器组成。其中 DC/DC 变换器与超级电容串联，动力电池与直流母线直接相连。因此，这类结构的直流母线不能承受大范围的电压波动，一旦变化过于频繁，将会严重影响动力电池的使用寿命，该结构需要 DC/DC 变换器具备更快的响应速度和较大的工作功率。动力电池 / 超级电容结构如图 1-6（b）所示，在这种结构中 DC/DC 变换器与动力电池串联，超级电容与直流母线直接连接。该结构的直流母线电压可以在一定范围内波动，超级电容具有低通滤波器的作用，可吸收由波动引起的高频电流和峰值电流，这有助于提升整个系统的效率。由于动力电池与直流母线实现了解耦，所以动力电池可以承受较大的充放电电流。图 1-6（c）所示的混合二极管结构最大特点是通过 DC/DC 变换器的控制使超级电容的电压始终高于动力电池两端的电压。因此超级电容可以在不需要与 DC/DC 变换器串联的情况下充分地发挥其功率特性。同时，动力电池的负载曲线更趋于平缓，这有利于延长动力电池的使用寿命。图 1-6（d）与图 1-6（c）的最大区别是将双向 DC/DC 变换器变成单向 DC/DC 变换器，进一步减小了 DC/DC 变换器的体积和重量，并提高了 DC/DC 变换器转换效率。

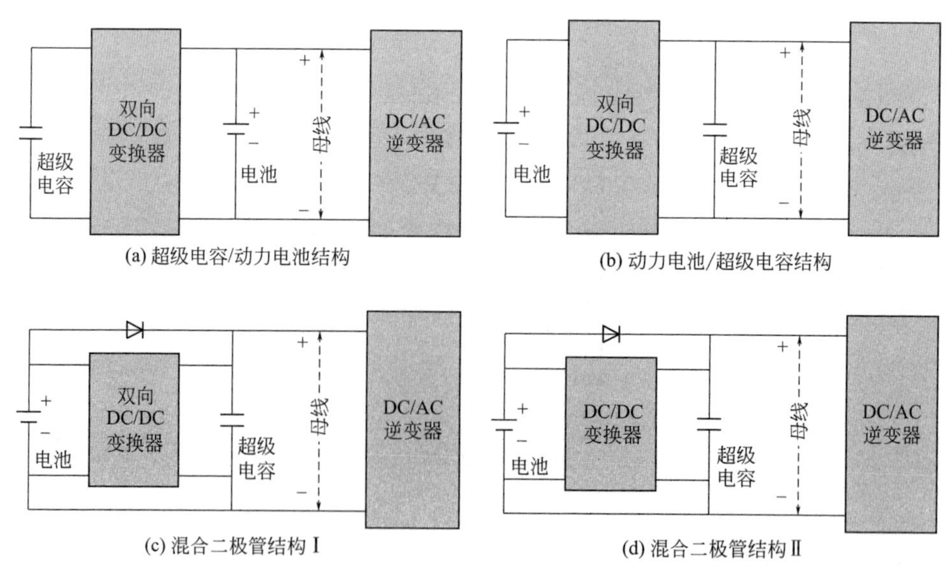

图1-6　半主动结构

1.3.3 系统能量管理策略

在复合电源系统工作过程中，动力电池提供平均需求功率和功率变化的低频部分，系统通过降低动力电池充放电倍率和电流冲击延长其使用寿命；超级电容提供短时间的峰值功率和功率变化的高频部分，从而提高系统高功率充放电的特性，超级电容在复合电源系统中实际上主要作为电力缓冲装置，起到“削峰填谷”的作用。概括地说，复合电源能量管理的目的是分配两者的输入、输出功率，同时通过控制动力电池和超级电容的输入、输出电流及工作电压来提高系统效率、系统动态性能，延长动力电池使用寿命。目前，复合电源能量管理策略主要可以分为两大类：基于规则的能量管理策略和基于优化的能量管理策略，如图 1-7 所示。

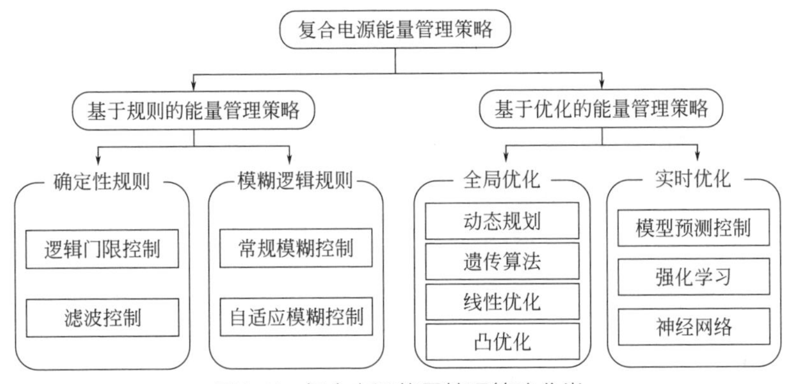

图1-7 复合电源能量管理策略分类

（1）基于规则的能量管理策略

基于规则的能量管理策略具有算法运算量小、控制简单、鲁棒性好、可靠性高等优点。但是由于复合电源动态特性复杂，规则控制不能较好地随复合电源动态特性变化来实时调整，系统控制效率较差，且对设计人员的工程经验有较强依赖性。一般来说，这类能量管理策略可以分为基于确定性规则能量管理策略和基于模糊逻辑规则能量管理策略。

① 基于确定性规则能量管理策略。该策略又称为逻辑门限的规则能量管理策略，是依据复合电源中动力电池与超级电容的时间常数，以及超级电容的峰值功率助力时间来分配功率，达到让动力电池提供平均功率、超级电容提供峰值功率的目的。复合电源中超级电容能量有限，因此超级电容上一时刻的工作状态和容量状态将直接影响下一时刻的系统控制状态，一般通过预测下一时刻的系统工作状态，或以表征车辆状态的值来估计当前时刻超级电容的容量状

态理想值，以实现系统工作状态的优化。根据复合电源中动力电池与超级电容分别在能量密度和功率密度方面的优势，研究人员引入基于频率谱的滤波器，将系统需求功率变化的高频部分给超级电容组，而低频部分由动力电池组来承担。通常对于确定性工况采用不断调试的方法来达到滤波控制优化。

② 基于模糊逻辑规则能量管理策略。该方法是一种以模糊集合论、模糊语言变量和模糊逻辑推理为基础的智能控制方法。针对复合电源的非线性特性和实时应用问题，诸多研究人员以模糊逻辑控制来进行功率的控制。在设计模糊逻辑控制的能量管理策略时，通常以需求功率、动力电池荷电状态和超级电容容量状态特征作为模糊逻辑控制器的输入，以超级电容或动力电池的系统需求功率作为输出。相对于确定性规则策略而言，模糊逻辑控制能够控制复合电源更好地适应不同的工况，具有更高的鲁棒性和自适应性。但是由于模糊逻辑控制本质上仍然是基于经验的规则控制，研究人员多联合其他能量管理策略以提高其控制效果。

（2）基于优化的能量管理策略

相对于基于规则的能量管理策略，基于优化的能量管理策略下的复合电源控制效果更佳、能耗更低。虽然优化控制方法具有相对较高的计算负担，但是其能够指导规则的能量管理策略或其他优化控制的能量管理策略的设计。随着优化算法的深入研究，具有良好的在线应用前景。一般来说，这类能量管理策略可以分为基于全局优化能量管理策略和基于实时优化能量管理策略。

① 基于全局优化的能量管理策略。对于一个确定性系统，动态规划能够以设计的代价函数为目标确定最优的控制输入值。相对于其他优化控制理论，动态规划的优势在于其能够处理多状态和多输入下的复杂线性与非线性系统，且具有全局最优性。利用动态规划可以为系统优化设计提供一个目标最优性能的基准，在复合电源控制中应用非常广泛。由于动态规划需要已知车速信息和未来道路信息，很难直接实时应用，只能用于确定性系统的优化设计。此外，动态规划需要遍历大量数据，计算量较大，特别是在多状态、多输入的情况下，由于变量过多以及计算网格划分过细，计算量会急剧增加。

遗传算法能够处理非线性、多模型、多目标的函数优化问题，具有相当强的通用性和鲁棒性。作为一种全局优化算法，遗传算法在能量管理控制中也有较多应用。由于遗传算法能够很好地处理系统的多目标与非线性问题，也被应用于多能量源的参数匹配和优化中。除此之外线性优化、凸优化、粒子群算法等其他一些全局优化算法，也可应用在电动汽车复合电源能量管理策略中。

② 基于实时优化的能量管理策略。模型预测控制又称为滚动时域控制，其控制算法主要包括预测模型建立、在线优化、反馈校正三个部分。模型预测控制的性能主要取决于两个方面：预测精度和能量管理策略的优化。为了能够更好地提高复合电源工作效率、优化系统能量管理策略的实时性和鲁棒性，研究人员建立了基于车辆行驶工况预测和系统需求功率预测的复合电源能量管理策略。由于模型预测控制具有系统预测的优势，在进行复合电源系统控制时，首先以马尔科夫过程等方法预测有限时域内车辆的信息，然后通过二次规划、动态规划等优化算法来优化控制系统的功率分配。为了提高系统模型和预测控制的精度，通常需要建立复杂的非线性系统模型或细化 DC/DC 变换器模型，但由于计算量大，只能通过高性能实验台进行模拟验证。

神经网络类似于大脑的计算和思考过程，可通过模拟人类大脑神经元活动的特征获得相关输出信息，能够很好地处理非线性问题，同时具备高速处理控制系统的能力，在系统控制、模式识别、状态预测、参数优化等多个方面得到广泛应用。由于神经网络需要大量数据集进行训练和学习，因此在利用神经网络进行复合电源能量管理时，需预先获取大量的优化控制数据集，在完成神经网络训练后，采用另外一部分数据集进行泛化能力验证。

人工智能亦称机器智能，作为计算机科学的一个分支，是指通过计算机实现的人类智能技术。该领域的研究包括机器人、语言识别、图像识别、自然语言处理和专家系统等。近年来，随着机器学习等人工智能算法的发展，强化学习等新兴智能算法也被运用于复合电源控制中。强化学习可以通过观测和分析控制系统当前行为，在未知系统结构与参数的情况下逐渐学习，做出优化决策来控制系统。目前，强化学习在系统自动控制、人工智能算法、机器学习等领域中得到了广泛应用。

第 2 章 电源系统部件特性建模研究

作为复合电源系统的部件，动力电池和超级电容的精确建模是复合电源系统研究的重要内容之一，精确的模型是复合电源系统控制与能量管理的基础，而系统准确的实验测试是精确建模的前提。本章详细阐述了复合电源系统部件的测试平台构建与特性实验设计，结合参数辨识方法开展了多种常用动力电池和超级电容模型的搭建研究，依据模型精度与复杂度的双重指标，开展了模型的性能评价研究，最后对超级电容状态特征表示方法进行了讨论。

2.1 实验平台介绍

为了获取动力电池、超级电容和 DC/DC 变换器的工作特性，开展精确建模，需搭建复合电源系统关键部件实验平台。复合电源关键部件的测试平台，包括电源系统充放电实验平台和 DC/DC 变换器台架实验平台，前者用于动力电池与超级电容的性能测试，后者用于 DC/DC 变换器的效率测试。

2.1.1 电源系统充放电实验平台

该实验平台由充放电设备、环境箱与上位机三部分组成，被测对象包括动力电池与超级电容，如图 2-1 所示。其中，充放电设备执行上位机发出的充放电指令，实时采集被测元件的电压、电流、温度等信息，并将其通过 TCP/IP 协议传输给上位机实现双向通信；上位机用于制定实验方案、控制充放电设备、实时监测充放电设备与被测对象的运行状态以及存储实验数据等；环境箱用于模拟实验过程中所需要的目标环境，包括温湿度等，以获取不同环境下动力电池和超级电容的工作特性。图 2-2 为本书实际采用的电源系统充放电实验平台实物图。

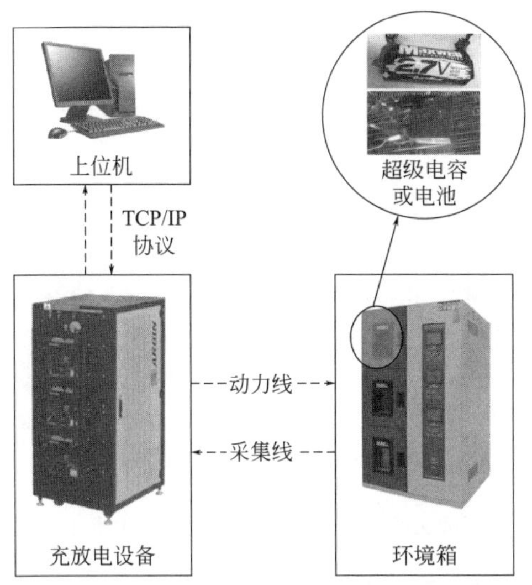

图2-1 电源系统充放电实验平台结构框架图

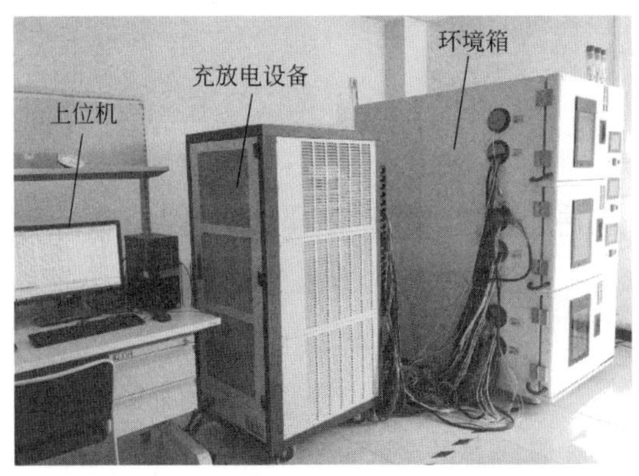

图2-2 电源系统充放电实验平台实物图

2.1.2 DC/DC变换器实验平台

该实验平台用于获取复合电源用 DC/DC 变换器的工作效率，其由充放电设备、电压电流采集设备、电子负载仪以及上位机组成，如图 2-3 所示。其中，充放电设备连接至 DC/DC 变换器的输入端，用于模拟动力电池或超级电容的输出；电子负载仪连接至 DC/DC 变换器的输出端，用于模拟车端负载；电压

电流采集设备用于采集 DC/DC 变换器的输入端与输出端的电压、电流；上位机用于制定实验方案、存储实验数据等。

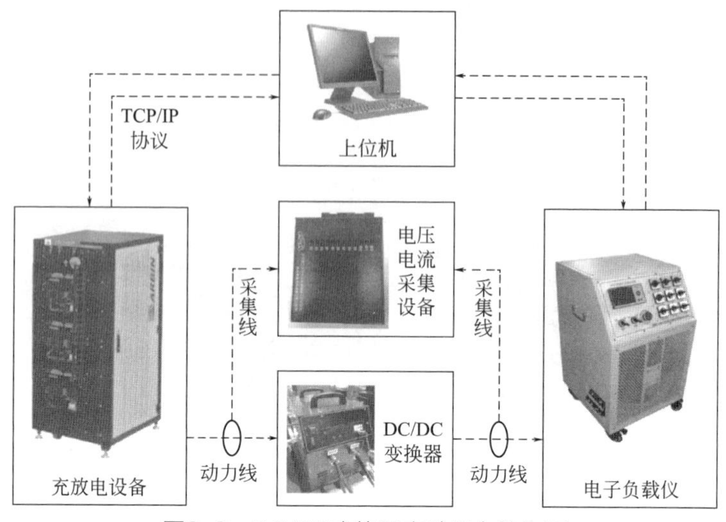

图2-3　DC/DC变换器实验平台结构图

2.2　部件性能实验

复合电源中部件特性各不相同，相应的实验目的与实验流程也有所区别。对于复合电源系统部件而言，能量特性和功率特性是衡量其性能的主要因素，能量特性描述储能部件所能储存的最大能量，而功率特性描述单位时间内所能释放的最大能量。因此，动力电池与超级电容特性实验的主要目的在于充分发挥二者在不同条件下的能量特性与功率特性，并准确地获取相应的能量特性参数（如容量）与功率特性参数（如内阻），而实验流程的制定则应该在保证完成上述目标的基础上尽可能地简化实验流程、缩短实验周期。非储能部件 DC/DC 变换器的主要功能为完成电压的调节，其能量转换效率是首要性能指标与特性参数，因此特性实验往往仅需完成该效率的准确测试即可，实验流程的设计也相对简单。

2.2.1　动力电池

为了准确地获取待测动力电池不同工作条件下的各项特性参数，所设计的实验应能给予动力电池充分的激励。常用的动力电池基本特性实验流程如图 2-4 所示，包括静态容量实验、混合动力脉冲（Hybrid Pulse Power Characterization，HPPC）实验、开路电压（Open Circuit Voltage，OCV）实验与工况实验。

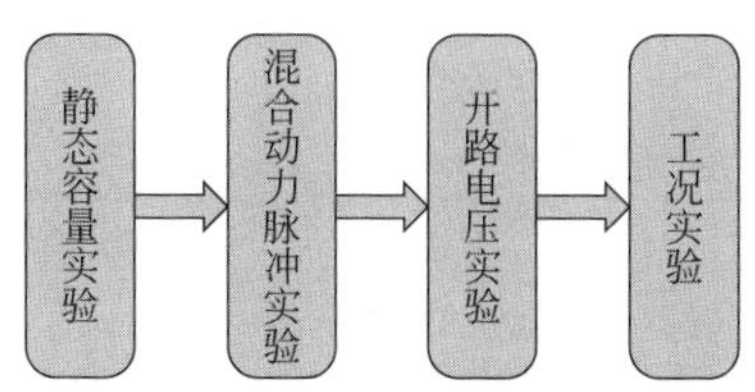

图2-4　动力电池基本特性实验流程

（1）静态容量实验

该实验用于确定动力电池的最大可用容量。具体实施流程为：首先将动力电池在标准电流下以恒流恒压（Constant Current Constant Voltage，CCCV）方式充满，然后再以标准电流恒流放电至下截止电压，连续测试三次。若三次测试的放电容量与三次测试结果均值的偏差均在 2% 以内，则本测试结果有效，可取这三次测试结果的平均值作为动力电池的最大可用容量 C_a；否则需继续测试，直到满足条件为止。

（2）混合动力脉冲实验

该实验用于获取不同 SOC 下动力电池动态特性参数，包括内阻特性参数与极化特性参数等。采用连续的脉冲激励序列对动力电池进行充放电，以获得动力电池的相关特性参数，具体步骤如表 2-1 所示。需要说明的是，这里的 SOC 定义为动力电池的剩余容量与最大可用容量之比。

表2-1　HPPC测试具体步骤

1	测试前，在标准电流下以 CCCV 的充电方式将动力电池充满电
2	静置 5h，使动力电池达到稳定状态
3	加载复合脉冲电流激励序列，然后恒流放电一段时间，静置约 1h。在恒流放电过程中需保证前后两次脉冲激励序列实验的 SOC 相隔 10%，从而获得 SOC 在 100%、90%、80%，…，10% 下的实验数据
4	重复上一步骤，直到动力电池达到放电截止电压

（3）开路电压实验

该实验用于获取不同 SOC 下动力电池的 OCV，进而完成 OCV 与 SOC 映射关系的标定。每种体系的动力电池都有特定的 OCV-SOC 曲线，该曲线的准确获取对于动力电池建模、状态估计等算法的制定具有重要意义。OCV 测试步骤如表 2-2 所示。

表2-2 充/放电状态下动力电池开路电压的测试步骤

1	以标准充放电方式（与静态容量实验一致）充 / 放电至截止电压，静置 2h，将此时的端电压值视为 SOC 为 100/0% 的开路电压值
2	以标准充放电电流对动力电池放 / 充电，当放出 / 充入电量等于最大可用容量的 5% 或者达到充放电截止条件时，静置 2h 后测试端电压值
3	重复上一步骤，直到动力电池电量完全放光 / 充满

（4）工况实验

工况实验常用于模型与算法的性能测试与评价，常见的工况包括 DST（Dynamic Stress Test）工况与 UDDS（Urban Dynamometer Driving Schedule）工况。按照"（1）静态容量实验"中的充电方法充满电后，采用相应的工况电流对动力电池进行充放电，直至动力电池端电压达到下截止电压，静置 0.5h 后，按照标准电流放电至端电压再次达到下截止电压。

基于 2.1.1 节中建立的电源系统充放电实验平台进行上述实验，可获取动力电池的全部特性数据。该数据将用于后续模型的建立、模型参数辨识与相关能量管理策略的制定。

以上描述了动力电池容量特性、内阻特性、极化特性和 OCV 特性的获取方法。由于篇幅限制，这里并未对动力电池各特性进行详细分析。若读者感兴趣，可参考笔者的《动力电池管理系统核心算法》一书。

2.2.2 超级电容

超级电容特性实验的设计流程与动力电池相似，区别在于超级电容极化现象不明显，其端电压仅需极短静置时间即能达到稳定值，因此超级电容通常无须进行 OCV 实验。此外，由于不明显的极化现象，超级电容充电过程通常无须动力电池标准充电方式中的恒压阶段。综上，本书不再赘述超级电容的特性实验流程。

在特性方面，考虑到超级电容为近似线性系统，其充放电特性、内阻特性与动力电池有所差异，因此下面对这两种特性进行介绍。

（1）充放电特性

超级电容的充放电特性可直接由容量实验获得。将容量实验中的标准充电电流设置为不同的电流值，放电电流值保持不变，即能得到不同充电电流下的超级电容充电特性。图 2-5 为某型号超级电容分别在 1A、5A、10A、20A 和 80A 电流下的恒流充电特性曲线。从图 2-5 中可见，超级电容的恒流充电特性曲线无电压平台期，且呈现出近似线性的特性。值得注意的是，由于超级电容具有高功率密度特性，其可采用大电流完成整个充电过程，充电时间极短。

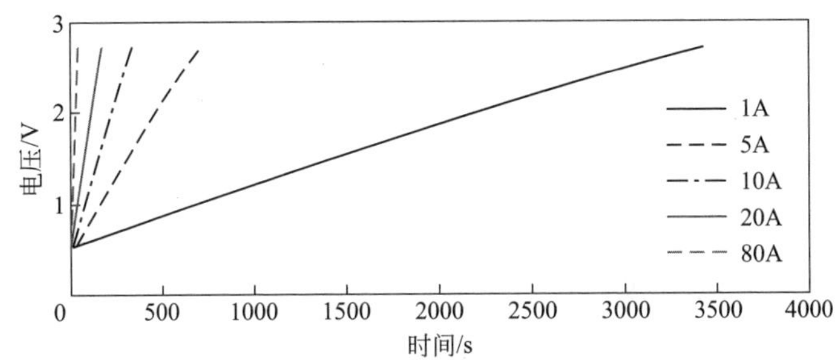

图2-5 超级电容恒流充电特性曲线

超级电容放电特性可通过改变容量实验中的标准放电电流测得。图 2-6 为超级电容分别在 1A、5A、10A、20A 和 80A 电流下的恒流放电特性曲线。从图 2-6 中可见，整个放电过程的电压曲线变化与充电过程相似，同样不具有电压平台期，且呈现出近似线性的特性。同时，超级电容可以承受大电流下的快速放电。

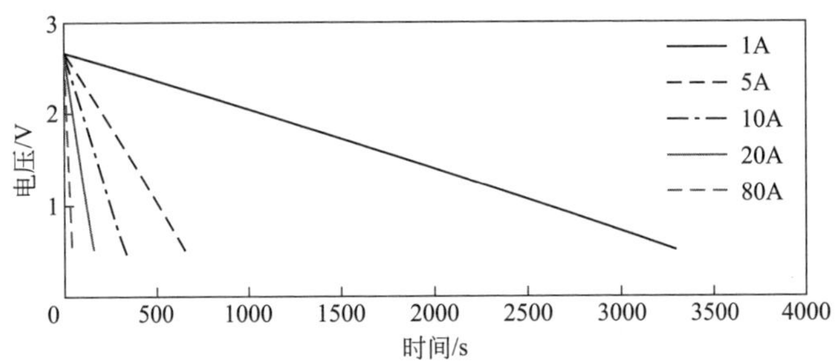

图2-6 超级电容恒流放电特性曲线

（2）内阻特性

内阻是超级电容模型中最常使用的参数之一。与动力电池相似，超级电容的内阻并非定值，不同 SOC 区间等条件下其内阻会发生变化。由于超级电容

极化现象不明显，这里仅考虑了超级电容的欧姆内阻。图 2-7 为超级电容在不同电压值下的内阻变化曲线，内阻值为参数辨识结果。从图 2-7 中可以看出，超级电容的最大内阻小于 0.4mΩ，远低于常见规格动力电池的内阻值。

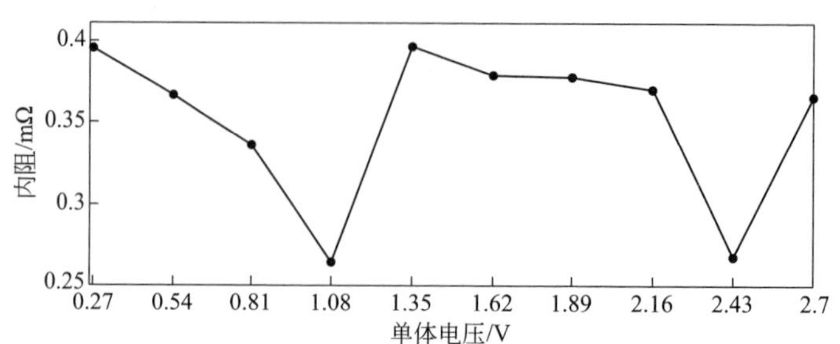

图2-7 超级电容在不同电压值下的内阻变化曲线

2.2.3 DC/DC变换器

在复合电源系统中，DC/DC 变换器通过调节输入 / 输出端的电压值来控制系统的功率分配。作为分配并传输系统功率的关键部件，DC/DC 变换器在不同条件下的工作效率直接影响了能量管理策略的制定。DC/DC 变换器特性复杂，其工作效率受到工作电压、工作电流、开关频率、开关器件、占空比和温度等诸多因素的影响，存在众多建模的不利因素。为了降低模型的复杂度，提高系统参数优化和能量管理策略设计过程中的仿真效率，通常采用 DC/DC 变换器的台架实验来获取 DC/DC 变换器的复杂工作特性。

DC/DC 变换器的台架实验流程较为简单，其实验平台见图 2-3，具体的实验步骤如下：首先，将 DC/DC 变换器输入端和输出端电压变化区间分别分成等比例的多个离散点；其次，调整充放电设备端电压在某个测试的离散电压值点保持不变，不断改变负载仪端电压值和电流值（即修改 DC/DC 变换器工作功率），并记录 DC/DC 变换器两端的电压、电流值；再次，修改直流电源端电压为另一个需要测试的离散电压值点，循环往复进行测试；最后，通过计算输出功率与输入功率之比即能获取 DC/DC 变换器的效率，进而获得表征 DC/DC 变换器工作的“输出电流 - 功率 - 效率”特性图。

表 2-3 为某额定功率为 30kW 的 DC/DC 变换器“输出电流 - 功率 - 效率”特性。表中 $i_{DC/DC}$ 为 DC/DC 变换器工作电流（功率输出端的工作电流，不同工作条件下功率方向不同），$P_{DC/DC}$ 为工作功率，η 为工作效率。从表 2-3 中可见，

在额定功率下的 DC/DC 变换器效率最高可达 92%~94%。

表2-3 某额定功率为30kW的DC/DC变换器“输出电流-功率-效率”特性

η（$i_{DC/DCr}$，$P_{DC/DC}$）	0	10kW	20kW	30kW	40kW	50kW	100kW
0	70%	70%	70%	70%	70%	70%	70%
10A	70%	85%	88%	92%	90%	87%	84%
50A	70%	89%	91%	94%	92%	88%	86%
100A	70%	87%	90%	91%	88%	85%	83%
150A	70%	80%	83%	87%	84%	82%	80%
300A	70%	75%	75%	75%	75%	75%	75%

2.3 动力电池建模方法

动力电池电化学反应过程复杂，影响因素多且具有不确定性，其数学建模是一个多领域、多学科问题，也一直是学术界和工业界研究的重点和难点。为了准确地描述动力电池的工作特性，设计简单可靠的动力电池状态估计算法，优化复合电源系统能量管理，动力电池的建模与参数辨识必不可少。

2.3.1 常见动力电池模型分类

目前常见的锂离子动力电池模型主要有四类：电化学模型、黑箱模型、等效电路模型以及分数阶模型。

（1）电化学模型

电化学模型可以详细描述动力电池内部包括正极、隔膜、负极的电化学反应过程及工作原理，也可以反映电动势和端电压的变化过程。该类模型基于动力电池内部的热力学和动力学相关方程建立，相比其他类模型更能充分准确地描述动力电池内部特性。但是，由复杂的偏微分方程和繁多的电化学参数引起的巨大计算量严重制约着电化学模型在实车上的应用。

（2）黑箱模型

动力电池复杂的内部化学反应过程和温度、老化条件、动态工况等不确定的应用环境，导致建立具有物理意义的动力电池模型较为困难，因此可简化为黑箱模型来研究，其本质是通过输入量与输出量的非线性关系来表征其外部特性。基于神经网络或者机器学习方法建立的黑箱模型，通常需要大量的测试数据作为训练集来提高模型的预测精度和适应性。该类模型能够精确再现动力电池的非线性特性，但对车辆复杂工况和单体差异的适应性不足。

（3）等效电路模型

等效电路模型借助传统的电阻、电容、电压源等电路元件组成电路网络来描述动力电池的外特性，通常使用电压源表示动力电池的热力学平衡电势差、使用 RC 网络描述动力电池的动力学特性。该模型对动力电池的各种工作状态有较好的适用性，已广泛应用于电动汽车建模仿真研究。

（4）分数阶模型

在电化学阻抗谱理论基础上发展而来的分数阶阻抗模型，结合分数阶理论使用常相位角元件描述电极表面的双电层结构和内部扩散过程，物理意义更加明确，电压仿真精度更高，能够更为精确地描述动力电池的动态特性，并兼顾动力电池的部分电化学特征。然而，现有的分数阶模型使用的纯电阻元件难以在实车动态复杂工况下准确反映电化学反应过程的非线性，同时该类模型的参数受环境因素影响明显，参数辨识过程相对于等效电路模型更为复杂。

由于等效电路模型具有较为简单和明确的状态空间方程，便于模型的求解和参数辨识，同时该模型在动力电池的大多数工况条件下均具有较好的适用性，受到了许多研究者的青睐，被广泛应用于动力电池状态估计领域。考虑到动力电池电路模型的易用性，本书将基于等效电路模型开展动力电池建模与复合电源能量管理研究。

2.3.2 动力电池建模及参数辨识

动力电池的 SOC 定义为：

$$\mathrm{SOC}=\frac{C_\mathrm{r}}{C_\mathrm{a}}\times 100\% \tag{2.1}$$

式中，C_r 为动力电池的剩余容量；C_a 为动力电池的最大可用容量。

2.3.2.1 动力电池建模

等效电路模型采用常见的电路元器件组成电路网络来描述动力电池的外特性。目前，应用最多的等效电路模型是 n 阶 RC 模型，它由开路电压模块、内阻模块以及 RC 网络模块三部分组成。考虑到动力电池充放电过程中的滞后现象，并将这种现象结合到 n 阶 RC 模型之中，从而得到带迟滞的 n 阶 RC 模型。该模型增加了滞后环节，如图 2-8 所示。图中 i_L 为动力电池的工作电流（放电时电流为正，充电时电流为负），U_t 为端电压、U_{dn} 为极化电压，R_{dn} 为极化内阻，C_{dn} 为极化电容，R_i 为欧姆内阻，其中 n=1,2,3,…。

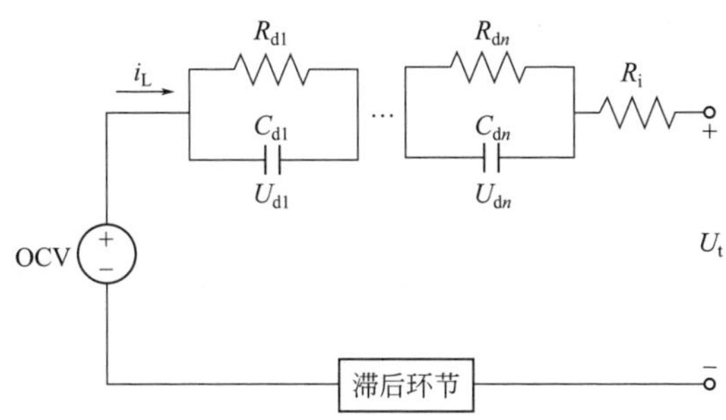

图2-8 考虑迟滞的n阶RC动力电池等效电路模型

（1）电压源

对于动力电池模型，由于极化作用的存在，开路电压为充放电结束并静置足够长时间后的端电压，可近似视为 SOC 的单调函数。对于同一动力电池单体而言，开路电压与动力电池 SOC 之间的关系曲线（SOC-OCV 曲线）相对稳定，因而常常被用来标定 SOC。OCV 与 SOC 的关系常用下式拟合。

$$U_{oc,k}=\alpha_0+\alpha_1 z_k+\alpha_2\left(z_k\right)^2+\alpha_3\left(z_k\right)^3+\alpha_4/z_k+\alpha_5\ln\left(z_k\right)+\alpha_6\ln\left(1-z_k\right) \tag{2.2}$$

式中，z_k 为动力电池 k 时刻的 SOC 值；α_0 至 α_6 均为拟合系数。

（2）欧姆内阻

欧姆内阻指动力电池电极材料、电解液、隔膜电阻及各部分零件的接触电阻之和，常用 R_i 表示。欧姆内阻模块的分压可表示为：

$$U_{i,k}=R_i i_{L,k} \tag{2.3}$$

式中，$U_{i,k}$ 为 k 时刻的欧姆压降。

（3）RC 网络

通过极化内阻 R_{dn} 和极化电容 C_{dn} 来描述动力电池的动态特性。RC 网络两端电压即为动力电池的极化电压，可由以下递推公式计算：

$$U_{dn,k+1}=\exp\left(\frac{-\Delta t}{\tau_{dn}}\right)U_{dn,k}+\left[1-\exp\left(\frac{-\Delta t}{\tau_{dn}}\right)\right]i_{L,k}R_{dn} \tag{2.4}$$

式中，$U_{\mathrm{d}n,k+1}$ 为 k+1 时刻的极化电压；Δt 为采样时间间隔；$\tau_{\mathrm{d}n}$ 为时间常数，且 $\tau_{\mathrm{d}n}=C_{\mathrm{d}n}R_{\mathrm{d}n}$。

（4）滞后环节

对于动力电池系统而言，滞后现象指电压变化相对延迟于电流变化，即之前时刻的充放电电流会持续影响之后的动力电池外特性。从充放电特性曲线上来看，滞后现象体现在动力电池充电和放电曲线不是完全重合的。通常可采用滞后电压 h 来描述这一现象。

$$h_{k+1}=\exp\left(-\left|\kappa i_{\mathrm{L},k}\right|\Delta t\right)h_k+\left[1-\exp\left(-\left|\kappa i_{\mathrm{L},k}\right|\Delta t\right)\right]H \tag{2.5}$$

式中，h_{k+1} 为 k+1 时刻的滞后电压；κ 为衰退因子；H 为滞后电压的最大值（充电为正，放电为负）。

获取滞后环节两端电压表达式后，即能求得带迟滞的 n 阶 RC 模型的端电压表达式：

$$U_{\mathrm{t},k}=U_{\mathrm{oc},k}-U_{\mathrm{i},k}-\left(U_{\mathrm{d1},k}+U_{\mathrm{d2},k}+\cdots+U_{\mathrm{dn},k}\right)+h_k \tag{2.6}$$

通过改变模型中 RC 网络的数量 n，可以将其转化为 0 阶 RC 模型（Rint 模型）、1 阶 RC 模型、2 阶 RC 模型等。实际上 n 不能无限大，过大的 n 值将导致模型的复杂度增加，不利于算法的在线应用，因此本章仅讨论 n=0,1,2 的情况。同时，根据模型中是否添加滞后环节，将模型分为带滞后的等效电路模型与无滞后的等效电路模型两类。这样，最终可获取 6 种常用等效电路模型，如表 2-4 所示。

表2-4　6种模型的数学表达式

	无滞后	带滞后
n=0	$U_{\mathrm{t},k}=U_{\mathrm{oc},k}-U_{i,k}$	$\begin{cases}U_{\mathrm{t},k}=U_{\mathrm{oc},k}-U_{i,k}+h_k\\ h_{k+1}=\exp\left(-\left\|\kappa i_{\mathrm{L},k}\right\|\Delta t\right)h_k+\left[1-\exp\left(-\left\|\kappa i_{\mathrm{L},k}\right\|\Delta t\right)\right]H\end{cases}$
n=1	$\begin{cases}U_{\mathrm{t},k}=U_{\mathrm{oc},k}-U_{i,k}-U_{\mathrm{d1},k}\\ U_{\mathrm{d1},k+1}=\exp\left(\frac{-\Delta t}{\tau_{\mathrm{d1}}}\right)U_{\mathrm{d1},k}+\left[1-\exp\left(\frac{-\Delta t}{\tau_{\mathrm{d1}}}\right)\right]i_{\mathrm{L},k}R_{\mathrm{d1}}\end{cases}$	$\begin{cases}U_{\mathrm{t},k}=U_{\mathrm{oc},k}-U_{i,k}-U_{\mathrm{d1},k}+h_k\\ U_{\mathrm{d1},k+1}=\exp\left(\frac{-\Delta t}{\tau_{\mathrm{d1}}}\right)U_{\mathrm{d1},k}+\left[1-\exp\left(\frac{-\Delta t}{\tau_{\mathrm{d1}}}\right)\right]i_{\mathrm{L},k}R_{\mathrm{d1}}\\ h_{k+1}=\exp\left(-\left\|\kappa i_{\mathrm{L},k}\right\|\Delta t\right)h_k+\left[1-\exp\left(-\left\|\kappa i_{\mathrm{L},k}\right\|\Delta t\right)\right]H\end{cases}$

续表

	无滞后	带滞后
n=2	$\begin{cases} U_{t,k}=U_{oc,k}-U_{i,k}-\left(U_{d1,k}+U_{d2,k}\right) \\ U_{d1,k+1}=\exp\left(\frac{-\Delta t}{\tau_{d1}}\right)U_{d1,k}+\left[1-\exp\left(\frac{-\Delta t}{\tau_{d1}}\right)\right]i_{L,k}R_{d1} \\ U_{d2,k+1}=\exp\left(\frac{-\Delta t}{\tau_{d2}}\right)U_{d2,k}+\left[1-\exp\left(\frac{-\Delta t}{\tau_{d2}}\right)\right]i_{L,k}R_{d2} \end{cases}$	$\begin{cases} U_{t,k}=U_{oc,k}-U_{i,k}-\left(U_{d1,k}+U_{d2,k}\right)+h_k \\ U_{d1,k+1}=\exp\left(\frac{-\Delta t}{\tau_{d1}}\right)U_{d1,k}+\left[1-\exp\left(\frac{-\Delta t}{\tau_{d1}}\right)\right]i_{L,k}R_{d1} \\ U_{d2,k+1}=\exp\left(\frac{-\Delta t}{\tau_{d2}}\right)U_{d2,k}+\left[1-\exp\left(\frac{-\Delta t}{\tau_{d2}}\right)\right]i_{L,k}R_{d2} \\ h_{k+1}=\exp\left(-\left\|\kappa i_{L,k}\right\|\Delta t\right)h_k+\left[1-\exp\left(-\left\|\kappa i_{L,k}\right\|\Delta t\right)\right]H \end{cases}$

2.3.2.2 动力电池参数辨识

在建立动力电池模型后，为获得准确的状态值，需对模型中的参数进行辨识。根据所建模型与所选算法的不同，参数辨识方法也有所不同。为了准确获取上述 6 个模型中的相关参数，这里采用基于遗传算法的参数辨识方法。

（1）遗传算法介绍

遗传算法（Genetic Algorithm）最初由美国 Michigan 大学的 J.Holland 教授于 1975 年首先提出，是模拟达尔文生物进化论中的自然选择学说和遗传学机理的生物进化过程的一种搜索最优解的方法。遗传算法以种群（population）表示待求解问题的潜在解集，求解过程以种群演化开始。种群是由一定数目含基因（gene）编码（coding）的个体（individual）组成。作为遗传物质的主要载体，每个个体与生物染色体（chromosome）相似，是多个基因的集合，而某种基因组合决定了个体的外部表现。当初代种群产生之后，按照适者生存和优胜劣汰的原理，逐代演化，产生迭代优化的近似解。根据问题域中每一代个体的适应度（fitness）大小选择（selection）目标个体，并借助于自然遗传学的遗传算子（genetic operators）进行组合交叉（crossover）和变异（mutation），产生出代表新的解集的种群。该过程将使种群像自然进化一样的产生后代。相比前代，后代会更适应环境，直到产生满足进化终止条件的末代种群。通过对末代种群中的解码（decoding），求解出问题的近似最优解。因此，遗传算法所涉及的五大要素为：参数编码、初始群体的确定、适应度函数设计、遗传操作的设计和控制参数的设定。

遗传算法可以有效解决各种最优搜索问题，能够处理非线性、多模型、多目标的函数优化问题，具有较强的通用性和鲁棒性。遗传算法具有以下多个方面的特点。

① 从串集开始搜索，覆盖面大，利于全局择优。

② 可同时并行处理群体中多个个体，可以有效地逃出局部最优区域。

③ 以适应度函数为优化目标，无须满足函数连续可微的条件，可以自由设定定义域，应用范围十分广泛。

④ 通过个体适应度计算个体生存概率，搜索方向无须确定的规则。

⑤ 具有自组织、自适应和自学习的特性。

此章节重点研究参数辨识的具体实施流程，而不详细介绍遗传算法的算法原理。具体的算法原理将结合复合电源系统的能量管理研究，在第 4 章中进行介绍。

（2）参数辨识的实施流程

动力电池参数辨识的具体实施流程如下。

① 选取参数辨识的 SOC 标定点及其辨识区间。大多数模型参数随 SOC 变化显著，因而参数的离线辨识需事先选好用于标定的 SOC 值及其辨识区间。对于辨识区间的选取而言，不仅要保证选取的辨识区间内 SOC 变化足够小，而且要求该区间内动力电池得到了足够的电流激励。

② 利用遗传算法辨识所有 SOC 标定点下的模型参数。基于①中选取的 N 个 SOC 标定点及其辨识区间的数据，采用表 2-5 所示的参数辨识方法获得与 N 个 SOC 标定点一一对应的 N 组模型参数。

表2-5　基于遗传算法的动力电池模型参数辨识方法

初始化	确定模型的优化目标，优化变量和约束条件，并设置当前标定点编号 n=1，总标定点数量 N
步骤1	载入第 n 个 SOC 标定点对应的辨识区间内的电流、电压数据
步骤2	设置遗传算法的相关参数
步骤3	遗传算法的优化步骤如下 ① 随机生成初始种群并用二进制表示 ② 针对种群中的个体逐一评估目标函数 ③ 判断是否满足截止条件，若是，则完成参数辨识，若否，则跳转下一步 ④ 以遗传、交叉和突变的方式生成新的种群 ⑤ 返回第②步直到满足算法截止条件
步骤4	判断 n=N 是否成立，若是则获得所有标定点下的模型参数；否则令 n=n+1，并返回步骤 1

表 2-5 中，优化目标一般为最小化模型的均方根误差（Root Mean Square Error，简称 RMSE）；优化变量为所建模型中待辨识的参数；约束条件即为相应参数的取值范围。

③ SOC 与模型参数关系曲线的拟合或插值。②中得到了所有 SOC 标定点下的模型参数值，可以通过拟合或插值的方式，获取各个参数值与 SOC 的直接映射关系。同时，通过端电压的最终拟合精度来判断该模型是否合理。若精度符合要求，则判断参数辨识成功，否则需返回①，适当地调整上述过程中的部分算法参数后，重新进行辨识。

基于上述参数辨识过程，即能获取较为准确的模型参数值，用于后续的状态估计与能量管理策略的制定。但实际上，该参数辨识方法仅为众多方法中的一种。若读者对于其他参数辨识方法感兴趣，可参考笔者的《动力电池管理系统核心算法》一书。

2.3.2.3 参数辨识实例

基于上述动力电池 HPPC 实验与 DST 工况实验，以带滞后的 1 阶 RC 模型为例，具体介绍上述参数辨识过程，其他模型与此类似。其中，HPPC 实验用于不同 SOC 标定点下模型参数值的获取，DST 工况实验用于验证模型参数的准确性。

① 鉴于纯电动车用动力电池常用 SOC 区间为 100%~20%，因而这里不考虑动力电池 SOC 为 0 时的外特性，故选取 100%、90%、…、10% 共 10 个标定点。对于 HPPC 实验，在上述每个 SOC 标定点下采用短时间大电流充放电的策略以保证该时间段内 SOC 基本保持不变的同时，充分体现出动力电池充放电特性，符合上述辨识区间的选取要求，即可采用此段区间来标定相应 SOC 标定点下的动力电池离线参数。图 2-9 为某电池 HPPC 实验中 90%SOC 标定点下的动力电池充放电电流与响应电压，其他 SOC 标定点下均与此类似。

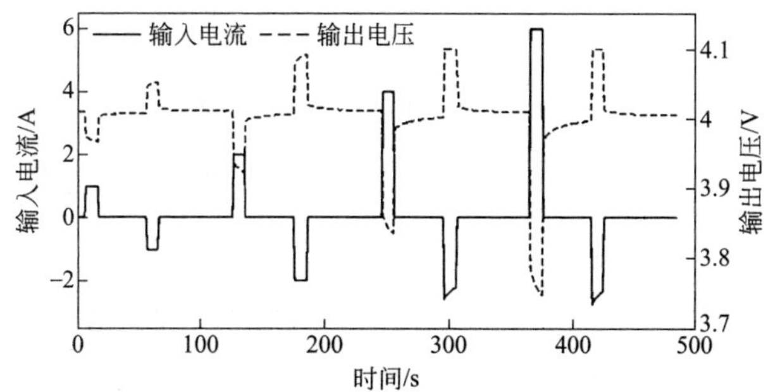

图2-9 HPPC实验中90%SOC标定点对应辨识区间的充放电电流及其电压响应

② 基于表 2-5 中的遗传算法完成上述 10 个 SOC 标定点下的参数辨识。由表 2-4 可知，带滞后的 1 阶 RC 模型中待辨识的参数包括开路电压 U_{oc}、欧姆内阻 R_i、极化电阻 R_{dl}、极化电容 C_{dl}、衰退因子 κ 以及滞后电压的最大值 H。

带滞后的 1 阶 RC 模型在 90%SOC 标定点下的端电压拟合结果如图 2-10 所示，其他 SOC 标定点下均与此类似。整理后得到各 SOC 标定点下带滞后的 1 阶 RC 模型的辨识参数值，如表 2-6 所示。

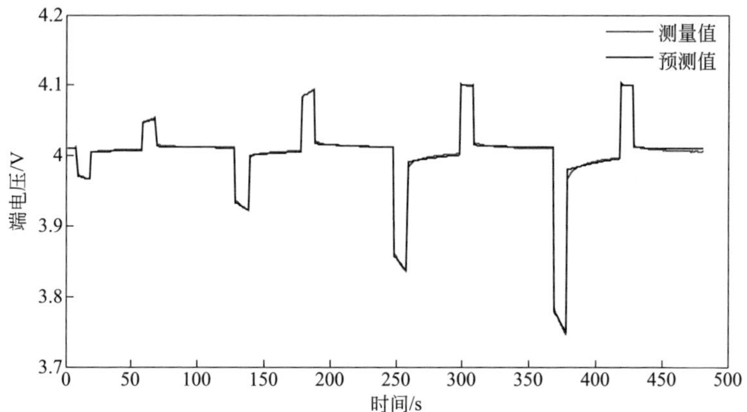

图2-10 带滞后的1阶RC模型90%SOC下端电压拟合结果（彩图）

表2-6 各SOC标定点下带滞后的1阶RC模型的辨识参数值

SOC	U_{oc}/V	R_i/Ω	R_{dl}/Ω	C_{dl}/F	H	κ
100%	4.095	38.6	53.9	2225.08	0.001	0.09
90%	4.010	38.6	30.5	1563.74	0.004	0.20
80%	3.941	37.9	26.3	1452.84	0.004	0.07
70%	3.883	38.0	33.4	1464.87	0.005	0.05
60%	3.817	37.4	18.7	1978.36	0.005	0.03
50%	3.782	37.3	14.5	2176.49	0.006	0.03
40%	3.766	37.5	14.6	2217.63	0.006	0.03
30%	3.747	37.8	16.3	2046.11	0.013	0.04
20%	3.697	38.7	23.5	1641.51	0.017	0.04
10%	3.628	43.3	81.2	1964.26	0.009	0.01

③ 得到上述 10 个 SOC 标定点下带滞后的 1 阶 RC 模型的所有参数值后，即可采用式（2.2）对 OCV-SOC 关系进行拟合，同时采用线性分段插值的方式

对 SOC 与其他参数进行线性插值，从而得到所有模型参数与 SOC 的直接映射关系。采用 DST 实验数据，对上述参数进行验证，结果如图 2-11 所示，对比模型端电压预测值与实验端电压测量值，最大绝对误差为 34.8mV、RMSE 为 6.8mV。至此完成基于离线参数辨识的带滞后的 1 阶 RC 模型建模。

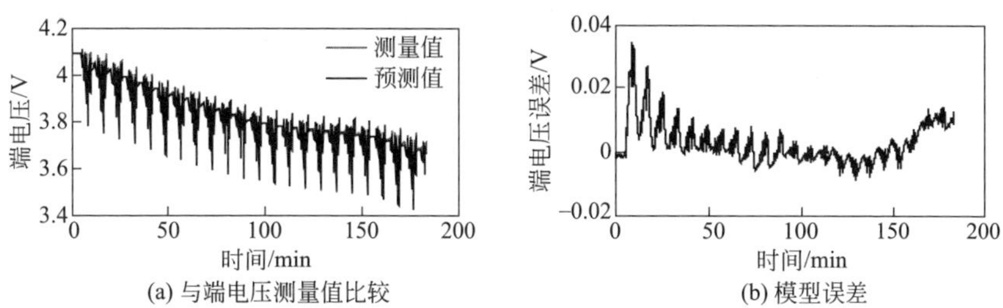

图2-11 基于离线参数辨识的带滞后的1阶RC模型的端电压响应（NCM1）（彩图）

同样地，基于动力电池 HPPC 实验与 DST 实验，采用参数辨识方法对表 2-4 中其他 5 种等效电路模型进行离线参数辨识，最终得到 DST 实验工况下 6 种动力电池模型的端电压误差，如图 2-12 所示，同时表 2-7 给出了误差计算结果。

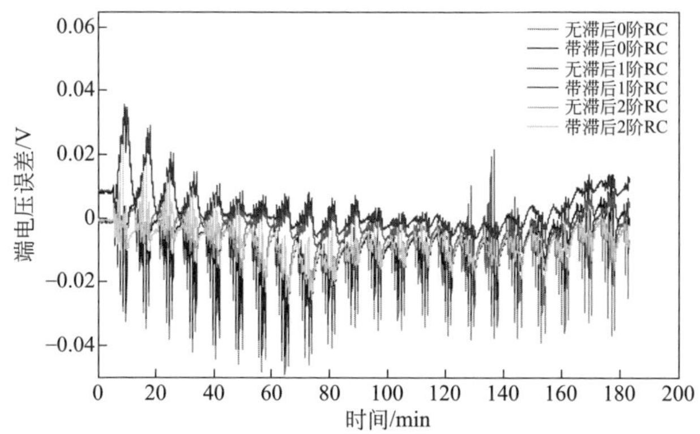

图2-12 6种不同模型的端电压误差对比（彩图）

表2-7 6种不同模型的端电压预测误差比较

模型类型	最大绝对误差/mV	RMSE/mV
无滞后的 0 阶 RC 模型	49.2	13.3
带滞后的 0 阶 RC 模型	43.7	11.4
无滞后的 1 阶 RC 模型	35.8	7.3
带滞后的 1 阶 RC 模型	34.8	6.8
无滞后的 2 阶 RC 模型	27.0	8.7
带滞后的 2 阶 RC 模型	25.9	8.4

表2-7与图2-12中的离线参数辨识结果表明，0阶RC模型虽然结构简单、参数少，但是其模型精度较差，难以用于SOC估计等模型精度要求高的应用场合；2阶RC模型结构复杂、参数多，虽然其最大绝对误差相比1阶RC模型降低较多，但是RMSE反而增大。无滞后的1阶RC模型及带有滞后的1阶RC模型具有较小的RMSE，而滞后模块对模型精度的提升并不明显，且会引入更多的模型参数。因此，本书后续的建模分析均采用1阶RC模型。

2.3.3 动力电池SOC估计

2.3.3.1 SOC估计方法

动力电池结构复杂、反应繁多，而且车载工况恶劣、多变，作为隐性状态量的SOC精确值难以得到，常见的动力电池SOC估计方法大致可分为四类：基于表征参数的方法、安时积分法、基于模型的方法以及基于数据驱动的方法，如图2-13所示。

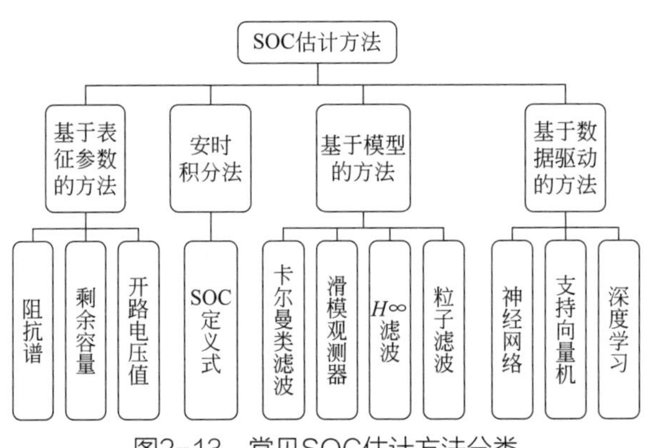

图2-13　常见SOC估计方法分类

在上述四类方法中，基于表征参数的方法与安时积分法是过去动力电池管理系统中的常用方法，其原理简单、运算量小，但精度与鲁棒性较差，难以满足复杂多变的实车工况，因而目前逐渐被其他算法所取代；基于模型的方法则是当前的研究热点，其为基于表征参数的方法与安时积分法的结合，简单来说，即通过模型获取表征参数值，进而不断地通过表征参数与SOC的映射关系去修正安时积分法的结果，因而具有较强的鲁棒性；基于数据驱动的方法则是SOC估计方法的未来重要发展方向之一，其通过当前热门的机器学习等算法建立动力电池易测量参数与SOC的直接映射关系，从而实现动力电池的实时在线估计。下面将对各类方法的具体实施流程做简要介绍。

（1）基于表征参数的方法

该方法主要分为两步：建立动力电池表征参数与 SOC 的离线关系；实时计算动力电池表征参数值，并以之标定动力电池 SOC。该方法的应用需满足两个前提：所建立表征参数与 SOC 的离线关系应该相对稳定，所选表征参数应该是易获取的。可选表征参数包括当前剩余容量、阻抗谱、OCV 等。

当前剩余容量可通过放电实验法得到，该方法被认为是确定动力电池 SOC 最为直接的方法。但是新能源汽车在运行中难以进行长时间的恒流放电来确定剩余容量，使得该方法仅适用于实验室等特定环境。基于阻抗谱的方法则需要借助电化学工作站来测试动力电池不同 SOC 值的阻抗，并制定 SOC 和参数的映射关系，进而采用查表的方式完成 SOC 的标定。相对稳定的 OCV-SOC 关系常被工业界用来标定动力电池 SOC，大量的 BMS 产品也使用这一关系来标定动力电池初始 SOC，但 OCV 的准确直接测量要求动力电池静置足够长的时间，因而在实际中往往需要与 OCV 在线辨识方法结合使用。

（2）安时积分法

该方法又称为库仑计数法，即利用 SOC 定义估计动力电池 SOC，如式（2.7）所示。

$$z(t)=z(t_0)-\frac{\int_{t_0}^{t}\eta i_{\mathrm{L}}(\tau)\mathrm{d}\tau}{C_{\mathrm{a}}} \tag{2.7}$$

式中，$z(t)$ 为 t 时刻下的动力电池 SOC 估计值；$z(t_0)$ 为动力电池 SOC 初始值；η 为动力电池的充放电库仑效率，其值可通过实验确定，对于锂离子动力电池而言，放电效率通常视为 1，充电效率为 0.98~1（充电电流 3C 以内）；$i_{\mathrm{L}}(\tau)$ 为 τ 时刻下动力电池的充放电电流。

作为目前动力电池 SOC 计算的核心方法，安时积分法经典易用，应用最为广泛。但它主要存在三个缺陷。

① 难以获得动力电池初始 SOC 的精确值。

② 该方法对于电流传感器的精度要求很高。但在实际应用中，电流传感器的精度经常受噪声、温度漂移及其他未知随机扰动的影响。在积分计算中，这些随机量容易造成累加误差，控制器的四舍五入计算也会产生一定的影响。

③ 动力电池性能衰退造成其静态容量的退化，从而影响 SOC 的计算精度。

以上三个因素相互影响，进一步降低了该方法的可靠性。为避免以上因素的制约并提高计算精度，需要复杂烦琐的定期标定。为此，该方法经常与其他方法组成融合方法。例如，使用OCV确定动力电池初始SOC，使用安时积分法计算后续的SOC轨迹。

（3）基于模型的估计方法

该方法利用模型和状态估计算法完成动力电池的SOC估计，因此该方法首先需要建立可靠的性能模型，本章主要以等效电路模型为例介绍基于模型的动力电池SOC估计方法。基于建立的动力电池等效电路模型及其状态方程，应用滤波算法和观测器，搭建基于模型的SOC估计算法框架，具体实施流程如图2-14所示。

① 基于上一时刻的SOC值或初始SOC与电流测量值，利用安时积分来计算当前时刻的SOC预估值。

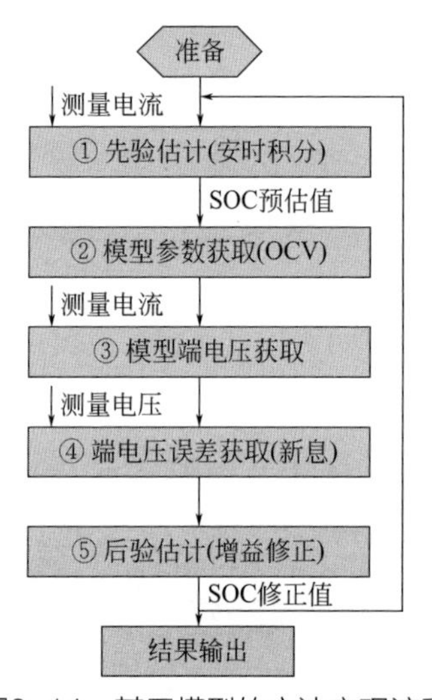

图2-14 基于模型的方法实现流程

② 基于模型参数-SOC关系式计算此时模型参数值，如OCV-SOC关系。

③ 基于模型端电压-参数关系式计算此时模型端电压。

④ 基于电压测量值，获取模型端电压误差，即新息。

⑤ 以新息的一定增益（倍率）来修正上述SOC预估值，从而获取最终的SOC修正值，并将其用于下一时刻的输入。

步骤⑤中增益的表现形式取决于所采用的状态估计算法。显然，基于模型的方法是一种闭环的方法，其通过不断地修正SOC估计值，使得算法具有一定的鲁棒性。一般来说，基于模型的方法估计精度由预估过程与修正过程两部分共同决定，当信任安时积分的估计结果（SOC预估值较准）时，可适当地减小增益修正；否则应增大增益修正，但是过大的修正会使得SOC值波动剧烈，具体应该根据实际情况调整。

基于模型的估计方法的性能同时取决于模型与状态估计算法两者的性能。卡尔曼滤波（Kalman filter，KF）类算法是动力电池SOC估计中使用最多的算法。KF 是由美国学者 Kalman 在 20 世纪 60 年代初提出的一种最小方差意义上的最优估计方法。它提供了直接处理随机噪声干扰的解决方案，将参数误差看作噪声以及把预估计量作为空间状态变量，充分利用测量数据，用递推法将系统及随机测量噪声滤掉，得到准确的空间状态值。但是，最初的 KF 仅适用于线性系统，扩展卡尔曼滤波算法（Extended Kalman filter，EKF）的提出使其推广到了非线性系统。EKF 应用泰勒展开将动力电池模型线性化，但在线性化的过程中会带来截断误差，进而增大 SOC 估计误差，在某些初值设置不当的情况下甚至造成发散。为此，需要对动力电池模型进行改进和优化，或者使用改进后的卡尔曼滤波算法提高状态估计系统的精度和鲁棒性，如噪声统计特性能随估计结果变化而自适应更新的自适应扩展卡尔曼滤波（Adaptive EKF，AEKF）等。不同的动力电池模型与不同的滤波算法均有各自的最优适用范围，但由于篇幅限制，后文将主要介绍基于 EKF 与 1 阶 RC 模型的 SOC 估计方法，若读者对于其他方法感兴趣，可参见笔者的《动力电池管理系统核心算法》一书。

（4）基于数据驱动的方法

该方法是指基于大量的离线数据，建立并训练动力电池电流、电压、温度等数据与动力电池 SOC 的直接映射关系模型。具体实现流程如图 2-15 所示，主要分为 3 步。

a. 离线数据的预处理。即将数据整理为符合所建模型输入输出要求的数据格式，包括数据清洗、归一化、数据分块等，其中数据分块是指将归一化后的数据按照一定比例分为训练集、验证集与测试集。

b. 模型的建立与训练。根据数据量的大小，初步确定模型的结构，进而采用训练集训练所建模型，并以验证集验证结果为训练截止条件。

c. 模型的测试。采用测试集来测试模型，判断精度是否符合要求，若符合则判断训练完成，否则返回第 a. 步，重新进行设计与规划。

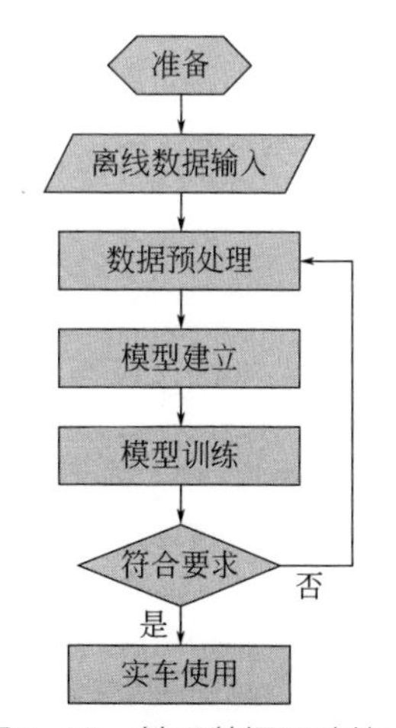

图2-15 基于数据驱动的方法实现流程

基于数据驱动的方法对解决强非线性问题有特别的优势，估计精度高，但是其往往需要大量的实验数据作为先验知识，且所用实验数据应能充分反映动力电池特性，否则极易造成模型的过拟合。同时，所建模型的复杂度、所选训练函数与训练截止条件等也会直接影响模型的估计精度与泛化能力。

这类方法的典型代表是神经网络模型，该方法几乎不需要考虑动力电池的内部化学反应细节，同时它的拟合能力极强，理论上适用于任何种类动力电池的 SOC 估计。但是近年来，人们发现单一地增加神经网络的隐含层层数或单层神经元个数，往往会使得模型参数飞速增加，进而导致模型容易出现过拟合现象，因此神经网络的研究也逐渐转移到了泛化能力更强的深度学习网络上。同时，训练完成的神经网络模型结构较为复杂，计算量较大，在实车应用时往往需要高性能芯片，因此大量的神经网络 / 深度学习专用芯片也逐渐被投入市场。

2.3.3.2 基于模型的SOC估计

基于模型的方法以其精度高、鲁棒性强、计算量较小等优势，已成为目前动力电池管理系统中主流的 SOC 估计方法，对于复合电源系统而言，其能量管理策略的制定依赖于准确的 SOC 估计与精确的动力电池模型，这恰好与基于模型的方法的特点相一致，因此其同样已成为复合电源管理系统中主流的 SOC 估计方法。

（1）计算流程

基于模型的SOC估计方法的核心包括两部分，即动力电池模型与滤波器。这里以 1 阶 RC 模型与 EKF 为例，基于模型的 SOC 估计方法的主要计算步骤如下。

1 阶 RC 动力电池模型的线性离散化方程可以表示为：

$$\begin{cases}\mathbf{x}_k = f(\mathbf{x}_{k-1},\mathbf{u}_{k-1}) + \boldsymbol{\omega}_{k-1} \approx \mathbf{A}_{k-1}\mathbf{x}_{k-1} + \mathbf{B}_{k-1}\mathbf{u}_{k-1} + \boldsymbol{\omega}_{k-1} \\ \mathbf{y}_k = h\left(\mathbf{x}_k,\mathbf{u}_k\right) + \boldsymbol{\upsilon}_k \approx \mathbf{C}_k\mathbf{x}_k + \mathbf{D}_k + \boldsymbol{\upsilon}_k\end{cases} \tag{2.8}$$

$$\mathbf{A}_k \triangleq \begin{bmatrix}\exp\left(-\Delta t/\tau\right) & 0 \\ 0 & 1\end{bmatrix}$$

$$\mathbf{B}_k \triangleq \begin{Bmatrix}\left[1-\exp\left(-\Delta t/\tau\right)\right]R_{\mathrm{d}} \\ \eta_{\mathrm{i}}\Delta t/C_{\mathrm{a}}\end{Bmatrix} \tag{2.9}$$

$$\mathbf{C}_k \triangleq \begin{bmatrix}-1 & \dfrac{\mathrm{d}U_{\mathrm{oc}}(z)}{\mathrm{d}z}\end{bmatrix}$$

$$\mathbf{D}_k \triangleq h(\mathbf{x}_k,\mathbf{u}_k)-\mathbf{C}_k\mathbf{x}_k = U_{\text{oc},k} - U_{\text{d},k} - R_{\text{i}}\,\mathbf{u}_k - \mathbf{C}_k\mathbf{x}_k \text{。}$$

式中，$\mathbf{x}_k=[U_{\text{d}}\ \ z]^{\text{T}}$，$\mathbf{u}_k=i_{\text{L}}$，$\mathbf{y}_k=U_{\text{t}}$。

另外，由式（2.2）可得，$\dfrac{\mathrm{d}U_{\text{oc}}(z)}{\mathrm{d}z}=\alpha_1+2\alpha_2 z+3\alpha_3 z^2-\dfrac{\alpha_4}{z^2}+\dfrac{\alpha_5}{z}-\dfrac{\alpha_6}{1-z}$。

① 初始化。

设置状态观测器的初始值：$\mathbf{x}_0$，$\mathbf{P}_0$，$\mathbf{Q}_0$，$\mathbf{R}_0$。

② 先验估计 - 预测：时间更新［状态从时间 $(k-1)^+$ 到时间 $(k)^-$ 的推算］。

对于 k=1,2,⋯ 完成下面的先验估计（时间更新）操作，将状态和协方差估计从前一时刻 $(k-1)^+$ 推算到当前时刻 $(k)^-$，EKF 的时间更新方程表示如下：

系统状态预估： $$\hat{\mathbf{x}}_k^- = f(\mathbf{x}_{k-1},\mathbf{u}_{k-1}) \tag{2.10}$$

误差协方差预估： $$\mathbf{P}_k^- = \mathbf{A}_{k-1}\mathbf{P}_{k-1}\mathbf{A}_{k-1}^{\text{T}}+\mathbf{Q} \tag{2.11}$$

③ 后验估计 - 修正：测量更新［状态从时间 $(k)^-$ 到时间 $(k)^+$ 的推算］。

此步骤用 k 时刻的测量值 y_k 校正状态估计和协方差估计，估计结果分别用 $\hat{\mathbf{x}}_k^+$ 和 $\mathbf{P}_k^+$ 表示，EKF 的测量更新方程表示如下：

新息矩阵： $$\mathbf{e}_k = \mathbf{y}_k - h\left(\hat{\mathbf{x}}_k^-,\mathbf{u}_k\right) \tag{2.12}$$

卡尔曼增益矩阵： $$\mathbf{K}_k=\mathbf{P}_k^-\mathbf{C}_k^{\text{T}}(\mathbf{C}_k\mathbf{P}_k^-\mathbf{C}_k^{\text{T}}+\mathbf{R})^{-1} \tag{2.13}$$

系统状态修正： $$\hat{\mathbf{x}}_k^+=\hat{\mathbf{x}}_k^-+\mathbf{K}_k\mathbf{e}_k \tag{2.14}$$

误差协方差修正： $$\mathbf{P}_k^+=(\mathbf{I}-\mathbf{K}_k\mathbf{C}_k)\mathbf{P}_k^- \tag{2.15}$$

④ 时间尺度更新：将时刻 $(k)^+$ 的状态与协方差矩阵作为输出，准备 $(k+1)$ 时刻的状态估计。

式（2.8）中的各模型参数值可由上文中的参数辨识方法获取。

（2）实施案例

某动力电池基于 EKF 得到的 UDDS 工况下的 SOC 估计结果如图 2-16 所示，模型参数由参数辨识方法得到。从图 2-16 中可以看出，EKF 能够精确快速地实现 SOC 估计，在设定初始 SOC=60% 的情况下，估计结果可以在 45s 内收敛到参考值（约为 96%），并保持误差在 ±1% 以内。

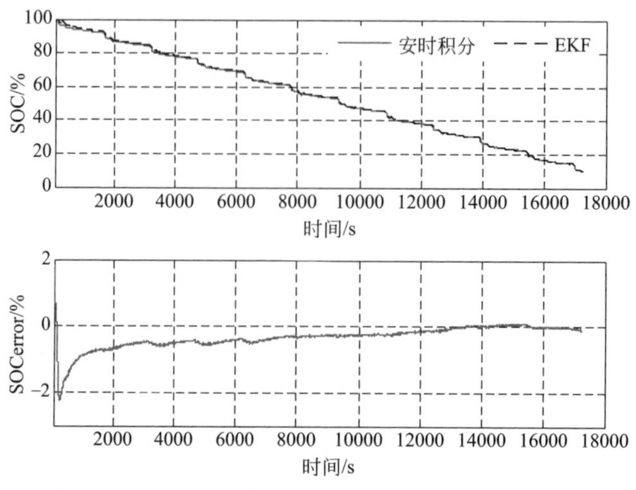

图2-16　基于EKF的SOC估计结果及误差（彩图）

2.4　超级电容建模方法

超级电容循环寿命长、功率密度高、工作温度范围宽，低温启动优势明显，充放电电流大，其特性与动力电池存在明显不同。此外，其工作原理及工作模式与动力电池也存在较大差异。本节对多种常见的超级电容模型进行讨论和评价，结合模型精度和复杂度选择合适的超级电容模型。

2.4.1　超级电容状态特征

理想条件下，超级电容存储能量 E_{uc} 可表示为：

$$E_{uc}=\frac{1}{2}C_{uc}U_{uc}^{2} \tag{2.16}$$

式中，C_{uc} 为超级电容容量；U_{uc} 为超级电容当前电压。

由式（2.16）可知，超级电容放出的能量为：

$$\Delta E_{uc}=\frac{1}{2}C_{uc}\left(U_{uc,t}^{2}-U_{uc,t+L}^{2}\right) \tag{2.17}$$

式中，$U_{uc,t}$ 和 $U_{uc,t+L}$ 分别为 t 和 $t+L$ 时刻的超级电容电压；L 为放电时间长度。可见，在超级电容电压下降过程中，存储的能量也会急剧下降，当超级电容实时电压等于最大电压的 50% 时，释放能量可以达到最大储存能量的 75%。

2.4.1.1 超级电容状态特征定义方法

当前通用的超级电容状态表示量为 SOC 和 SOV，其中 SOC 借鉴了动力电池的荷电状态描述方法，SOV 定义考虑了超级电容良好的线性特征以及储存能量与电压的关系，详细描述如下。

（1）SOC的计算方法

借鉴动力电池状态特征的定义方法，以 SOC 表示超级电容状态特征，定义为剩余可用容量 Q_r 与最大可用容量 Q_a 的比值，两种容量分别表示从当前电压和上截止电压放电至下截止电压（通常取 0.5V）所能放出的电量。SOC 的具体表达如式（2.18）所示。

$$\text{SOC}=\frac{Q_r}{Q_a}\times 100\% \tag{2.18}$$

（2）SOV计算方法

考虑到超级电容为功率型电源而非能量型电源，在实际应用中，可以直观地用超级电容端电压表示其状态。SOV 的具体定义可以分为式（2.19）和式（2.20）两种。

$$\text{SOV}_1=\frac{U_{\text{uc}}}{U_{\text{end}}^{\text{U}}} \tag{2.19}$$

$$\text{SOV}_2=\frac{U_{\text{uc}}-U_{\text{end}}^{\text{L}}}{U_{\text{end}}^{\text{U}}-U_{\text{end}}^{\text{L}}} \tag{2.20}$$

式中，$U_{\text{end}}^{\text{U}}$ 和 $U_{\text{end}}^{\text{L}}$ 分别为超级电容的上、下截止电压。

2.4.1.2 SOC/SOV定义间的数学关系

由 SOV 表示状态特征的方法可以看出，式（2.19）为式（2.20）的一个特例，即式（2.19）假设超级电容截至电压为 0。

根据超级电容的 Rint 模型，存储电荷的串联电容的分压 U_{u} 与端电压 U_{uc} 的差为串联电阻的分压，由于超级电容内阻非常小，可近似认为 $U_{\text{c}}\approx U_{\text{uc}}$。此外，超级电容在充放电过程中线性程度较好，其电压变化与剩余电量近似呈线性关系，因此可认为 C_{uc} 在 SOC 区间内变化较小，可得：

$$\text{SOC}=\frac{Q_r}{Q_a}\times 100\%=\frac{C_{\text{uc}}\left(U_{\text{uc}}-U_{\text{end}}^{\text{L}}\right)}{C_{\text{uc}}\left(U_{\text{end}}^{\text{U}}-U_{\text{end}}^{\text{L}}\right)}\times 100\%\approx\frac{U_{\text{uc}}-U_{\text{end}}^{\text{L}}}{U_{\text{end}}^{\text{U}}-U_{\text{end}}^{\text{L}}}\times 100\% \tag{2.21}$$

以 3000F 超级电容为例，在 25℃下的恒流充电和 NEDC（New European Driving Cycle）工况放电，分别计算三种定义方式下的 SOV 以及 SOC，结果如图 2-17 所示。超级电容的充放电特性表明：在动态工况下，SOV_1 与 SOC 计算结果非常接近。然而从恒流充电曲线中可以看出，在放电至截止电压后，超级电容内部在静置的过程中发生了电荷再分配现象，引起电压恢复，此时 SOC 保持不变，SOV_1 则随电压发生变化，如（b）、（c）所示。因此，SOV_1 与 SOC 仍然存在一定微小差异。值得注意的是，根据图 2-17 所示结果，超级电容恒流充电中，其电压随时间变化具有良好的线性关系，与动力电池差异显著，因此，超级电容的状态表征可以使用电压来描述。

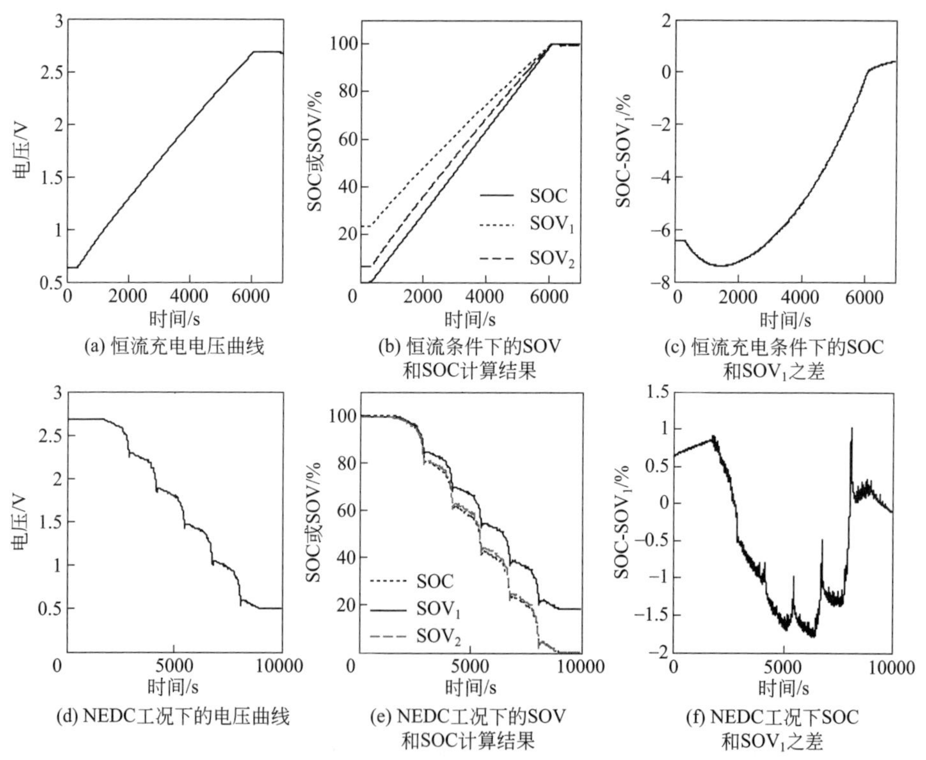

图2-17 恒流充放电曲线和三种定义方式下的SOV和SOC计算结果

2.4.2 超级电容建模与参数辨识

随着建模方法的不断发展，在锂离子动力电池建模领域应用的多种等效电路模型也广泛应用于超级电容建模领域。其中典型的模型包括 Rint 模型、1

阶 RC 模型、2 阶 RC 模型和 1 阶 RC迟滞模型，四种模型结构如图 2-18 所示。不同于动力电池模型，超级电容模型中的理想电压源由理想电容 C 代替，U_c 为理想电容的电压，R_{uc} 为欧姆内阻，R_1 与 R_2 为极化内阻，C_1 和 C_2 为极化电容，i_{uc} 为充放电电流，U_{uc} 为输出电压。

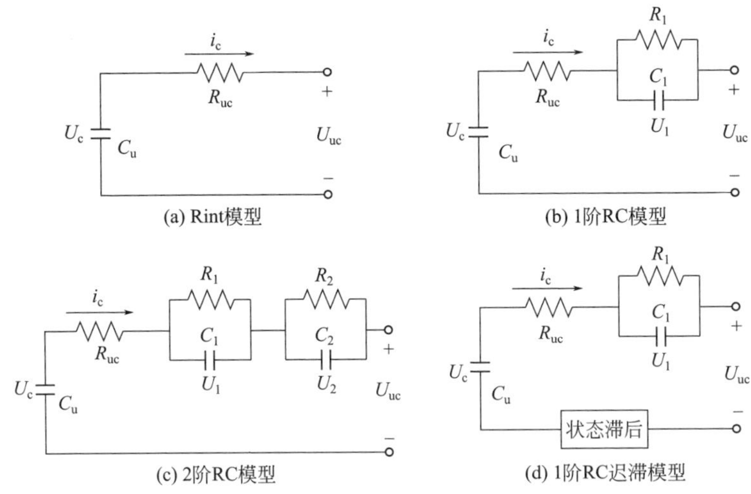

图2-18　常见的超级电容模型

对应于 2.3.2.2 节中动力电池模型的参数辨识方法，本节同样用遗传算法进行超级电容模型的参数辨识。遗传算法的变量、约束条件和目标函数如表 2-8 所示。

表2-8　遗传算法的变量、约束条件和目标函数

模型	变量、约束条件和目标函数	
Rint模型	$\min \sum_{k=1}^{N}\left[U_{uc,k}-f_k(R_{uc})\right]^2$ $s.t.\quad 10^{-6}\Omega \leqslant R_{uc} \leqslant 10^{-2}\Omega$	(2.22)
1阶RC模型	$\min \sum_{k=1}^{N}\left[U_{uc,k}-f_k\left(R_{uc},R_1,C_1\right)\right]^2$ $s.t.\quad 10^{-6}\Omega \leqslant R_{uc},R_1 \leqslant 10^{-2}\Omega, 10^2\mathrm{F} \leqslant C_1 \leqslant 10^5\mathrm{F}$	(2.23)
2阶RC模型	$\min \sum_{k=1}^{N}\left[U_{uc,k}-f_k(R_{uc},R_1,C_1,R_2,C_2)\right]^2$ $s.t.\quad 10^{-6}\Omega \leqslant R_{uc},R_1,R_2 \leqslant 10^{-2}\Omega, 10^2\mathrm{F} \leqslant C_1,C_2 \leqslant 10^5\mathrm{F}$	(2.24)

续表

模型	变量、约束条件和目标函数
1阶RC迟滞模型	$\min\sum_{k=1}^{N}\left[U_{\mathrm{uc},k}-f_k\left(R_{\mathrm{uc}},R_1,C_1,\kappa,h\right)\right]^2$ $s.t.\quad 10^{-6}\Omega\leqslant R_{\mathrm{uc}},R_1\leqslant10^{-2}\Omega,10\mathrm{F}\leqslant C_1\leqslant10^5\mathrm{F},10^{-6}\mathrm{V}\leqslant h\leqslant10^2\mathrm{V},10^{-2}\leqslant\kappa\leqslant10$ （2.25）

注：N为用于参数辨识的电压电流点总数；f为模型端电压输出值；h为迟滞电压；κ是衰退因子。

采用UDDS工况校验四种模型的精度，误差对比结果如图2-19所示。表2-9为四种模型的最大误差、平均误差和RMSE，结果表明：四种模型的精度都较高，最大误差仅为10mV，其中Rint模型的最大误差、平均误差和RMSE分别为10.038mV、1.641mV和2.248mV，因此本文采用的基于遗传算法的参数辨识方法在超级电容建模中也具有较好的效果。

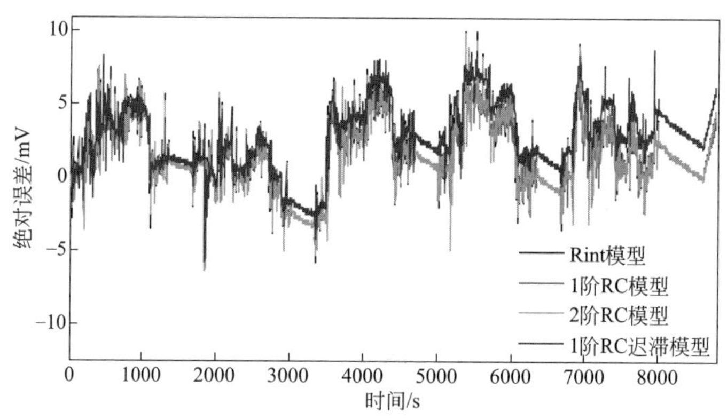

图2-19　四种模型误差（彩图）

表2-9　四种模型误差　　单位：mV

	Rint模型	1阶RC模型	2阶RC模型	1阶RC迟滞模型
最大误差	10.038	7.519	9.966	8.844
平均误差	1.641	1.608	1.622	2.770
RMSE	2.248	2.137	2.247	2.340

为了更加系统性地评价模型的精度，详细对比不同SOV区间下不同模型的误差如图2-20所示。从图2-20（a）中可以看到，随着SOV的增加，模型的最大误差变化规律为先增加再降低。当SOV区间为[0.1,0.3]时，最大误差

达到峰值。相反地，当 SOV 区间为 [0.6,1] 时，四种模型均达到最高精度值。图 2-20（b）表明，在 [0.1,0.6] 区间以外，平均误差的区别都较小。当 SOV 区间为 [0.7，1] 时，所有模型的平均误差值相对于其他区间均为最小值。图 2-20（c）表明，较高 SOV 区间的均方根误差要略小于低 SOV 区间。

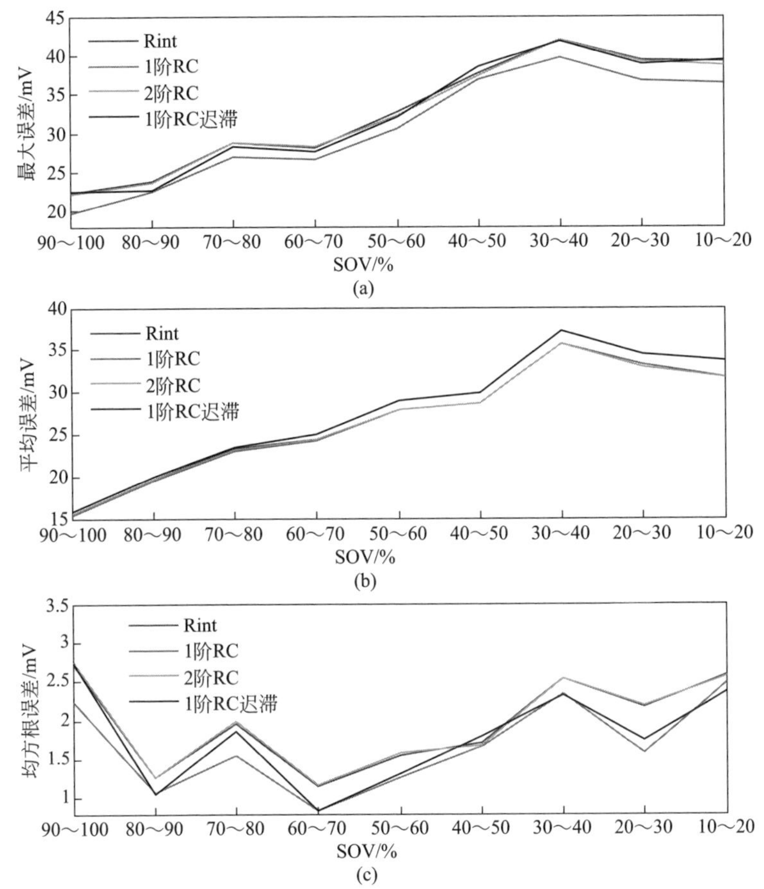

图2-20 四种模型在不同SOV区间的误差（彩图）

综上所述，通过比较不同 SOV 区间的各种误差，当 SOV 区间为 [0.6,0.8] 时，各个模型最大误差、平均误差和 RMSE 均处于较小值，且区别相差不大。

基于遗传算法的超级电容单体建模方法同样可以适用于超级电容组的建模。本实验的超级电容组由 6 个单体超级电容串联而成，采用的模型与上述超级电容单体建模的四种模型相同。表 2-10 为基于 UDDS 工况的四种超级电容组模型误差，结果表明：四种超级电容组模型精度相近，Rint 模型的三种误差分别为 202.682mV、50.947mV 和 70.202mV，由此可见超级电容展现出了良

好的线性特性。

表2-10　四种超级电容组模型误差

	Rint模型	1阶RC模型	2阶RC模型	1阶RC迟滞模型
最大误差/mV	202.682	199.369	198.384	195.209
平均误差/mV	50.947	50.341	50.747	50.586
RMSE/mV	70.202	69.650	70.117	69.652

综上评价，超级电容在工作时，SOV的变化范围为[0.5,1]，多种超级电容组模型在此区域内的误差均较小，综合模型复杂程度，本文选用Rint模型作为超级电容模型进行复合电源系统的研究。

第 3 章 基于规则的参数匹配与能量管理策略

复合电源系统的设计目标是充分发挥两种电源的性能优势，延长系统寿命，满足整车加速性能需求并最大限度地回收制动能量。复合电源系统的拓扑形式和系统参数会直接影响系统能耗和各电源部件的工作电流幅值，进而影响系统及其部件的工作性能和循环寿命。因此，开展系统的参数匹配是复合电源控制系统研究的重要内容。在进行车载复合电源参数设计时，需要确定复合电源系统的主要性能指标，并依据整车性能需求匹配复合电源系统的结构参数。本章结合实例详细介绍基于规则的复合电源参数匹配方法和系统能量管理策略。复合电源系统由多个子部件构成，其设计目标为提升系统效率和动态性能、延长动力电池使用寿命。在满足功率需求的前提下，如何根据多个能量源的特性来协调分配各自的输入 / 输出功率，是复合电源系统能量管理研究的核心。基于规则的复合电源系统能量管理策略包括逻辑门限策略和模糊逻辑控制策略。

3.1 车辆工作模式

以插电式混合动力汽车为目标车型，其工作模式划分为几个状态，包括启动模式、驱动模式、制动模式和停车充电模式。其中，驱动模式包括纯电机驱动模式、纯发动机驱动模式、混合驱动模式和行车充电模式；制动模式包括一般制动模式和紧急制动模式。车辆工作模式具体划分如表 3-1 所示。

表3-1　车辆工作模式

工作模式		状态		
		发动机	动力电池	电机
启动		关闭	放电	电动
驱动	纯电机驱动	关闭	放电	电动
	纯发动机驱动	工作	不工作	停机
	混合驱动	工作	放电	电动
	行车充电	工作	充电	发电
制动	一般制动	怠速/关闭	充电	发电
	紧急制动	关闭	不工作	停机
停车充电		工作	充电	发电

插电式混合动力电动汽车集成了纯电动汽车和混合动力汽车两类车型的工作模式，对电储能系统的高比功率和高比能量特性均提出了更高的要求。本章围绕插电式混合动力汽车的纯电机驱动模式，着重论述如何使用双电源（锂离子动力电池＋超级电容）满足车辆复杂动态的工作需求，也为多电源系统的集成参数匹配、能量管理和综合控制提供借鉴。

3.2　基于规则的参数匹配方法

该方法是在满足整车性能指标的基础上，利用基于经验的方法确定车载电源的性能需求，包括电源的总能量、平均功率和峰值功率。以对动力电池的需求功率“削峰填谷”为设计思想，进行复合电源系统的参数匹配，在满足车辆使用需求的同时降低系统成本。

3.2.1　复合电源性能需求分析

根据复合电源参数匹配的一般过程，首先需要获取整车性能指标的要求，本节主要以某插电式混合动力乘用车为例，对纯电动模式下的 PHEV 进行分析。目标车型的整车参数和性能指标分别如表 3-2和表 3-3 所示。

表3-2 目标车型的整车参数

参数名称	指标
整车质量	1845kg
传动系统效率	0.91
滚动阻力系数	0.012
迎风面积	2.53m^2
空气阻力系数	0.36
旋转质量换算系数	1.03

表3-3 目标车型的整车性能指标

模式	性能指标	数值
纯电动模式	最高车速	>80km/h
	0~50km/h 加速时间	<10s
	最大爬坡度	>20%
	最小行驶里程	60km（40km/h 等速行驶）
混合模式	最高车速	>150km/h
	0~100km/h 加速时间	<19s
	最大爬坡度	>30%
整车电源系统	电源总能量	9kW • h
	额定输出功率	15kW
	峰值输出功率	35kW（持续 30s）
	母线额定电压	336V

3.2.1.1 基于循环工况的系统性能需求

整车能量与功率需求通常依据实际工况来确定，而应用工况能够反映目标车型实际使用中存在的工作状态。此处分别选择瞬态的 UDDS 工况和稳态的欧洲典型驾驶循环（Europe Dynamometer Operating Cycle，ECE_EUDC）工况作为车辆典型工况，选定工况的最高车速能够达到目标车型的设计要求。图 3-1 和图 3-2 分别给出了 UDDS 和 ECE_EUDC 循环工况，两种工况的主要指标如表 3-4 所示。

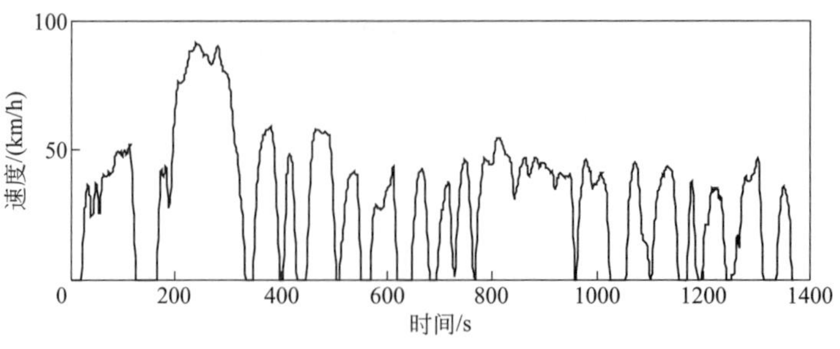

图3-1 UDDS循环工况

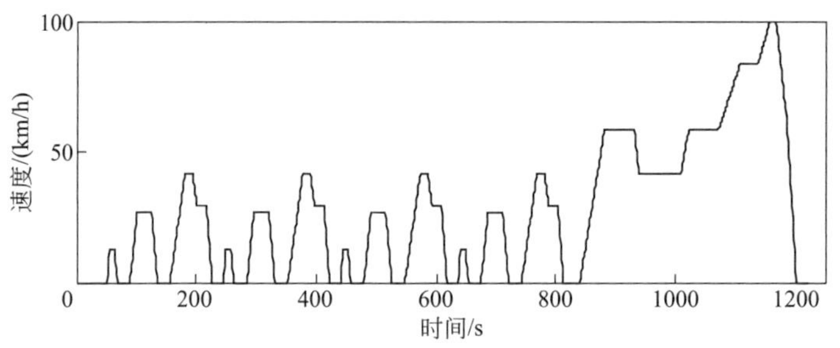

图3-2 ECE_EUDC循环工况

表3-4 UDDS和ECE_EUDC循环工况主要指标

工况	时长/s	距离/km	最高车速/（km/h）	平均车速/（km/h）	最大加速度/（m/s^2）	最大减速度/（m/s^2）	平均加速度/（m/s^2）	平均减速度/（m/s^2）
UDDS	1369	11.99	91.25	31.5	1.48	-1.48	0.5	-0.58
ECE_EUDC	1225	10.93	120	32.1	1.06	-1.39	0.54	-0.79

首先根据选定工况计算在该工况循环下整车的功率需求，即由汽车功率平衡方程式（3.1）计算出每一时刻的整车功率需求。图3-3和图3-4分别为UDDS和ECE_EUDS工况对应的整车功率需求。本书规定：整车驱动能量即复合电源系统输出能量为正，整车制动回收能量即复合电源系统输入能量为负。

$$P_m=\frac{u_a}{\eta_T}\left(\frac{mgf}{3600}+\frac{mgi}{3600}+\frac{C_D A}{76140}u_a^2+\frac{\delta m}{3600}\frac{du}{dt}\right) \tag{3.1}$$

式中，P_m为整车需求功率，kW；η_T为传动系统效率；u_a为车速，km/h；$u=u_a/3.6$；m为整车质量，kg；f为滚动阻力系数；g为重力加速度，取$9.8m/s^2$；i

为坡道阻力系数，取 0；C_D 为空气阻力系数；A 为迎风面积；δ 为旋转质量换算系数。

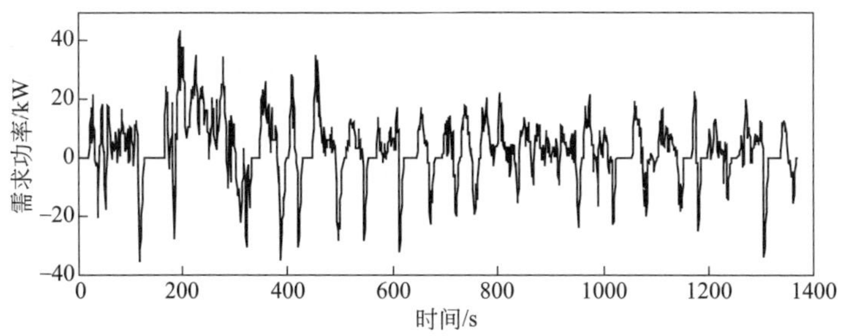

图3-3 UDDS循环工况对应的整车功率需求

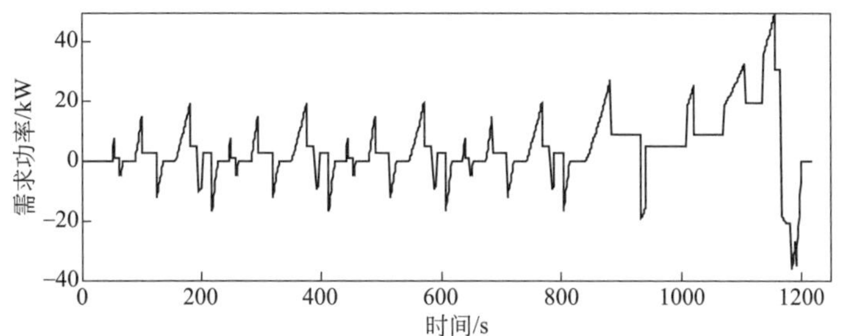

图3-4 ECE_EUDC循环工况对应的整车功率需求

复合电源系统的能量参数由车辆在纯电动行驶模式时的续驶里程要求决定，而功率参数由车辆性能指标及制动能量回收功率决定。考虑整车性能指标和行驶里程需求，由式（3.1）可得，在 40km/h 速度下的整车功率需求为 3.01kW，行驶 60km 的能量需求为 4.52kW・h，复合电源系统可用能量接近能量需求的 1.6 倍，说明复合电源系统能量需求指标高于实际使用需求。不同循环工况下的平均输入 / 输出功率不完全相同，表 3-5 为 UDDS 和 ECE_EUDS 循环工况下的复合电源能量和功率需求。

表3-5 UDDS和ECE_EUDS循环工况下复合电源能量和功率需求

	UDDS 循环工况	ECE_EUDC 循环工况
输出能量需求 E_{in_req}/kJ	7499.8	6865.4
输入能量需求 E_{out_req}/kJ	−2861.0	−1795.0
能量变化量 ΔE_{cyc}/kJ	4638.8	5070.4
输出功率时间 t_{power_in}/s	776	714

续表

	UDDS循环工况	ECE_EUDC循环工况
输入功率时间t_{power_out}/s	335	173
平均输出功率需求$\bar{P}_{in_req}$ /kW	9.66	9.61
平均输入功率需求$\bar{P}_{out_req}$ /kW	−8.54	−10.37
循环里程L_{cyc}/km	11.99	10.93
单位里程能量变化量$\Delta E_{cyc}/L_{cyc}$/（kJ/km）	403.38	463.89
单位里程电能消耗量$E_{s_driving_cyc}$/（kW・h/km）	0.11	0.1289

3.2.1.2 基于动力性能指标的系统性能需求

以上分析表明，复合电源系统的能量均满足两种循环工况的续驶里程要求。动力电池组的功率指标越高，放电内阻越小，在输入 / 输出相同功率的情况下其效率也越高，动力电池的这种特性有利于提升整车的经济性。然而，高比功率的动力电池意味着购置成本的大幅上升，且难以兼顾高能量密度。因此，在动力电池组参数选型中需要折中考虑功率指标和购置成本两种因素。

提高电源系统的对外输出功率可以满足整车性能指标，但会导致动力电池容量增大，运行效率降低，复合电源系统比能量降低，车辆购置成本上升。实际上，车辆对能量和功率的需求无直接关联。为满足循环工况对应的车辆能量和功率需求，需要对循环工况下的平均功率和峰值功率进行计算分析。基于上述指标，根据汽车功率平衡方程式（3.1）计算电源系统功率需求，并确定制动峰值功率。

（1）最高车速时所需功率

假设最高车速u_{amax}为80km/h，坡道阻力系数i为0。根据式（3.1），获得最高车速下的功率需求P_{m1}为12.03kW。

（2）0~50km/h加速所需功率

车辆全加速时复合电源系统以峰值功率输出，此时车辆以最大加速度运行。假设电源系统以35kW的最高功率工作（暂不考虑驱动电机和驱动电机转换器效率问题，假设驱动电机可充分发挥峰值功率），0~10s全加速时的车速仿真结果如图3-5所示。结果表明：当驱动电机峰值功率为35kW时，车速达到50km/h所用时间约为6.9s，满足车辆加速性能指标要求。当加速时间为10s

时，车速约为 60km/h，表明车辆最高功率大于性能指标要求的最高功率。为满足车辆最低功率要求，仿真过程中调节输入功率以恰好满足 10s 内车辆加速至 50km/h，此时需求功率 P_{m2} 为 25.6kW。

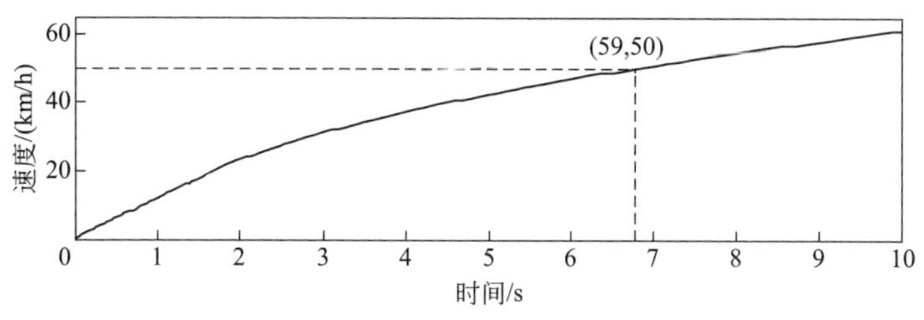

图3-5 0~10s全加速的车速仿真结果

（3）20%爬坡度的功率需求

忽略空气阻力和加速阻力的影响，根据式（3.1）得到爬坡度为 20% 时的车辆功率需求 P_{m3} 为 4.13kW。

综合以上结果，车辆在最高车速时和 20% 爬坡度的功率需求、循环工况下的平均功率需求均低于整车电源系统 15kW 的额定功率，0~50km/h 加速工况所需最低功率为 25.6kW。假设驱动电机效率 η_m 为 92%，驱动电机转换器效率 η_{inv} 为 96%，则复合电源系统以峰值功率 35kW 工作时，驱动电机实际输出功率 P_{motor} 约为 31kW。

3.2.2 复合电源系统参数匹配

3.2.2.1 系统优化目标

一般情况下，复合电源系统的优化目标包括电源系统初始购置成本、寿命期内使用成本、重量、体积以及电源系统使用寿命等。复合电源系统的初始购置成本是指包括动力电池组、超级电容组和 DC/DC 变换器在内的整体采购成本。以电源系统初始购置成本作为优化目标的优点是目标函数与部件性能参数间有明确的函数关系，使得构建目标函数的物理意义简单明确。同时初始投入的成本对车辆购置成本有直接影响，以复合电源系统的初始购置成本为优化目标更容易被厂商和消费者接受。寿命期内的使用成本为整车寿命期内更换电池成本和寿命期内充电费用之和。寿命期内使用成本描述了复合电源系统的使用经济性，以此作为优化目标可以获得最佳使用经济性的设计指标。但是寿命期内充电费用受车辆使用工况和电费单价的影响，难以用解析方式直接表达，只

能通过建模仿真来进行计算，工作量大。

为使优化目标具有明确的物理意义，同时降低优化难度，选择以电源系统初始购置成本为目标进行优化。复合电源系统的成本与其规格参数呈正相关，复合电源系统各部件的比价格不同，使不同配置方案的成本存在一定的差异。根据 3.1.1 节计算得到的复合电源系统的能量与功率需求，以及储能元件比能量、比功率、比价格参数和整车的设计方案等共同构成系统参数匹配的约束条件。同时考虑初始购置成本、复合电源系统重量和体积等工程要求，最终得到复合电源系统的合理配置方案。

3.2.2.2 系统拓扑结构

由于复合电源系统有多种拓扑结构类型，不同拓扑结构的系统能量管理策略也不相同。因此本书中就参数匹配或能量管理分析时，主要是面向某种具体的拓扑结构进行分析，后续章节在进行分析讨论时均会首先确定系统拓扑结构。

此部分进行复合电源系统参数匹配的讨论，首先选择复合电源系统拓扑结构，如图 3-6 所示。在此系统结构中，超级电容组首先和 DC/DC 变换器串联，然后与动力电池组并联后接入母线，经过 DC/AC 逆变器向负载（或驱动电机）提供功率。对于此类拓扑结构的复合电源而言，动力电池组的工作电流不可控，只能通过控制 DC/DC 变换器的工作功率实现对复合电源系统中两电源之间的功率分配。

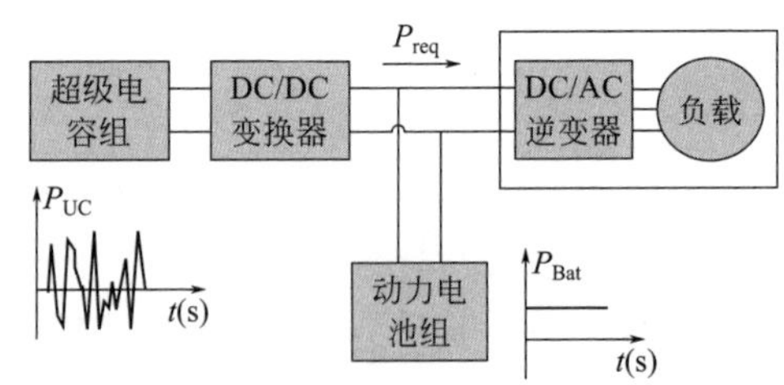

图3-6 复合电源系统拓扑结构示意图

P_{req}—复合电源系统的需求功率；P_{UC}—超级电容组工作功率；P_{Bat}—动力电池组工作功率

对应于图 3-6 所示系统拓扑结构，复合电源系统工作功率可表示为：

$$P_{req}=P_{DC/DC}+P_{Bat}=P_{UC}\eta_{DC/DC}^{\lambda}+P_{Bat} \tag{3.2}$$

式中，$P_{DC/DC}$ 为 DC/DC 变换器的工作功率；$\eta_{DC/DC}^{\lambda}$ 为 DC/DC 变换器的工作

效率；λ 为 DC/DC 变换器的工作状态，超级电容组充电时 λ 为 -1，放电时 λ 为 1。

3.2.2.3 系统需求能量与功率参数

针对 PHEV 的使用特点，结合循环工况的功率需求进行分析后发现：在 PHEV 的运行模式中，混合驱动工况占总工况时间比例较小。在驱动电机额定功率等于 15kW，峰值功率 P_{emax} 等于 35kW 的条件下，当循环工况中需求功率 $P_{req}>P_{emax}$ 时必须启动发动机提供助力。通过对循环工况的需求功率进行统计分析，可得工况中 $P_{req}>P_{emax}$ 的累积时间 t_{35}、累计时间内能量需求 E_{35} 和平均功率 P_{35}，对应的峰值回收功率为 P_{peak-}、峰值需求功率为 P_{peak+}，统计数据如表 3-6 所示。

表3-6 工况循环下 $P_{req}>P_{emax}$ 时功率和能量统计数据

	UDDS 循环工况	ECE_EUDC 循环工况
$P_{req}>P_{emax}$ 的累积时间 t_{35}/s	11	20
发动机工作时间比例 t_{35}/t_{power_in}/%	1.42	2.80
E_{35}/kJ	438.7	881.66
P_{35}/kJ	39.88	44.08
P_{peak-}/kW	-33.119	-34.718
P_{peak+}/kW	47.142	51.479

由表 3-6 可知，两种工况的发动机运行时长分别为 11s 和 20s，占输出功率时间比例分别为 1.42% 和 2.80%。由此可知，混合驱动工况所占比例非常小，这也证明上述讨论中将 PHEV 整车能量控制策略设定为纯电动模式具有可行性。

由 3.2.1 节可知，初始设计的电源系统功率和能量配置不合理，需要通过参数的优化设计获得最佳的电源系统性能和最低成本。车载电源系统的电源能量由续驶里程要求决定，由于超级电容组的能量可忽略不计，因此 PHEV 在纯电动模式下的行驶里程要求决定了动力电池组的电量。动力电池组电量可表示为：

$$E_{Bat}=\frac{L\max\left(E_{s\_40},E_{s\_driving\_cyc}\right)}{DOD} \tag{3.3}$$

式中，L 为纯电动模式下车辆续驶里程，按性能指标要求取 60km；E_{s_40} 为 40km/h 等速行驶下单位里程的电能消耗量；$E_{s\_driving\_cyc}$ 为给定循环工况下单位里程的电能消耗量，取以上两循环工况对应的较大值，kW·h/km；DOD 为

动力电池组的放电深度，取为 0.8。

复合电源系统的最大工作功率由整车动力性和制动能量回收功率范围决定：

$$P=\frac{\max\left(P_{\mathrm{m1}},P_{\mathrm{m2}},P_{\mathrm{m3}},P_{\mathrm{peak-}}\right)}{\eta_{\mathrm{motor}}\eta_{\mathrm{inv}}} \tag{3.4}$$

式中，$P_{\mathrm{peak-}}$ 为循环工况的峰值回收功率。

由式（3.1）、式（3.3）和式（3.4）得：动力电池组的电量 E_{Bat} 为 5.65kW•h，最大工作功率 P 为 39.31kW。

3.2.2.4 系统部件参数匹配

结合图 3-6 所示的系统拓扑结构，确定复合电源系统的配置参数，包括动力电池组、超级电容组和 DC/DC 变换器参数。

（1）动力电池组参数

动力电池类型选择为磷酸铁锂电池，在参数匹配过程中，认为动力电池具有稳定的放电平台，其标称电压 U_{normal}（平台电压）等于 3.2V。动力电池组参数包括模组总能量 E_{Bat}、工作功率 P_{Bat}、动力电池单体的容量 C_a 和串联节数 N_{Bat}。图 3-6 的拓扑结构中，动力电池直接与母线连接，因此母线的电压等级决定了动力电池组的电压等级。根据表 3-3 中目标车辆的性能参数，电压等级 U 为 336V，即动力电池组节数 N_{Bat} 应满足约束条件：$N_{\mathrm{Bat}}U_{\mathrm{normal}}$=336V，则串联节数 N_{Bat} 为 105 个。

动力电池组的单体容量由车辆续驶里程对总能量的需求决定，因此可构成约束条件为：

$$C_a \geqslant E_{\mathrm{Bat}}/U=16.82\mathrm{A \cdot h} \tag{3.5}$$

已知动力电池单体的规格和上述约束条件，同时由于动力电池单体并联过多会导致其不一致性问题加剧，选择单体并联数为 1，则可确定动力电池单体容量 C_a 为 18A • h。此型号的磷酸铁锂动力电池单体质量为 0.51kg，则动力电池组总质量为 53.55kg，比能量为 112.9W • h/kg。

定义动力电池组电压为 U_{Bat}、工作电流为 I_{Bat}，当动力电池单体容量 C_a 确定后，即可确定动力电池组峰值输出功率 $P_{\mathrm{Batmax}}(P_{\mathrm{Batmax}}=U_{\mathrm{Bat}}I_{\mathrm{Bat}})$。因此计算峰值功率 P_{Batmax} 即可确定动力电池组的最大工作电流。一般认为，工作电流超过 2C 的放电倍率会降低动力电池循环寿命，电流为 2C 时的工作时间不建议超过

30s。C 为动力电池充放电倍率，如 18A・h 的动力电池以 1C 放电，表示动力电池放电电流为 18A。

根据表 3-3 中的性能指标要求，复合电源系统应能够在峰值功率条件下工作 30s，此状态下动力电池也应处于峰值功率状态。设选择的动力电池最大工作电流范围为 [1C,2C]，动力电池组能够提供的峰值功率 P_{Batmax} 满足约束条件式（3.6），该约束条件确定了动力电池组最大输出功率范围为 6.05~12.10kW。

$$U_{\mathrm{Bat}} I_{1C} \leqslant P_{\mathrm{Batmax}} \leqslant U_{\mathrm{Bat}} I_{2C} \tag{3.6}$$

式中，I_{1C} 表示动力电池工作电流为 18A；I_{2C} 表示动力电池工作电流为 36A。

（2）超级电容组参数

超级电容组的参数包括串联模块数量 N_{UC}、单体容量 C_{uc} 和功率 P_{UC}。在复合电源拓扑结构中，超级电容组通过 DC/DC 变换器与母线隔离，由于 DC/DC 变换器的工作特性原因，超级电容组的最大电压 U_{UC} 不能超过母线电压，即 $U_{\mathrm{UC}}<336\mathrm{V}$。由第二章中超级电容特性可知，当超级电容组电压为额定电压的 50% 时，释放的能量达到其最大储存能量的 75%；同时当超级电容电压低于 50% 时，DC/DC 变换器由于两端电压差较大而工作效率偏低。因此选取超级电容额定电压的 50% 为最低工作电压，构成约束条件：$U_{\mathrm{UC}} \in [168,336]\mathrm{V}$。

选择额定电压 $U_{\mathrm{UC\_Cell}}$ 为 16V、额定容量 C_{uc} 未知的超级电容单个模组，此模组为 6 个超级电容单体串联组成。以此模组进行串联组成复合电源系统的超级电容组，由约束电压范围和单个模组电压值，确定串联模组数 $N_{\mathrm{UC}} \in [11, 21]$，超级电容组额定电压 U_{UC} 和额定容量 C_{UC} 为：

$$U_{\mathrm{UC}} = N_{\mathrm{UC}} U_{\mathrm{UC\_Cell}} \tag{3.7}$$

$$C_{\mathrm{UC}} = \frac{C_{\mathrm{uc}}}{N_{\mathrm{UC}}} \tag{3.8}$$

根据复合电源系统的设计思想，超级电容组功率 P_{UC} 由循环工况的峰值功率确定，单体容量 C_{uc} 由车辆持续加速时间确定。由以上可知，循环工况的峰值功率需求 P_{reqmax} 为 39.31kW，在此峰值功率需求状态下，动力电池组和超级电容组均以峰值功率输出：

$$P_{\mathrm{reqmax}} = P_{\mathrm{Batmax}} + \eta_{\mathrm{DC/DC}} P_{\mathrm{UCmax}} \tag{3.9}$$

式中，$\eta_{DC/DC}$ 为 DC/DC 变换器效率，不考虑电流方向，取为 98%。

超级电容组的输出功率 $P_{UC}=U_{UC}I_{UC}$，超级电容组工作电流和电压关系式为：

$$I_{UC}=C_{UC}\frac{dU_{UC}}{dt} \tag{3.10}$$

根据式（3.9）和式（3.10）并考虑 DC/DC 变换器效率可得：

$$\eta_{DC/DC}P_{UCmax}=P_{reqmax}-P_{Batmax}=U_{UC}C_{UC}\frac{dU_{UC}}{dt} \tag{3.11}$$

根据复合电源系统的性能指标，要求能够提供的最大功率下的工作时间 t_P 为 30s。对式（3.11）进行两边分别积分，并结合式（3.7）和式（3.8）可得式（3.12）。由此可得到超级电容模组单体容量 C_{uc} 和串联模组数 N_{UC} 的约束条件：$C_{uc}N_{UC}\in[8677.9,10606.5]$F。

$$C_{uc}N_{UC}=\frac{8}{3}\times\frac{\left(P_{reqmax}-P_{Batmax}\right)t_P}{256\eta} \tag{3.12}$$

目前常见的超级电容单体容量为 300F、600F、800F、1200F、1600F、2000F、2400F和 3000F。由于超级电容单个模组由 6 个单体构成，根据超级电容组的最大电压 U_{UC} 及式（3.12）构成的约束条件，为保证超级电容的工作电压范围，N_{UC} 最大取值为 21。根据以上约束条件，$[C_{uc},N_{UC},P_{Batmax}]$ 的可行解为：ρ_1=[500F,21,13.43kW]，ρ_2=[400F,21,12.10kW]，ρ_3=[500F,18,12.10kW]。

（3）系统参数配置方案的选择

以复合电源系统的初始成本作为系统优化目标，由于动力电池组成本和 DC/DC 变换器成本与容量成正比，三种方案中这两项成本相同，因此只需比较不同方案时的超级电容组成本。不同超级电容组配置方案的电源系统初始成本如表 3-7 所示。

表3-7　不同配置方案时系统初始成本　　单位：元

方案	动力电池组	DC/DC变换器	超级电容组	总成本
ρ_1	37800	16000	18711	72511
ρ_2	37800	16000	14968.8	68768.8
ρ_3	37800	16000	16038	69838

注：超级电容成本为 0.01~0.005 美元 /F@2.67V，取平均值 0.0075 美元 /F@2.67V，“@” 意为“在……条件下”。

表 3-7 表明 ρ_2 方案的初始购置成本最低。在该方案下，根据续驶里程要求计算容量并按照动力电池组规格圆整，DC/DC 变换器的参数由循环工况的功率需求决定，超级电容则根据优化目标在约束条件划定的可行域内求解。由于动力电池组和 DC/DC 变换器成本固定不变，为降低复合电源系统初始成本，只能降低超级电容组成本，可通过缩减容量和降低电压实现。但这种方法会降低超级电容组的输出功率，使得动力电池组在面对高功率需求时会以大倍率电流工作，致使动力电池组可用容量降低、车辆续航里程和动力电池组寿命缩短，因此超级电容组的规模不能缩减过多。此外，如果减少超级电容组个数，会使得超级电容组和母线间的电压差变大，不利于 DC/DC 变换器的优化设计。因此，考虑到对动力电池组的保护等因素，设计方案将动力电池组最大放电电流设定为 2*C*，由此限定动力电池组的峰值输出功率。

选用 ρ_2=[400F,21,12.09kW] 的方案，根据式（3.12）与动力电池工作功率 $P_{Batmax}=U_{Bat}I_{Batmax}$，可求得动力电池组最大工作电流 I_{Batmax} 为 39.48A，此值大于 36A（18Ah 的动力电池以 2*C* 倍率工作），因此该方案不能满足动力电池组电流工作条件。选用 ρ_3=[500F,18,12.10kW] 方案，计算动力电池组工作电流 I_{Bat} 为 33.87A，此值小于 36A，因此该方案可行。

基于此参数匹配方案，将 18 个额定容量为 500F、标称电压为 16.2V 的超级电容模组串联。串联后的峰值输出功率为 28.8kW，比功率为 0.278kW/kg，总质量为 10.8kg，总体积为 0.079m^3，能量为 320W・h。由此获得的复合电源系统参数配置方案如下表 3-8 所示。以上即为基于规则方法进行复合电源系统参数匹配的流程。

表3-8 系统参数配置方案

	节数	质量/kg	功率/kW	能量/W・h	比功率/（kW/kg）	比能量/（W・h/kg）
动力电池组	105	53.55	12.096	6048	0.125	112.9
超级电容组	18	10.8	28.8	320	2.67	29.6
DC/DC 变换器	—	22.5	40	—	0.44	—
合计	—	86.85	40.896	6368	0.47	73.3

3.3 基于规则的复合电源能量管理策略

为了达到降低动力电池组充电 / 放电倍率和浪涌电流，提高系统的大功率充电 / 放电能力的目的，能量管理策略要求在系统工作过程中动力电池组提供稳定和低频的需求功率，超级电容组提供短时间的峰值功率、高频功率以及回收大部分的制动能量。

基于规则的能量管理策略具有运算量低、实时响应性好、鲁棒性强和可靠性高的优点，目前在工程实践中被广泛应用。其一般可分为基于逻辑门限的能量管理策略和基于模糊逻辑控制的能量管理策略。

3.3.1 基于逻辑门限的规则能量管理策略

基于逻辑门限的规则能量管理策略（以下简称逻辑门限的能量管理策略）是目前应用较广泛的控制算法，此方法的优点是不需要精确的数学模型，运算量小，实时响应性好，具有较强的鲁棒性等。在复合电源系统能量管理应用中，基于逻辑门限的能量管理策略的基本思路为根据已设定的逻辑门限参数值以及制定的控制规则，在算法执行过程中首先判断复合电源系统的状态与逻辑门限参数的关系，然后根据判断的结果执行相应的控制规则，以此来进行动力电池组和超级电容组的功率分配。

3.3.1.1 基于逻辑门限的能量管理策略

基于逻辑门限的能量管理策略，通常可根据不同时刻的动力电池组 SOC、超级电容组 SOV 和车辆运行状态来确定不同能量源之间的功率分配。定义 SOC_H 和 SOC_L 分别为动力电池组荷电状态的上、下限约束值，SOV_H 和 SOV_L 分别为超级电容组电压状态的上、下限约束值。将复合电源系统工作模式分为五种，如表 3-9 所示。

表3-9 基于逻辑门限策略的复合电源系统工作模式

状态	工作模式
动力电池组不充 / 放电	当超级电容组 SOV 大于其下限值 SOV_L 时，则需求功率 P_{req} 由超级电容组提供，否则整个复合电源系统不输出功率
需求功率小于 0	作为辅助功率单元，由于超级电容响应快、寿命长、效率高，制动能量将首先由超级电容组吸收。当超级电容组 SOV 大于其上限值 SOV_H 时，将基于峰值充电功率与动力电池组 SOC 的函数关系确定回收制动能量

续表

状态	工作模式
需求功率小于动力电池组的平均功率	① 当超级电容组 SOV 小于其下限值 SOV_L 时，动力电池组将提供全部的需求功率 ② 当动力电池组 SOC 小于其下限值 SOC_L 且超级电容组 SOV 大于其下限值 SOV_L 时，超级电容组将提供全部的需求功率 ③ 当动力电池组 SOC 大于其下限值 SOC_L 且超级电容组 SOV 大于其下限值 SOV_L 时，动力电池组将提供全部的需求功率
需求功率大于动力电池组的平均功率且小于最大放电功率	根据复合电源系统的控制原则，将需求功率分为循环工况平均功率 P_{ave} 和不足功率，由动力电池组和超级电容组分别提供
需求功率大于动力电池组的最大放电功率	① 当超级电容组 SOV 大于其下限值 SOV_L 时，动力电池组提供其可输出的最大放电功率，不足功率由超级电容组提供 ② 当超级电容组 SOV 小于其下限值 SOV_L 时，为了保证车辆在特殊工况下能继续运行，需要限制复合电源系统的输出功率，动力电池组将提供其可输出的最大功率，此时不能满足需求功率的全部要求，车辆应降低其速度和需求功率

3.3.1.2 案例分析

本节选用图 3-7 所示系统拓扑结构进行基于逻辑门限的能量管理策略的仿真分析。对于此类拓扑结构的复合电源而言，超级电容组的工作电流不可控，只能通过控制动力电池组工作电流实现对复合电源内部的功率分配。在有外部功率需求时，根据系统能量管理信号控制 DC/DC 变换器进行升降压变换，对动力电池组的充电 / 放电功率进行主动控制，而超级电容组则根据电路电压被动工作。图 3-7 中，P_{req} 为复合电源系统的需求功率；P_{UC} 为超级电容组工作功率；P_{Bat} 为动力电池组工作功率。

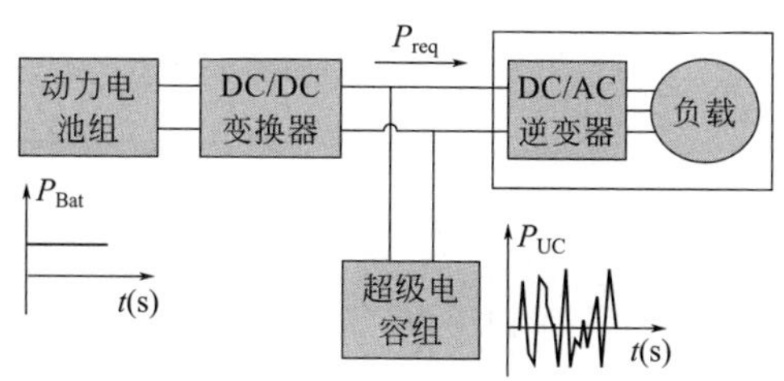

图3-7 复合电源系统拓扑结构示意图

为降低系统复杂度和仿真计算负担，本书假设动力电池组和超级电容组中的单体均为同一型号、同一批次，且不考虑单体之间的不一致性，即本书中建立的动力电池组模型和超级电容组模型均为“大单体模型”。根据第二章中动

力电池与超级电容建模与参数辨识理论的分析与讨论结果，本书中如不特殊说明，则动力电池选用 1 阶 RC 模型建模，超级电容选用 Rint 模型建模。

（1）系统参数

以某插电式混合动力公交车为例，对纯电动模式下的复合电源能量管理进行分析。目标车型的整车参数如表 3-10 所示。

表3-10　目标车型的整车参数

参数名称	指标
整车质量	16500kg
传动系统效率	0.93
滚动阻力系数	0.011
迎风面积	6.6m^2
空气阻力系数	0.55
旋转质量相关系数	1.03

进行系统性能需求分析的车辆工况选择中国典型城市公交循环（Typical China Urban Bus Driving Cycle，CUDC）工况，如图 3-8 所示。参考式（3.1）汽车功率平衡方程式，坡道阻力系数取 0，对应的整车功率需求如图 3-9 所示。

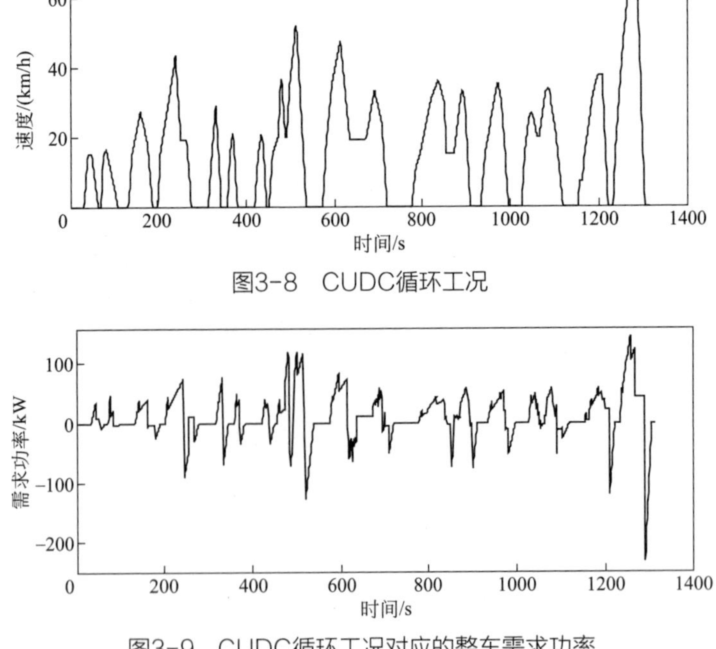

图3-8　CUDC循环工况

图3-9　CUDC循环工况对应的整车需求功率

复合电源系统中各部件参数如表 3-11 所示。根据此表参数可获知：动力电池组电压平台为 580.9V，能量为 39kW・h，超级电容组最大电压为 576V。选用 DC/DC 变换器的额定功率为 25kW，其工作效率在额定功率点附近可以达到 96%~98%。DC/DC 变换器效率如表 3-12 所示，表中，$i_{DC/DC}$ 为 DC/DC 变换器工作电流（输出端）；$P_{DC/DC}$ 为输出功率值；η 为效率值。

表3-11 复合电源系统各部件参数

	参数	指标
动力电池组	类型	锰酸锂离子动力电池
	模组连接方式	157串2并
	单体电压平台	3.7V
	单体容量	35A・h
超级电容组	品牌	Maxwell
	模组连接方式	12串1并
	单个模组容量	165F
	单个模组最大电压	48V
	单个模组的等效内阻	6.3mΩ
DC/DC 变换器	额定功率	25kW
	峰值功率	50kW（持续60s）

表3-12 DC/DC变换器效率η

$\eta(i_{DC/DC},P_{DC/DC})$	0	10kW	20kW	25kW	30kW	40kW	>50kW
0	50%	50%	50%	50%	50%	50%	50%
10A	75%	92%	95%	97%	95%	94%	93%
50A	73%	89%	93%	96%	93%	92%	90%
100A	72%	88%	91%	95%	92%	91%	89%
200A	70%	82%	89%	92%	91%	90%	87%
>400A	56%	66%	71%	74%	73%	72%	70%

（2）策略确定

首先定义 U_{Batmin}、U_{Batmax} 分别为动力电池组最小、最大电压限制；I_{Batmin}、I_{Batmax} 分别为动力电池组最小、最大工作电流限制；SOC_H、SOC_L 分别为动力电池组上、下限约束值；U_{UCmin}、U_{UCmax} 分别为超级电容组最小、最大电压限制；

I_{UCmin}、I_{UCmax} 分别为超级电容组最小、最大电流限制；SOV_H、SOV_L 分别为超级电容上、下限约束值。系统约束条件为：

$$\begin{cases} U_{Batmin} < U_{Bat} < U_{Batmax} \\ I_{Batmin} < I_{Bat} < I_{Batmax} \\ SOC_L < SOC < SOC_H \\ U_{UCmin} < U_{UC} < U_{UCmax} \\ I_{UCmin} < I_{UC} < I_{UCmax} \\ SOV_L < SOV < SOV_H \end{cases} \tag{3.13}$$

设置超级电容组 SOV 变化范围为 48%~90%；动力电池组 SOC 变化范围为 20%~90%；动力电池组最大输出功率 P_{Batmax} 为 150kW。根据 CUDC 循环工况和整车动力性指标，计算功率需求大于 0 时的平均需求功率 P_{ave} 为 38.6kW。结合 3.2.1.1 节的分析结果，建立基于逻辑门限的能量管理策略和门限值参数表，如表 3-13和图 3-10 所示。

表3-13　逻辑门限的门限值

参数	门限值	参数	门限值
SOV_L	48%	SOV_H	90%
SOC_L	20%	SOC_H	90%
P_{Batmax}	150kW	P_{ave}	38.6kW

（3）结果分析

在 CUDC 循环工况下，基于逻辑门限的能量管理策略仿真结果如图 3-11~ 图 3-13 所示。图 3-11 为复合电源系统的动力电池组 SOC 和超级电容组 SOV 变化。结果表明，基于逻辑门限的能量管理策略的动力电池组 SOC 变化较为平稳，超级电容组 SOV 主要在大于 50% 的区域内波动。图 3-12 和图 3-13 分别为动力电池组和超级电容组的电流、电压的变化，从图中曲线可以看出，动力电池组的电流和电压变化平缓。由此表明，该策略避免了大幅及高频电流对动力电池组内部结构产生的冲击，能够延长动力电池组的使用寿命。另外，从超级电容组电流和电压曲线可以看出，在整个循环工况过程中，超级电容组电压和电流变化幅度大，满足了大电流充 / 放电以及高频电流的需求，回收了较大的车辆制动功率，极大地降低了复合电源系统制动能量损失，提高了复合电源系统的响应速度。

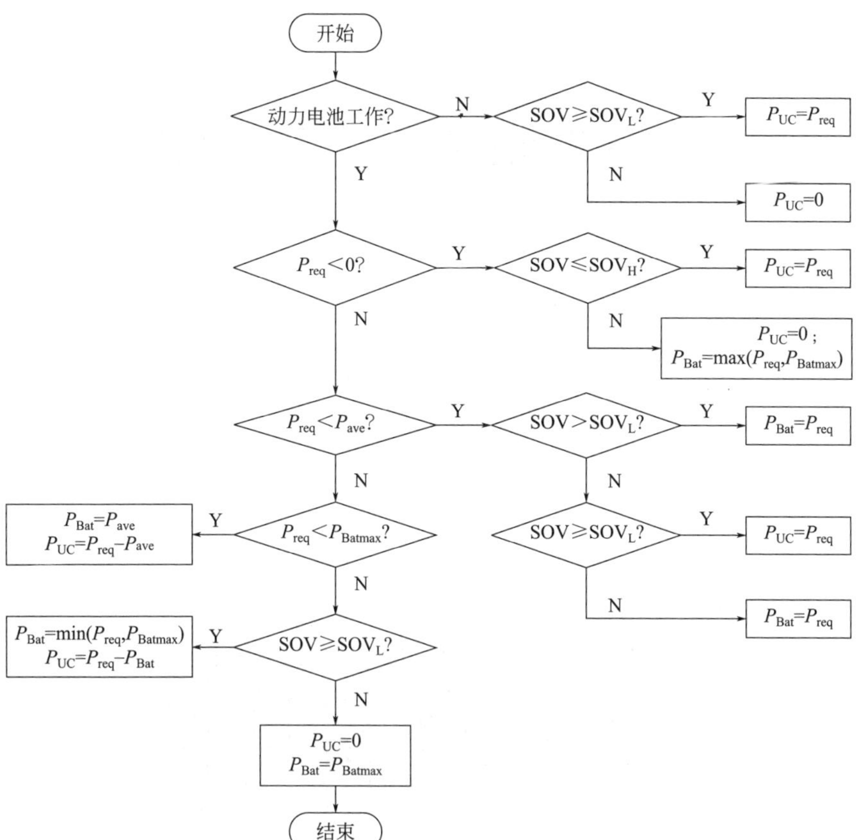

图3-10 基于逻辑门限的能量管理策略

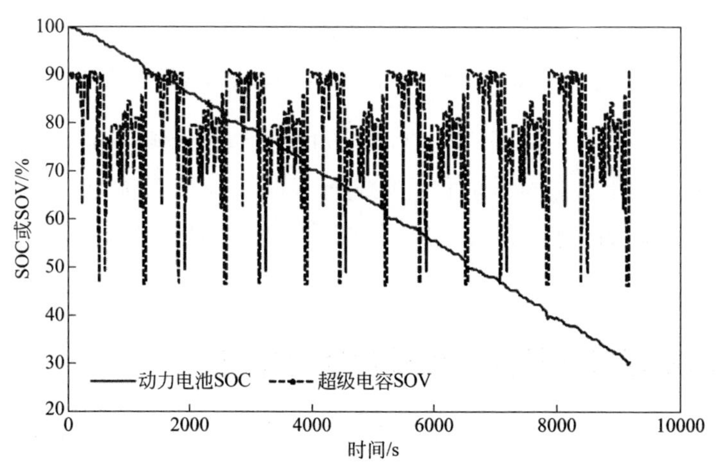

图3-11 基于逻辑门限策略的动力电池组SOC与超级电容组SOV（彩图）

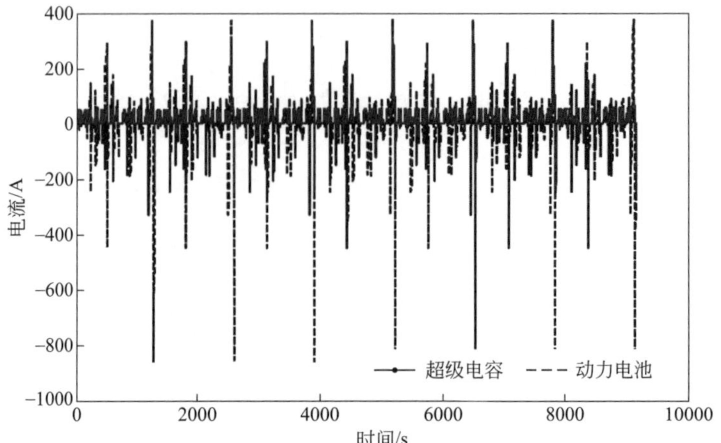

图3-12　基于逻辑门限策略的动力电池组与超级电容组电流（彩图）

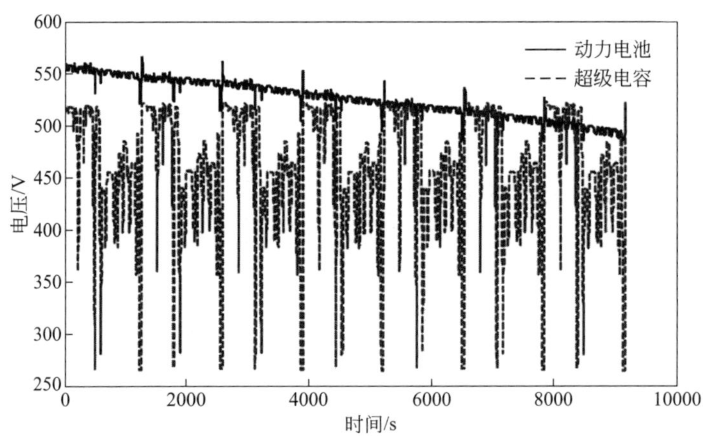

图3-13　基于逻辑门限策略的动力电池组与超级电容组电压（彩图）

以上仿真结果表明，基于逻辑门限的能量管理策略具有控制方法简单、易实现、较优的计算空间需求和较低的计算时间成本等优点。此外，由于逻辑门限值通常依赖工程经验，设计控制参数需要随工况类型变化进行实时调整。

3.3.2　基于模糊逻辑控制的能量管理策略

模糊逻辑控制具有与人脑类似的特征，它是一种基于工程经验、知识、推理技术及控制系统状态条件而不依赖于物理过程的精确数学模型。在模糊推理系统中，根据使用模糊规则的形式不同，模糊逻辑控制系统可分为两类：基于

Mamdani 模型的模糊逻辑控制器和基于高木 - 关野模型的模糊逻辑控制器。由于基于 Mamdani 模型的控制器被广泛使用而又被称为标准模型的模糊逻辑控制器，其模糊规则的输入 / 输出均为模糊语言变量，此类模糊逻辑的语言表示易于理解和调整，具有设计简单的优点；基于高木 - 关野模型的控制器规则的输入为模糊语言，输出为输入变量的线性组合，此模型适合表达复杂系统的动态特性。

图 3-14 为基于标准模型的模糊逻辑控制系统原理图。其中，输入量 x_0 经模糊化以后变成模糊量 x，x 在模糊推理后得到输出量 y，y 再经清晰化（即反模糊）变成输出量 y_0。模糊规则库由若干“IF-THEN”规则构成，主要反映了能量管理策略的经验值。模糊推理将输入模糊集合按照模糊逻辑映射成输出模糊集合，其在模糊推理系统中起着最为重要的作用。标准模糊推理逻辑具有如下形式：

$$\text{IF } x_1 \text{ is } A_1 \text{ and } x_2 \text{ is } A_2 \text{ and } \cdot \text{ and } x_n \text{ is } A_n\text{，THEN } y \text{ is } B$$

其中，$A_i(i=1,2,\cdots,n)$ 为输入模糊语言值；B 为输出模糊语言值。

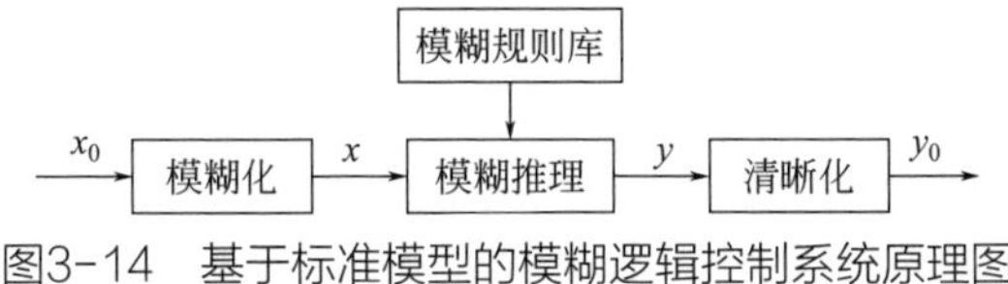

图3-14 基于标准模型的模糊逻辑控制系统原理图

上述标准模糊逻辑系统由多个部分构成：输入、输出语言变量及其模糊语言值和隶属度函数；模糊规则；输入语言变量的模糊化方法；输出语言变量的去模糊化方法和模糊推理计算。

基于标准模型的模糊逻辑控制系统应用广泛，在 MATLAB 软件中已经为模糊逻辑控制器制作了工具箱，模糊逻辑控制工具箱主要包括：模糊推理系统编辑器、隶属函数编辑器、模糊规则编辑器、模糊规则浏览器、用于模糊推理的输入、输出函数曲面浏览器。这些集成的图形用户界面更加方便用户使用。

3.3.2.1 基于模糊逻辑的能量管理策略

模糊逻辑控制策略本质上为基于规则的能量管理策略的一种，其与基于逻辑门限的能量管理策略的主要区别为规则门限值的表达方式不同。模糊逻辑控制的最大优势是可以根据设置的工作区域实现各区域、各状态间的平滑过渡，

同时可将一些无法通过规则确定的模糊概念表现出来。

从上节分析可知，基于逻辑门限的能量管理策略对动力电池组和超级电容组有更严格的约束，两者只能够按照事先制定好的确定规则进行能量管理，这将导致某些时刻的动力电池组处于大电流放电状态。为更加合理地决策超级电容组的充/放电功率，设计模糊逻辑控制器进行系统的能量管理。在模糊控制器中，选择系统需求功率 P_{req}、动力电池组 SOC、超级电容组 SOV 为输入语言变量，选择超级电容组工作功率 P_{UC_fuzzy} 为输出语言变量。设计的模糊逻辑控制器结构如图 3-15 所示。

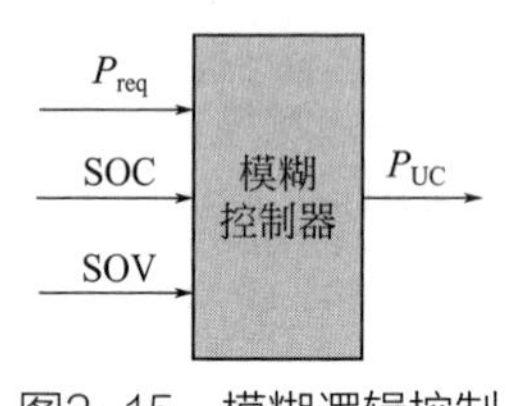

图3-15　模糊逻辑控制器结构

模糊规则的建立是构造模糊逻辑控制系统的关键，因此重点讨论此部分内容。根据车辆需求功率为正或负两种情况分别进行详细分析，设计模糊逻辑控制器的模糊规则如下。

（1）车辆需求功率大于零

① 若超级电容组 $SOV<SOV_L$ 并呈持续减小趋势。

a. 当动力电池组 SOC 较小时，复合电源系统不工作。

b. 当动力电池组 SOC 适中或较大时，系统限制超级电容组主动放电，需求功率完全由动力电池组承担。此时，系统最大输出功率等于动力电池组最大输出功率与 DC/DC 变换器效率的乘积。

② 若车辆需求功率非常小。

a. 当动力电池组 SOC 较小，超级电容组 SOV 较大时，需求功率完全由超级电容组承担，否则系统停止工作。

b. 当动力电池组 SOC 适中或较大时，需求功率完全由动力电池组承担，而超级电容组不工作。

③ 若车辆需求功率较小。

a. 当动力电池组 SOC 较小时，需求功率完全由超级电容组承担。

b. 当动力电池组 SOC 适中时，如果超级电容组 SOV 适中，需求功率基本由动力电池组承担；如果超级电容组 SOV 较大，则超级电容组适度的承担部分功率。

c. 当动力电池组 SOC 较大时，需求功率基本由动力电池组承担，超级电容组以允许的峰值功率进行功率补偿。

④ 若车辆需求功率较大。

a. 当超级电容组 SOV 适中时，如动力电池组 SOC 较小，则需求功率基本由超级电容组承担；当动力电池组 SOC 适中或较大时，则动力电池组承担其高效率工作时输出的功率。

b. 当超级电容组 SOV 较大而动力电池组 SOC 较小时，需求功率基本由超级电容组承担；如果动力电池组 SOC 适中时，需求功率大部分由超级电容组承担；如果动力电池组 SOC 较大时，动力电池组承担其高效率工作时输出的功率。

⑤ 若车辆需求功率很大。

a. 当超级电容组 SOV 适中时，如动力电池组 SOC 较小，则需求功率基本由超级电容组承担，当动力电池组 SOC 适中或较大时，则动力电池组为需求功率承担高效率工作时输出的功率。

b. 当超级电容组 SOV 较大时，如果动力电池组 SOC 为较小或适中时，此时需求功率基本由超级电容组承担；如果动力电池组 SOC 较大时，为避免动力电池组大电流放电，此时超级电容组承担大部分功率。

⑥ 若超级电容组 SOV 和动力电池组 SOC 均较小时。

动力电池组在允许的工作功率范围内以尽可能大的功率输出，超级电容组以允许的峰值功率进行功率补偿。如果两者状态降低到设定的下限值时，复合电源系统停止工作。

基于以上对需求功率大于零时的多种系统工作状态的分析，在模糊逻辑控制器中进行控制规则的设计。定义模糊语言值：P_{req}={minimum,small,big,high}；SOV={low,optimal,high}；SOC={low,optimal,high}；P_{UC}={small,optimal,high,max}。根据上述规则确定的模糊逻辑控制器的规则库如表 3-14 所示。

表3-14 P_{req}>0时的模糊逻辑控制规则库

序号	规则
1	$(SOV=low) \Rightarrow (P_{UC}=small)$
2	$(SOC=low)\&(SOV=optimal)\&(P_{req}=minimum) \Rightarrow (P_{UC}=max)$
3	$(SOC=optimal)\&(SOV=optimal)\&(P_{req}=minimum) \Rightarrow (P_{UC}=optimal)$

续表

序号	规则
4	$(\text{SOC=high})\&(\text{SOV=optimai})\&(P_{\text{req}}=\text{minimum})\Rightarrow(P_{\text{UC}}=\text{small})$
5	$(\text{SOC=low})\&(\text{SOV=optimal})\&(P_{\text{req}}=\text{small})\Rightarrow(P_{\text{UC}}=\text{max})$
6	$(\text{SOC=optimal})\&(\text{SOV=optimal})\&(P_{\text{req}}=\text{small})\Rightarrow(P_{\text{UC}}=\text{small})$
7	$(\text{SOC=high})\&(\text{SOV=optimal})\&(P_{\text{req}}=\text{small})\Rightarrow(P_{\text{UC}}=\text{small})$
8	$(\text{SOC=low})\&(\text{SOV=optimal})\&(P_{\text{req}}=\text{big})\Rightarrow(P_{\text{UC}}=\text{high})$
9	$(\text{SOC=optimal})\&(\text{SOV=optimal})\&(P_{\text{req}}=\text{big})\Rightarrow(P_{\text{UC}}=\text{optimal})$
10	$(\text{SOC=high})\&(\text{SOV=optimal})\&(P_{\text{req}}=\text{big})\Rightarrow(P_{\text{UC}}=\text{optimal})$
11	$(\text{SOC=low})\&(\text{SOV=optimal})\&(P_{\text{req}}=\text{high})\Rightarrow(P_{\text{UC}}=\text{max})$
12	$(\text{SOC=optimal})\&(\text{SOV=optimal})\&(P_{\text{req}}=\text{high})\Rightarrow(P_{\text{UC}}=\text{optimal})$
13	$(\text{SOC=high})\&(\text{SOV=optimal})\&(P_{\text{req}}=\text{high})\Rightarrow(P_{\text{UC}}=\text{optimal})$
14	$(\text{SOC=low})\&(\text{SOV=high})\&(P_{\text{req}}=\text{minimum})\Rightarrow(P_{\text{UC}}=\text{max})$
15	$(\text{SOC=optimal})\&(\text{SOV=high})\&(P_{\text{req}}=\text{minimum})\Rightarrow(P_{\text{UC}}=\text{small})$
16	$(\text{SOC=high})\&(\text{SOV=high})\&(P_{\text{req}}=\text{minimum})\Rightarrow(P_{\text{UC}}=\text{small})$
17	$(\text{SOC=low})\&(\text{SOV=high})\&(P_{\text{req}}=\text{small})\Rightarrow(P_{\text{UC}}=\text{max})$
18	$(\text{SOC=optimal})\&(\text{SOV=high})\&(P_{\text{req}}=\text{samll})\Rightarrow(P_{\text{UC}}=\text{optimal})$
19	$(\text{SOC=high})\&(\text{SOV=high})\&(P_{\text{req}}=\text{small})\Rightarrow(P_{\text{UC}}=\text{small})$
20	$(\text{SOC=low})\&(\text{SOV=high})\&(P_{\text{req}}=\text{big})\Rightarrow(P_{\text{UC}}=\text{max})$
21	$(\text{SOC=optimal})\&(\text{SOV=high})\&(P_{\text{req}}=\text{big})\Rightarrow(P_{\text{UC}}=\text{high})$
22	$(\text{SOC=high})\&(\text{SOV=high})\&(P_{\text{req}}=\text{big})\Rightarrow(P_{\text{UC}}=\text{optimal})$
23	$(\text{SOC=low})\&(\text{SOV=high})\&(P_{\text{req}}=\text{high})\Rightarrow(P_{\text{UC}}=\text{max})$
24	$(\text{SOC=optimal})\&(\text{SOV=high})\&(P_{\text{req}}=\text{high})\Rightarrow(P_{\text{UC}}=\text{max})$
25	$(\text{SOC=high})\&(\text{SOV=high})\&(P_{\text{req}}=\text{high})\Rightarrow(P_{\text{UC}}=\text{high})$

当需求功率大于零，即系统处于放电状态的模糊逻辑控制框图如图 3-16 所示，其中，输入端模糊语言变量的隶属度均采用高斯型隶属度函数，输出端模糊语言变量的隶属度函数采用三角形隶属度函数。模糊推理计算选用标准模型的模糊推理算法。

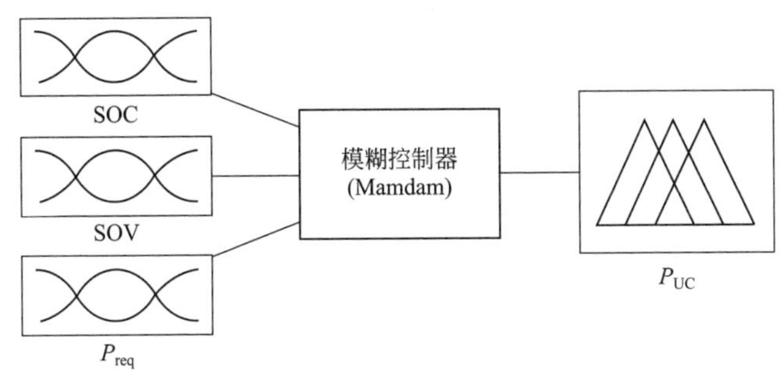

图3-16 模糊逻辑控制框图

（2）需求功率小于或等于零

① 若超级电容组 SOV 较小和适中时。

在不超过超级电容组最大输入功率时，制动功率全部由超级电容组回收。

② 若需求功率的绝对值很小，同时超级电容组 SOV 较大时。

在不超过动力电池组最大输入功率时，制动功率全部由动力电池组回收。

③ 若需求功率的绝对值较大时。

当动力电池组 SOC 较小时，动力电池组回收大部分制动功率；当动力电池组 SOC 适中时，超级电容组回收少部分功率；当动力电池组 SOC 较大时，超级电容组回收大部分的功率。模糊逻辑控制器的控制原理图与图 3-16 类似，同时也采用相对应的隶属度函数和模糊推理算法。

基于以上对需求功率小于零时的多种系统工作状态的分析，在模糊逻辑控制器中进行控制规则的设计。定义模糊语言值：$|P_{req}|$={minimum,small,big,high}；SOV={low,optimal,high}；SOC={low,optimal,high}；P_{UC}={small,optimal,high,max}。根据上述规则确定的模糊逻辑控制器规则库如表 3-15 所示。

表3-15 $P_{req}\leqslant 0$时的模糊逻辑控制器规则库

序号	规则
1	$(\text{SOV=low})\Rightarrow(P_{UC}=\text{max})$
2	$(\text{SOV=optimal})\Rightarrow(P_{UC}=\text{max})$
3	$(\text{SOV=max})\&(\|P_{req}\|=\text{minimum})\Rightarrow(P_{UC}=\text{small})$
4	$(\text{SOV=max})\&(\|P_{req}\|=\text{small})\Rightarrow(P_{UC}=\text{small})$
5	$(\text{SOC=low})\&(\text{SOV=max})\&(\|P_{req}\|=\text{big})\Rightarrow(P_{UC}=\text{small})$
6	$(\text{SOC=optimal})\&(\text{SOV=max})\&(\|P_{req}\|=\text{big})\Rightarrow(P_{UC}=\text{optimal})$
7	$(\text{SOC=high})\&(\text{SOV=max})\&(\|P_{req}\|=\text{big})\Rightarrow(P_{UC}=\text{high})$
8	$(\text{SOC=low})\&(\text{SOV=max})\&(\|P_{req}\|=\text{max})\Rightarrow(P_{UC}=\text{small})$
9	$(\text{SOC=optimal})\&(\text{SOV=max})\&(\|P_{req}\|=\text{max})\Rightarrow(P_{UC}=\text{optimal})$
10	$(\text{SOC=high})\&(\text{SOV=max})\&(\|P_{req}\|=\text{max})\Rightarrow(P_{UC}=\text{high})$

3.3.2.2 案例分析

本节选用图 3-6 所示系统拓扑结构进行基于模糊逻辑控制能量管理策略的仿真研究。与上一节的拓扑结构相比，在有外部功率需求时，同样是根据系统能量管理信号控制 DC/DC 变换器进行升降压变换，对超级电容组的充 / 放电功率进行主动控制，而动力电池组则根据电路电压被动工作。

（1）系统参数

以某插电式混合动力乘用车为例，对纯电动模式时的复合电源能量管理进行分析。目标车型的整车参数如表 3-16 所示。选择 UDDS 工况进行系统性能需求分析，此处不进行功率需求图的绘制。

表3-16 插电式混合动力乘用车的整车参数

参数名称	指标
整车质量	1845kg
传动系统效率	0.9

续表

参数名称	指标
滚动阻力系数	$\begin{cases} 0.0165 & u_a < 50\text{km/h} \\ 0.0165[1+0.01(u_a-50)] & u_a \geqslant 50\text{km/h} \end{cases}$（$u_a$为车速）
迎风面积	2.53m^2
空气阻力系数	0.36
旋转质量相关系数	1.03

复合电源系统中各部件参数如表 3-17 所示。基于超级电容特性实验数据，采用参数辨识方法确定不同工作电流时超级电容的等效内阻，辨识结果如表 3-18 所示。其中，i_r 为超级电容的充放电电流，ESR 为等效内阻。复合电源 DC/DC 变换器效率参考第二章表 2-3 中测试得到的效率图。选择图 3-1 所示的 UDDS 工况进行系统性能需求分析，整车功率需求变化见图 3-3。

表3-17 复合电源系统各部件参数

	参数	指标
动力电池组	类型	锰酸锂离子动力电池
	模组连接方式	88串2并
	单体电压平台	3.7V
	单体容量	30A・h
超级电容组	品牌	Maxwell
	模组连接方式	9串1并
	单个模组容量	500F
	单个模组最大电压	16V

表3-18 不同充/放电流时的等效内阻辨识结果

i_r/A	−2	−20	−50	−100	−150	−200	−250
ESR/mΩ	2.41	2.14	1.96	1.94	1.84	1.83	1.82
i_r/A	2	20	50	100	150	200	250
ESR/mΩ	2.36	2.01	1.96	1.8	1.76	1.75	1.72

（2）结果分析

依据上述仿真模型和能量管理策略得到仿真结果如图3-17~图3-19所示。图3-17表明，超级电容组的峰值电流在200A左右，充分发挥了超级电容组高比功率性能的优势。与此同时，动力电池组的最大放电电流被控制在2*C*以内的高效区域内，这有利于延长动力电池组的使用寿命。图3-18表明，单个UDDS循环工况下的动力电池组SOC变化为15%，超级电容组SOV值能够在循环工况结束后处于较高状态，而较高状态的SOV有利于在下一循环中满足于车辆的高需求功率。从图3-19中可以看出，随着车辆需求功率的变化，超级电容组的电压波动较大。

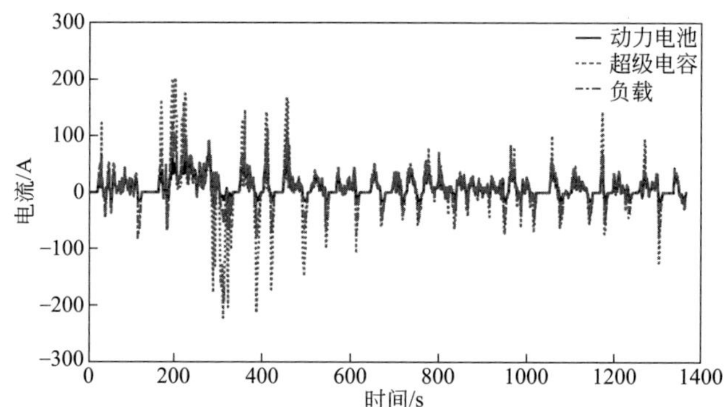

图3-17　基于模糊逻辑控制策略的动力电池组与超级电容组电流（彩图）

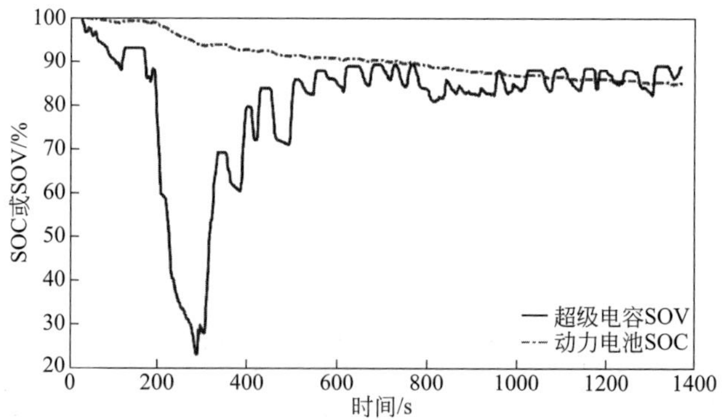

图3-18　基于模糊逻辑控制策略的动力电池组SOC和超级电容组SOV（彩图）

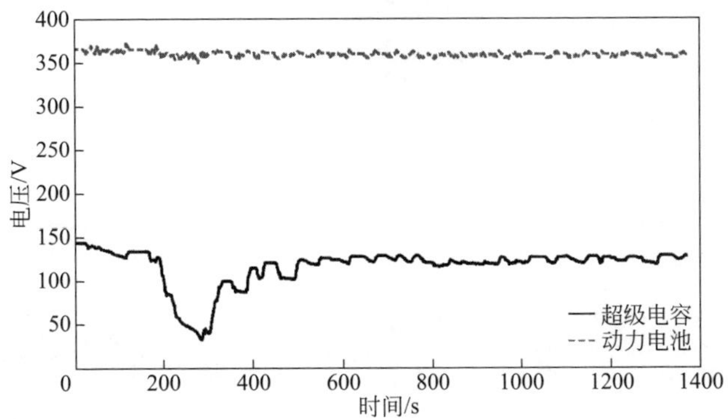

图3-19 基于模糊逻辑控制策略的动力电池组与超级电容组电压（彩图）

总的来说，基于逻辑门限的能量管理策略是以动力电池组和超级电容组的充 / 放电时间常数作为门限值设定依据来约束超级电容组吸收和释放能量的时间，而模糊逻辑控制能够根据实际循环工况的功率需求，更大潜力地发挥超级电容组的作用。基于模糊逻辑能量管理策略的系统仿真结果中，超级电容组处于频繁充 / 放电过程，工作电压区间较大，动力电池组的峰值放电电流限制在 2*C* 以内，且大部分时刻的放电电流集中在 1*C* 附近的高效区域，使得动力电池组使用寿命得到延长。

第 4 章 系统参数与能量管理策略的协同优化

电动汽车能量管理策略的优化指在建立系统控制的目标函数后，通过优化算法确定各部件在约束条件下的最优工作曲线或状态轨迹，实施最优或次优的能量管理，具体可分为全局优化能量管理和实时优化能量管理。其中，实时优化能量管理是指基于实时工况在线对能量管理决策进行优化计算，全局优化能量管理则只能基于给定工况进行离线优化。

相对于基于规则的能量管理策略，基于优化的能量管理策略的复合电源系统控制效果更好且能耗更低，同时参数调整完全根据优化函数确定，无须能量管理策略参数的调试经验。本章基于动态规划算法和遗传算法，结合多个实际案例对两种算法在系统参数优化和能量管理策略提取方面的应用进行研究。

4.1 优化目标

对于复合电源系统的能量优化管理，需要在系统目标函数确定的情况下，通过优化算法进行系统优化策略的获取。系统目标函数通常可表示为系统能量总损失（表示因系统工作效率原因产生的功率损耗）或能量总消耗，以能量总损失为例：

$$J=\sum_{k=1}^{N}\left[P_{\mathrm{Bat\_loss}}(k)+P_{\mathrm{UC\_loss}}(k)+P_{\mathrm{DC/DC\_loss}}(k)\right]\Delta t \tag{4.1}$$

式中，$P_{\mathrm{Bat\_loss}}$ 为动力电池组的功率损失；$P_{\mathrm{UC\_loss}}$ 为超级电容组的功率损失；$P_{\mathrm{DC/DC\_loss}}$ 为 DC/DC 变换器的功率损失；N 为目标工况的时间长度；Δt 为离散时间长度，取 1s。

优化控制问题必须考虑系统状态变量的变化过程，特别是考虑状态变量的终端约束。复合电源系统实际应用情况通常为在 DC/DC 变换器取得较高工作效率的同时，超级电容始终能够在系统需求大功率的情况下发挥其优势。因此在设计状态约束时必须在大部分时间内将超级电容的荷电状态限制在较高范围内。同时需要指出的是，为了提高复合电源系统的实际控制效果，优化目标也常综合考虑动力电池组和超级电容组的寿命、容量损失、系统温升特性等因素。

4.2 基于动态规划的能量管理策略

对于一个确定性系统，动态规划能够以设计的代价函数为目标，确定系统最优决策或使系统的效益总和达到最优。相对于其他优化控制算法，动态规划能够适用于多状态和多输入时的复杂非线性系统优化问题，且具有全局最优性，因此优化结果常作为目标系统最优性能的参考基准，在复合电源系统能量管理设计中应用非常广泛。

4.2.1 动态规划原理

作为运筹学的一个分支，动态规划（Dynamic Programming，DP）于 20 世纪 50 年代由美国数学家贝尔曼（R.E.Bellman）等人提出，其主要用于求解多阶段最优决策问题。目前动态规划在工程技术、经济管理、物流运输和军事等领域得到了广泛地应用，并取得了显著的效果。

多阶段决策问题是指一类能够被划分为若干个相互联系的阶段，在每一个阶段都需要做出决策的优化问题。因此它通常比单阶段中只需做出一次决策的形式要复杂。这个决策不仅决定该阶段的效益，且决定下一阶段的初始状态。每个阶段的决策确定之后，产生的决策序列即所求解问题的多阶段决策。多阶段决策问题就是获取最优决策序列，使各个阶段效益的总和达到最优。图 4-1 为多阶段决策过程的示意图。

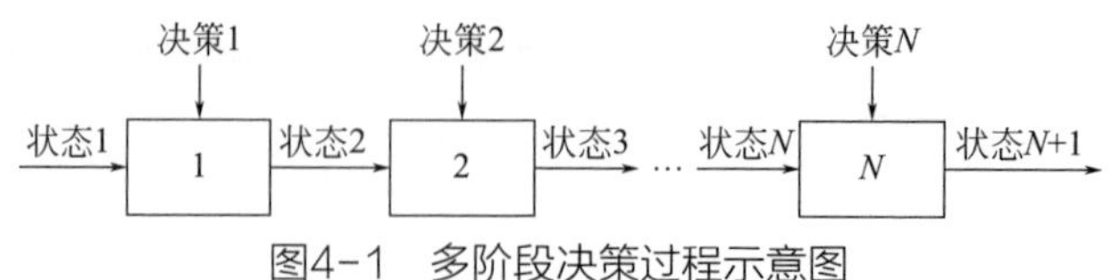

图4-1　多阶段决策过程示意图

面向多阶段决策问题，动态规划根据求解方向可分为逆序法和顺序法，前者适用于初始阶段的状态给定问题，后者适用于终止阶段的状态给定问题。对于逆序法的动态规划，第一个阶段是逆向过程，即从最后一段开始逆向进行每一段的优化，直至第一段，求得各阶段的最优性能目标和最优决策；第二个阶段为正向过程，根据系统设定的初始状态，将各阶段的决策进行累加，即可得到目标的最优决策。而顺序法求解过程与逆序法相反。定义各阶段的状态分别为 $\boldsymbol{s}_1,\boldsymbol{s}_2,\cdots,\boldsymbol{s}_N$，决策量分别为 $\boldsymbol{d}_1,\boldsymbol{d}_2,\cdots,\boldsymbol{d}_N$。第 k 阶段，在决策 $\boldsymbol{d}_k$ 条件下，状态从 $\boldsymbol{s}_k$ 转移到 $\boldsymbol{s}_{k+1}$ 的变化关系以状态转移方程表示，如式（4.2）所示。定义第 k 阶段至 k+1 阶段的单阶段目标函数为 $\boldsymbol{g}_k(\boldsymbol{s}_k,\boldsymbol{d}_k)$，而第 k+1 阶段到 n 阶段的多阶段目标函数为 $\boldsymbol{J}_{k+1}$，从最后一个阶段开始，逆序逐步求解的过程如图 4-2 所示。

$$\boldsymbol{s}_{k+1}=\boldsymbol{T}_k\left(\boldsymbol{s}_k,\boldsymbol{d}_k\right) \tag{4.2}$$

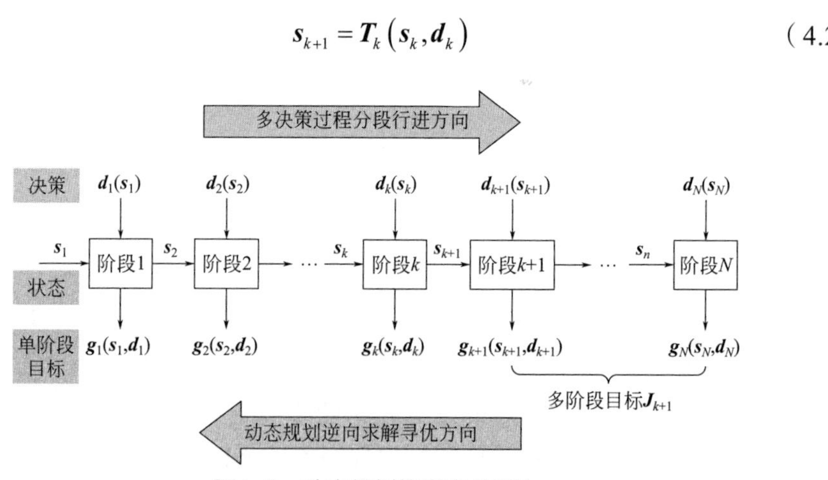

图4-2　动态规划的逆序求解法

动态规划方法利用量化和插值原则来进行最优控制策略的寻优。量化过程将所有控制和所有的状态离散化，这些离散点与时域离散点构成了网格式的寻优空间域，所有的计算将在网格点上进行。在逆向寻优计算的过程中，当求解最优控制和性能目标时，若网格点上相邻的两个状态离散点不满足状态转移方程，则需要采用插值法来求解该节点处的状态量。对需要求解的问题按照时间或者空间进行离散化，这些时间轴上各个节点的离散点的集合，就构成了一个具有有限节点的计算网格，动态规划的求解过程也即在这些网格的节点及节点之间进行寻优计算。

离散化程度取决于待求解问题的难易程度。由于动态规划需要遍历大量数据，计算量较大，特别是在多状态、多输入的情况下，计算量会急剧增加，甚至可能发生所谓的“维数灾难”。因此，在动态规划应用中，需要在网格的离散化程度和计算成本之间找出最佳平衡点。

4.2.2 算法建模与实施

对于多阶段优化问题，使用动态规划逆向求解的主要步骤如下。①将问题适当地划分为若干不同阶段；②合理选择状态变量；③确定决策变量；④写出状态转移方程；⑤根据目标函数，列出基本方程；⑥用逆序递推法寻求各阶段的最优决策。在求解过程中，首先计算各阶段的目标函数，然后根据最优目标函数和分段目标函数的关系，求出最优目标函数。假设该多阶段决策问题的目标函数关系为求和计算，则可表示为：

$$\boldsymbol{J}=\sum_{k=1}^{N}\boldsymbol{g}_k\left(\boldsymbol{s}_k,\boldsymbol{d}_k\right)=\boldsymbol{g}_1\left(\boldsymbol{s}_1,\boldsymbol{d}_1\right)+\boldsymbol{g}_2\left(\boldsymbol{s}_2,\boldsymbol{d}_2\right)+\ldots+\boldsymbol{g}_N\left(\boldsymbol{s}_N,\boldsymbol{d}_N\right) \tag{4.3}$$

为了使 $\boldsymbol{J}$ 达到最优，需计算从末值 n 逆向累计各阶段的最优目标。求解各段最优决策的过程如下。

第 N 阶段的目标函数表示为：

$$\boldsymbol{J}_N\left(\boldsymbol{s}_N,\boldsymbol{d}_N\right)=\min\left[\boldsymbol{g}_N\left(\boldsymbol{s}_N,\boldsymbol{d}_N\right)\right] \tag{4.4}$$

第 k 阶段目标函数表示为：

$$\boldsymbol{J}_k\left(\boldsymbol{s}_k,\boldsymbol{d}_k\right)=\min\left[\boldsymbol{g}_k\left(\boldsymbol{s}_k,\boldsymbol{d}_k\right)+\boldsymbol{J}_{k+1}\left(\boldsymbol{s}_{k+1},\boldsymbol{d}_k\right)\right] \tag{4.5}$$

以此类推，求解第 1 阶段目标函数为：

$$\boldsymbol{J}_1\left(\boldsymbol{s}_1\right)=\min\left[\boldsymbol{g}_1\left(\boldsymbol{s}_1,\boldsymbol{d}_1\right)+\boldsymbol{J}_2\left(\boldsymbol{s}_2,\boldsymbol{d}_1\right)\right] \tag{4.6}$$

式中，$\boldsymbol{s}_2=\boldsymbol{T}_1(\boldsymbol{s}_1+\boldsymbol{d}_1)$。

根据上述式（4.4）~式（4.6），以此类推，可以逆序逐步求出各阶段的最优决策和最优目标得到多个累计最优目标函数，同时能够求得对应的最优决策和系统状态。由于初始状态 $\boldsymbol{s}_1$ 给定，因此可以通过插值确定 $\boldsymbol{d}_1$ 和 $\boldsymbol{J}_1(\boldsymbol{s}_1)$ 的值，

系统状态 s_2 由状态转移函数 $s_2=T_1(s_1+d_1)$ 确定。图 4-3 为系统决策、状态转移和插值过程。

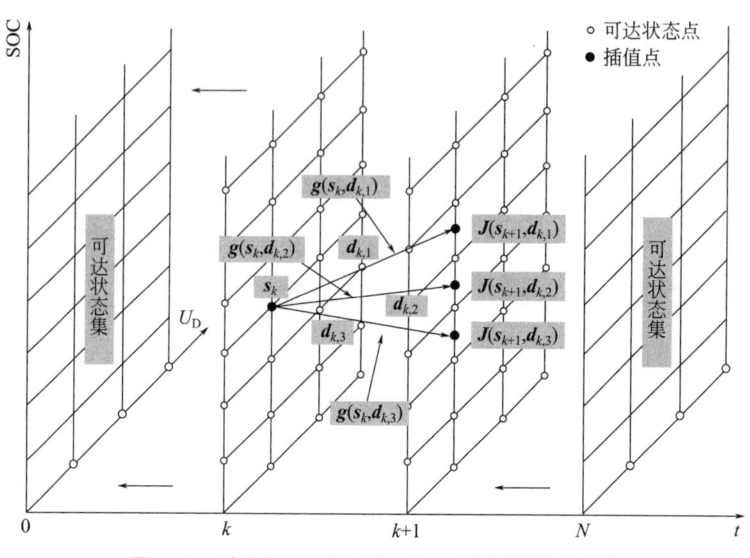

图4-3　动态规划的决策、状态转移和插值过程

动态规划在最优系统控制中应用广泛，O.Sundstrom 等研究人员设计并公开了能够在 MATLAB 中运行的通用动态规划工具包。此工具包不需要进行动态规划中各阶段函数间的算法设计，仅需要确定系统目标函数和系统模型、状态变量及其变化范围、决策变量及其变化范围、系统其他变量的约束范围、参数离散点数、状态转移方程和初始状态值等，目前被广泛应用。

4.2.3 案例分析

4.2.3.1 系统参数

本案例中，选用目标车型的参数与 3.2.1 节中的参数相同，选用复合电源系统的结构为 3.3.1 节案例分析中的拓扑结构，系统各部件参数如表 4-1 所示。面向于车辆系统能量管理，动态规划需要已知车辆工况信息，车辆工况选用 UDDS 循环工况（图 3-1）。本案例用于动态规划优化复合电源系统的详细流程探讨和系统优化效果研究，选用的复合电源系统参数大小并不影响研究结论。为匹配复合电源系统性能，将整车需求功率最大值缩减到 5kW，其余需求功率按相应比例进行缩放。

表4-1 复合电源系统各部件参数

	参数	指标
动力电池组	类型	NCM锂离子动力电池
	连接方式	12串1并
	单体标称电压	3.7V
	单体容量	25A・h
超级电容组	品牌	Maxwell
	连接方式	18串1并
	额定容量	165F
	最大电压	48.6V
DC/DC变换器	额定功率	1.2kW

在给定工况下，将该复合电源系统能量管理问题转化为多阶段、多约束、非线性优化问题，以动力电池组、超级电容组、DC/DC 变换器的能耗为系统优化目标函数，参考式（4.1）可得：

$$\begin{cases} J=\sum_{k=1}^{N}\left[P_{\text{Bat\_loss}}(k)+P_{\text{UC\_loss}}(k)+P_{\text{DC/DC\_loss}}(k)\right]\Delta t \\ P_{\text{Bat\_loss}}(k)=I_{\text{Bat}}(k)^2R_{\text{I}}(k)+U_{\text{D}}(k)^2/R_{\text{D}}(k) \\ P_{\text{UC\_loss}}(k)=I_{\text{UC}}(k)^2R_{\text{UC}}(k) \\ P_{\text{DC/DC\_loss}}(k)=P_{\text{DC/DC}}(k)\left[1-\eta_{\text{DC/DC}}(k)\right] \end{cases} \tag{4.7}$$

式中，$P_{\text{Bat\_loss}}$ 为动力电池组的功率损失；$P_{\text{UC\_loss}}$ 为超级电容组的功率损失；$P_{\text{DC/DC\_loss}}$ 为 DC/DC 变换器的功率损失；I_{Bat} 为动力电池组的工作电流；R_{I} 为动力电池组的欧姆内阻；U_{D} 为动力电池组的极化电压；R_{D} 为动力电池组的极化内阻；I_{UC} 为超级电容组的工作电流；R_{UC} 为超级电容组的内阻。

系统约束条件如下：

$$\begin{cases} U_{\text{Batmin}}<U_{\text{Bat}}<U_{\text{Batmax}} \\ I_{\text{Batmin}}<I_{\text{Bat}}<I_{\text{Batmax}} \\ \text{SOC}_{\text{L}}<\text{SOC}<\text{SOC}_{\text{H}} \\ U_{\text{UCmin}}<U_{\text{UC}}<U_{\text{UCmax}} \\ I_{\text{UCmin}}<I_{\text{UC}}<I_{\text{UCmax}} \\ \text{SOV}_{\text{L}}<\text{SOV}<\text{SOV}_{\text{H}} \end{cases} \tag{4.8}$$

式中，U_{Bat} 为动力电池组的工作电压；U_{Batmin}、U_{Batmax}分别为动力电池组最

小、最大电压限制；I_{Batmin}、I_{Batmax} 分别为动力电池组最小、最大工作电流限制；SOC_H、SOC_L 分别为动力电池组 SOC 上、下限约束值；U_{UC} 为超级电容组的工作电压；U_{UCmin}、U_{UCmax} 分别为超级电容组最小、最大电压限制；I_{UCmin}、I_{UCmax} 分别为超级电容组最小、最大电流限制；SOV_H、SOV_L 分别为超级电容 SOV 上、下限约束值。

参考动态规划原理和系统目标，得到基于动态规划的系统能量管理优化实施流程如表 4-2 所示。

表4-2　基于动态规划的系统能量管理优化的实施流程

序号	实施流程
1	确定系统目标函数 $\boldsymbol{J}$，状态变量为动力电池组 SOC、动力电池组的极化电压 U_D、超级电容组 SOV，决策变量为动力电池组的输出电流 I_{Bat}
2	确定系统中各变量的约束条件，如式（4.8）所示。设置 SOC 变化区间为 [20%，100%]，U_D 变化区间为 [-3，3]，SOV 变化区间为 [45%，100%]，I_{Bat} 变化区间为 [-25A，50A] 等
3	根据变量约束范围对状态变量和决策变量进行离散化，设置 SOC 离散点数为 30 个，U_D 离散点数为 10 个，SOV 离散点数为 30 个，I_{Bat} 离散点数为 76 个。此处应注意的是，防止因插值误差导致的仿真结果中动力电池电流 I_{Bat} 不存在 0 值，因此在离散点中增加 0 值的点
4	建立复合电源系统仿真模型，包括动力电池组的大单体 1 阶 RC 模型、超级电容组的大单体 Rint 模型、DC/DC 变换器查表模型和目标函数式（4.7）。同时，建立 SOC 和 SOV 的状态转移方程（安时积分法）
5	选用自然邻近点插值方式以计算不在离散点上的值。此工况循环结束后 SOV 值应尽量与初始 SOV 值接近，以保证下阶段超级电容高效工作，设置 SOV 的末值范围为 [88%,93%]
6	以 UDDS 循环工况计算对应的系统需求功率，进行动态规划逆向寻优的仿真计算，保存对应于多阶段（从 N 阶段到当前阶段）最优目标值 $\boldsymbol{J}$ 的系统动力电池组和超级电容组电流、动力电池组和超级电容组电压、SOC 和 SOV 等数据
7	确定系统初始状态，选择动力电池组的初始 SOC 为 82%，动力电池组的初始极化电压为 0，超级电容组的初始 SOV 为 92%；利用上一步保存的最优数据进行正向插值计算，最终得到最优控制轨迹和最优目标函数值

4.2.3.2　结果分析

对于案例中的复合电源系统，其传统规则控制的参数确定方式参考 3.2.1 节的内容。通过以上系统参数建立仿真模型，进行基于规则的能量管理策略与基于动态规划的能量管理策略的仿真结果对比，如图 4-4~ 图 4-7 所示。

结果表明：在系统需求功率较高时，基于规则控制的能量管理得到的动力电池组放电倍率可达到 4C 倍率，而基于动态规划的能量管理得到的动力电池放电电流被有效地控制在 2C 倍率以内。动态规划具有全局最优性，具有系统最佳能量分配和能量回收的能力，在制动回收过程中电流值也较大，可在制动回收阶段前尽量使用超级电容组的能量，以方便进行制动阶段的大功率回收。相反，对于基于规则控制的能量管理策略，在系统制动回收时超级电容组不能回收较多的能量，同时由于控制规则限制动力电池组的回收电流不能过大，导致系统总体回收能量效果较差。如图 4-7 表示两种能量管理策略下的动力电池组 SOC 的变化情况。在一个循环工况结束后，相比基于规则的能量管理策略，基于动态规划的能量管理得到的动力电池组 SOC 变化减少了 1.05%。

综上所述：基于动态规划的能量管理能够使系统工作在最佳的状态，动力电池与超级电容状态根据给定工况特征进行合理变化，能够对能量需求起到较好的“削峰填谷”的作用。

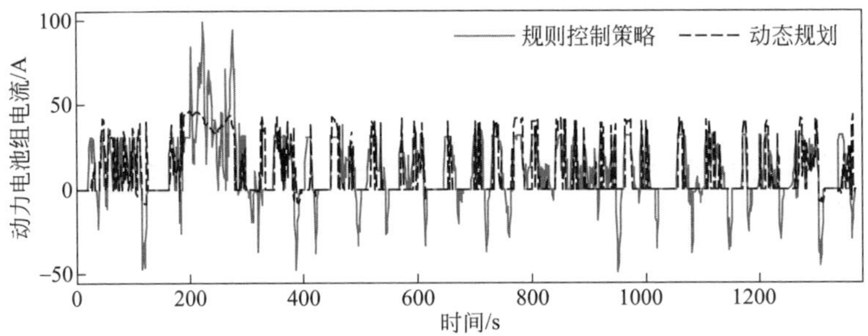

图4-4　基于规则和动态规划能量管理策略的动力电池组电流

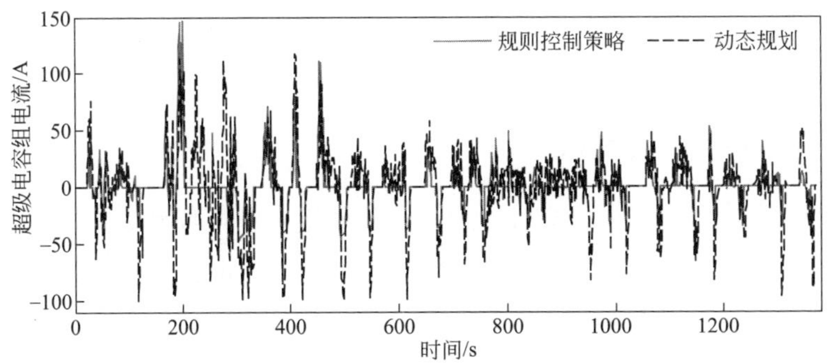

图4-5　基于规则和动态规划能量管理策略的超级电容组电流

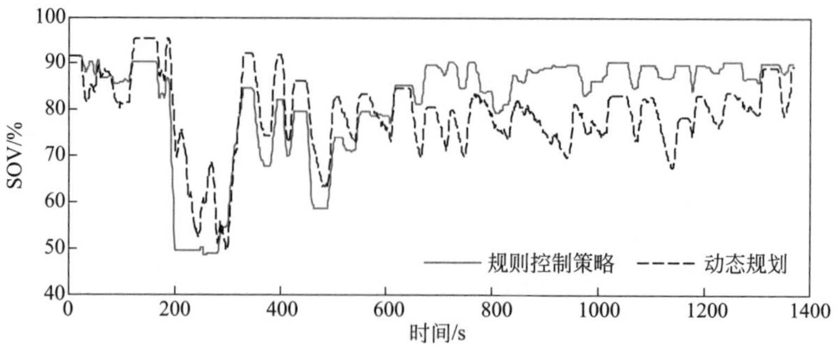

图4-6　基于规则和动态规划能量管理策略的超级电容组SOV

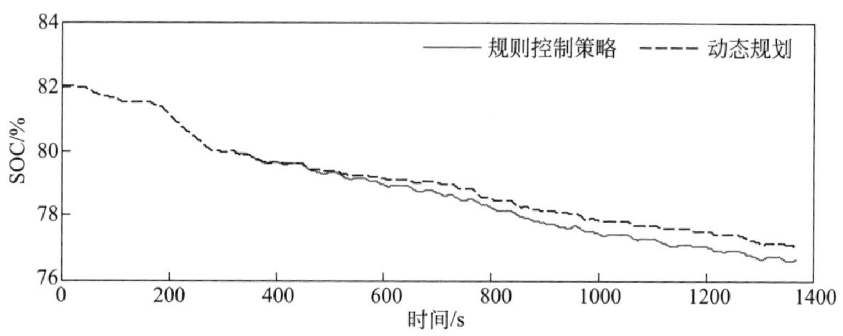

图4-7　基于规则和动态规划能量管理策略的动力电池组SOC

4.3　基于动态规划的复合电源参数匹配方法

为了充分挖掘复合电源系统的节能潜力，实现复合电源参数匹配和优化，可将复合电源系统的参数匹配问题转化为参数优化问题。在保证系统性能的基础上，基于动态规划优化系统参数，可以使得复合电源性能最优、能耗最低。由于参数匹配方法的一般实施流程在第三章中已经进行了分析，因此本节直接以案例分析的形式进行基于动态规划的复合电源参数匹配方法的讨论。

4.3.1　复合电源性能需求

以获得最优的复合电源能量分配方案和确定系统最优参数为目标，本节采用动态规划对复合电源系统的参数进行匹配。以某插电式混合电动大客车为例，对纯电动模式下的 PHEV 进行分析。目标车型的整车参数和复合电源系统拓扑结构分别与 3.3.1 节中的案例车型参数和系统拓扑结构相同，整车性能指标如表 4-3 所示。

表4-3 目标车型的整车性指标参数

	性能指标	参数
纯电动工况	最高车速	>80km/h
	0~50km/h 加速时间	<10s
	最大爬坡度	>20%
	最小行驶里程	60km（40km/h 等速行驶）
整车电源系统	电源总能量	39kW・h
	额定输出功率	15kW
	峰值输出功率	150kW（持续 15s，SOC=50%）
	峰值充电功率	230kW（持续 10s，SOC=50%）

车辆行驶工况选择 3.2.1 节中应用的 CUDC 工况进行系统性能需求分析，而对应的功率需求曲线与图 3-9 相同。纯电动模式时，车辆所需求的能量都由复合电源系统提供，表 4-4 列出了相关的能量需求计算结果。

表4-4 CUDC工况能量需求计算结果

性能指标	指标
输入能量需求	6.4799kW・h
输出能量需求	−3.0178kW・h
能量变化量	9.4977kW・h
输入功率时间	612s
输出功率时间	320s
平均输入功率需求	38.161kW
平均输出功率需求	−34.0312kW
循环里程	5.8973km
单位里程电能消耗量	0.5871kW・h/km

4.3.2 基于动态规划的系统最优参数匹配

复合电源系统由大量动力电池和超级电容单体构成，在确定电源系统拓扑结构的情况下，待优化参数为动力电池组和超级电容组的串并联数。目标函数即为复合电源系统循环工况能耗值，可由式（4.7）表示。

系统约束条件可由式（4.8）表示。根据系统的初始参数值确定约束变量的上、下限值，SOC_L 和 SOC_H 分别取 20% 和 100%，SOV_L 和 SOV_H 分别取 50% 和 100%，I_{Batmin} 和 I_{Batmax} 分别取 $-2C$ 和 $2C$，I_{UCmin} 和 I_{UCmax} 分别取 −500A 和 500A。

动力电池组的总容量 C_{Bat}（单体动力电池容量乘以并联个数）由串联节数 N_{Bat}、需求总能量 E_{Bat} 和单体标称电压 U_b 计算得到，如式（4.9）所示：

$$C_{Bat}=\frac{1000E_{Bat}}{U_b N_{Bat}} \tag{4.9}$$

选用的动力电池规格：标称电压为 3.7V、标称容量为 25A · h 的 NCM 锂离子动力电池。超级电容规格：标称电压为 2.7V、额定容量为 1500F。结合整车设计指标要求，E_{Bat} 为 39kW · h。假设动力电池组的初始 SOC 为 100%，超级电容组的初始 SOV 为 90%，动力电池组的单体串联个数范围取 [60,150]。选用的动力电池经过了 550 次充放电老化循环，动力电池和超级电容的实验测试温度为 10℃，分别进行参数辨识后得到的结果如图 4-8和图 4-9 所示。

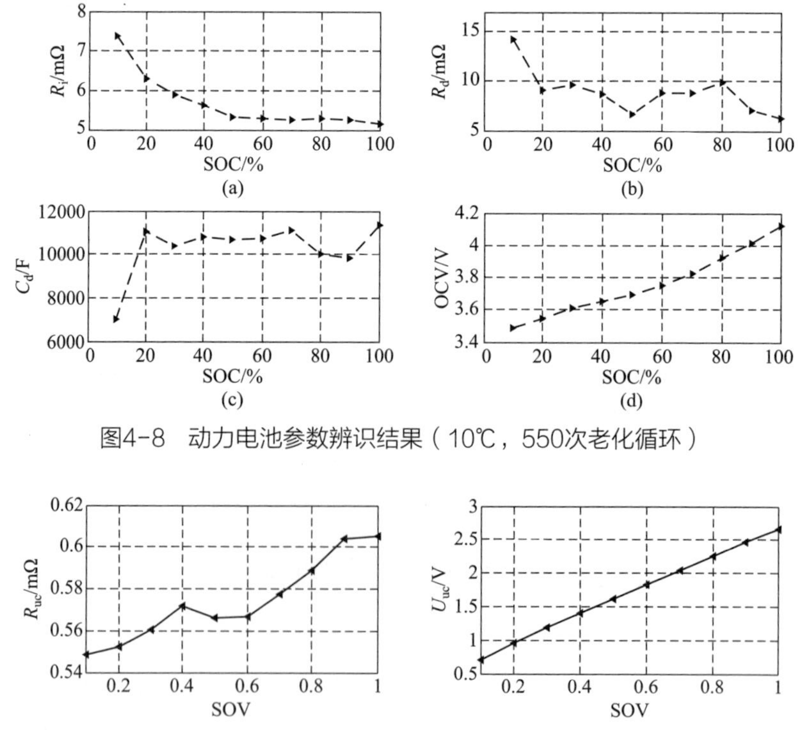

图4-8　动力电池参数辨识结果（10℃，550次老化循环）

图4-9　超级电容参数辨识结果

借鉴表 4-2 具体的动态规划实施流程，即可完成复合电源系统参数的集成优化。在不同动力电池组电压平台下，系统总能量损失计算结果如图 4-10 所示。结果表明：当动力电池的串联单体数为 148 个时，复合电源系统的总能量损失最小，对应的动力电池组总容量为 75A·h，电压平台为 547.6V，最大电压为 621.6V。

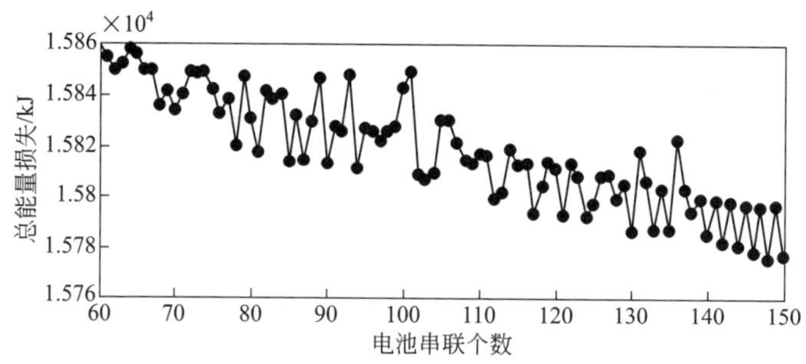

图4-10 不同动力电池组电压平台的系统总能量损失

根据整车技术指标要求，将 12 个额定容量为 165F、额定电压为 48.6V 的超级电容组串联，其基本性能指标如表 4-5 所示，串联后的模组容量为 13.75F，模组内阻为 75.6mΩ，最大电压为 576V，超级电容组所能储存的最大能量为 1711kJ，15s 峰值功率为 114kW。因此超级电容组充满电后可以满足复合电源系统 15s 峰值助力要求。

表4-5 超级电容组性能指标

参数	指标
节数	12
额定容量	165F
额定电压	48V
最大等效串联内阻	6.3mΩ

4.4 基于动态规划的规则能量管理策略研究

基于动态规划方法的复合电源系统能量管理常用于最优决策规则的提取，同时也可优化原始的控制规则。本节结合 4.3 节中的系统拓扑结构和优化匹配的系统参数，详细阐述如何进行基于动态规划能量管理策略的提取和控制规则

的优化。

4.4.1 原始的逻辑门限能量管理策略

由于需求功率、动力电池组 SOC 和超级电容组 SOV 的不同，基于规则的复合电源能量管理策略可被分为 5 种情况（表 3-9），以此建立原始的规则能量管理策略如图 4-11 所示。

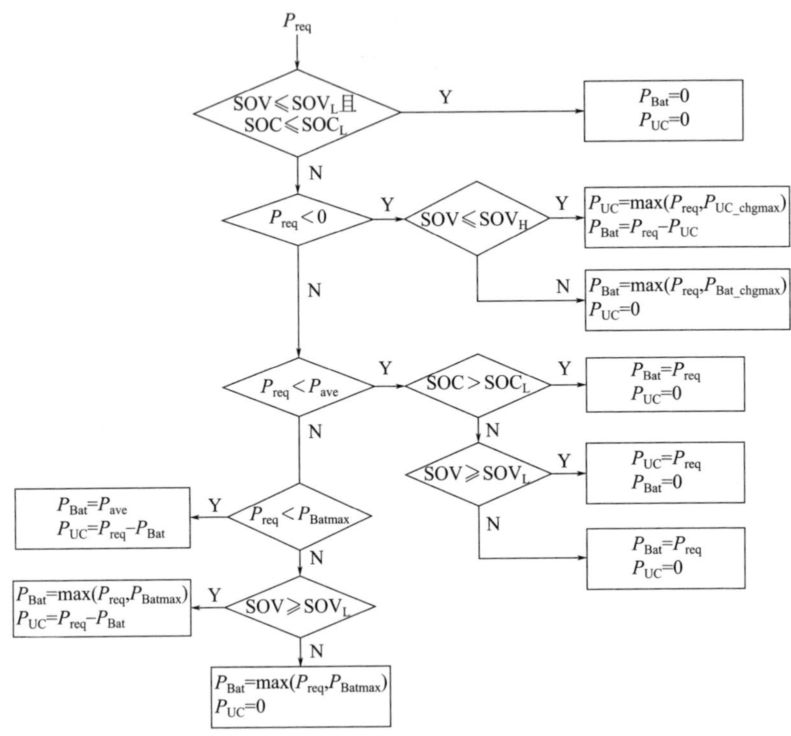

图4-11 基于逻辑门限的能量管理策略

4.4.2 动力电池在不同温度和老化状态下的能量管理策略

面向于系统参数与能量管理集成优化问题，由于当动力电池组温度和老化状态不同时，动态规划的优化结果均不相同，因此获取不同温度下的超级电容参数和对应不同温度和老化状态下的动力电池参数，如图 4-12 和图 4-13 所示，进行不同温度和老化状态的复合电源系统能量管理。

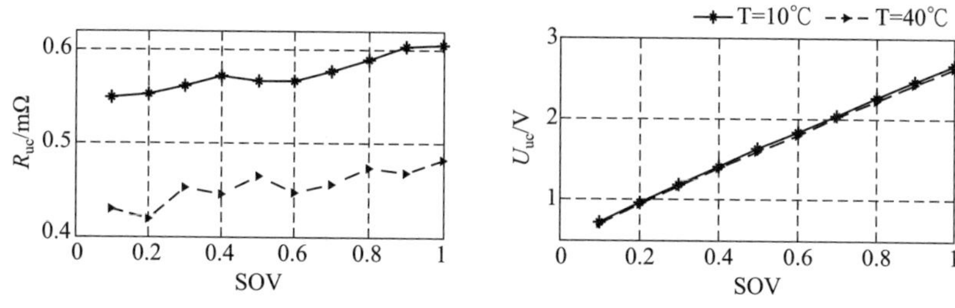

图4-12 不同温度下的超级电容参数辨识结果

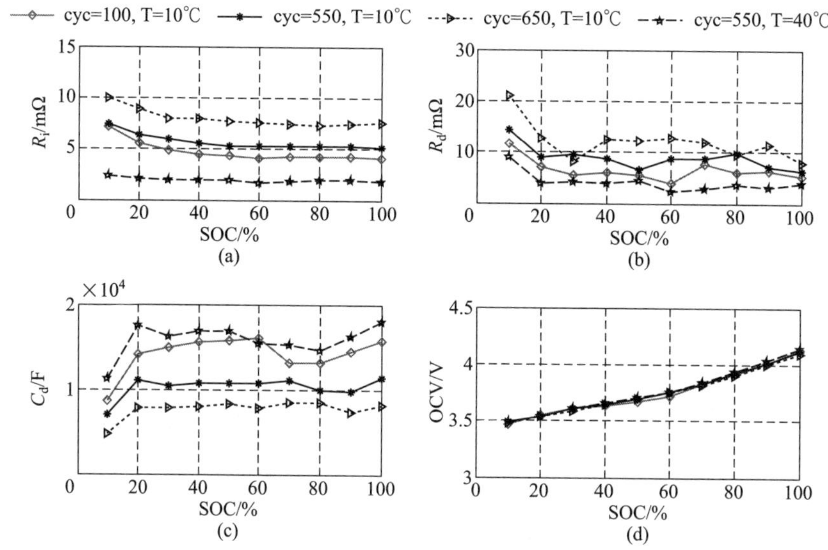

图4-13 不同温度和不同老化状态下的动力电池参数辨识结果

基于动态规划的复合电源系统能量管理仿真结果，如表 4-6 ~ 表 4-8 所示。结果表明：当动力电池组的温度和老化状态不同时，其电流的变化趋势基本相同。在大多数时间，动力电池组的电流约为 60A，其输出功率约为 30kW。由于动力电池组在大多数情况下的输出功率近似等于 DC/DC 变换器的额定功率，可认为动态规划通过保持 DC/DC 变换器在其最高效率区域工作来使整个系统的效率最高。动力电池组的最大输出功率可达 80kW，当这种情况出现时，储存在超级电容组的能量已基本耗尽，因此动力电池组需要提供所有的需求功率。

表4-6　不同温度和老化条件下动力电池组和超级电容组的电流结果

条件	动力电池组电流	超级电容组电流
Cyc=100 T=10℃	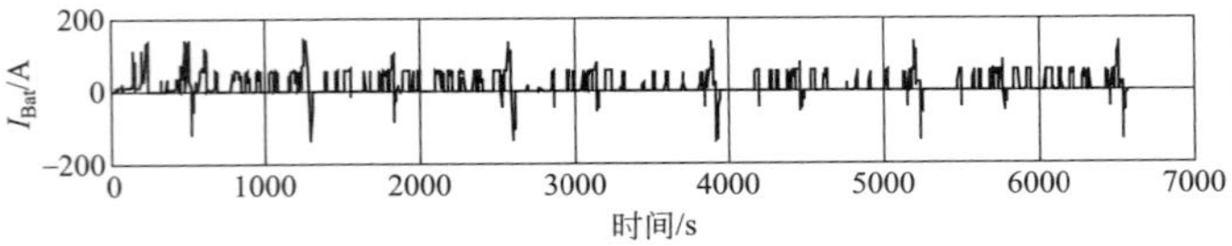 I_{Bat}/A (−200, 0, 200); 时间/s (0, 1000, 2000, 3000, 4000, 5000, 6000, 7000)	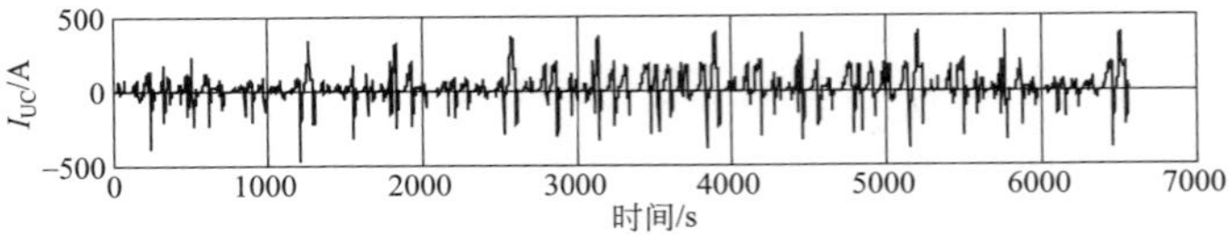 I_{UC}/A (−500, 0, 500); 时间/s (0, 1000, 2000, 3000, 4000, 5000, 6000, 7000)
Cyc=550 T=10℃	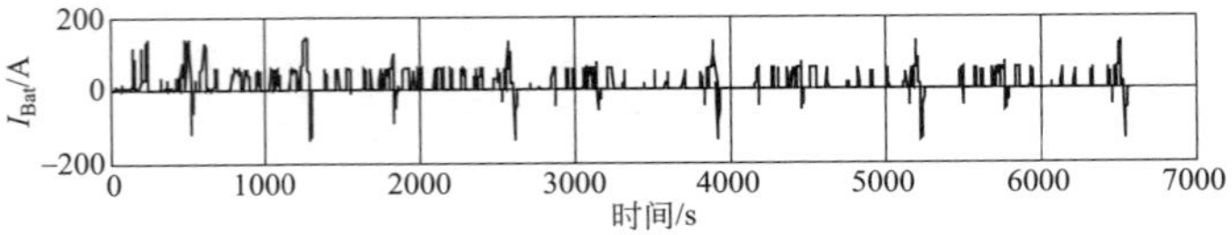 I_{Bat}/A (−200, 0, 200); 时间/s (0, 1000, 2000, 3000, 4000, 5000, 6000, 7000)	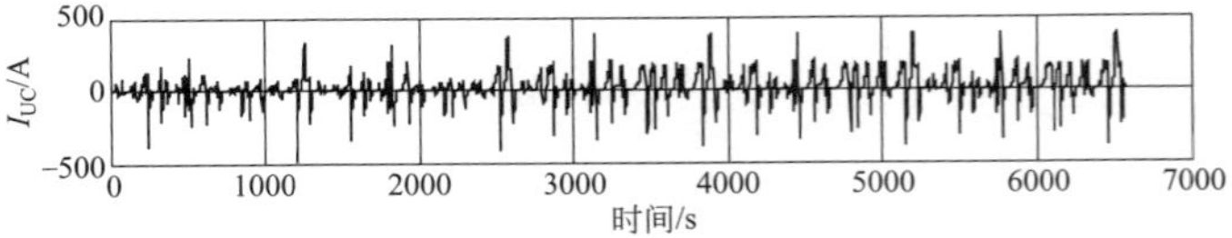 I_{UC}/A (−500, 0, 500); 时间/s (0, 1000, 2000, 3000, 4000, 5000, 6000, 7000)
Cyc=550 T=40℃	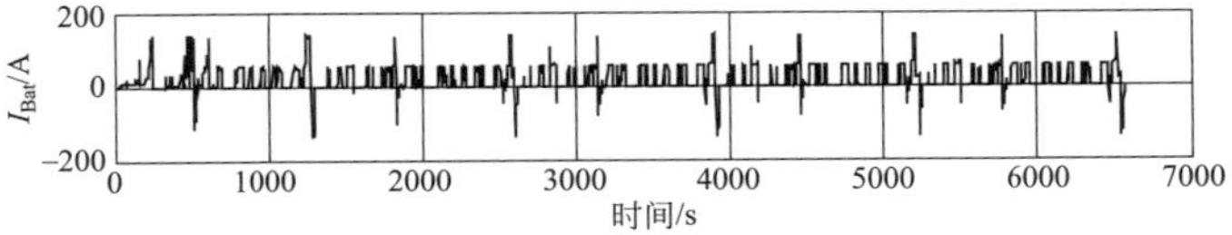 I_{Bat}/A (−200, 0, 200); 时间/s (0, 1000, 2000, 3000, 4000, 5000, 6000, 7000)	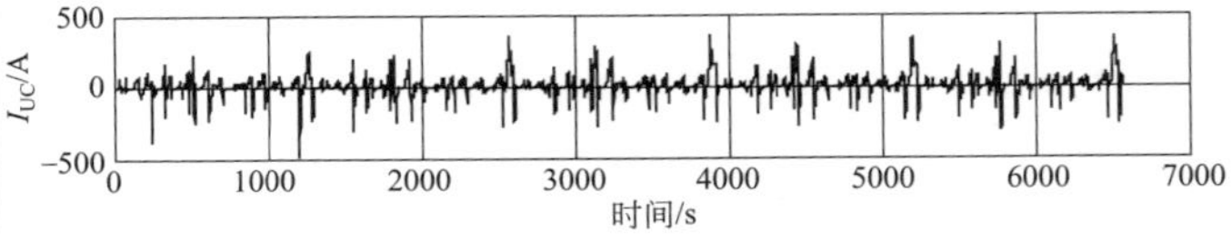 I_{UC}/A (−500, 0, 500); 时间/s (0, 1000, 2000, 3000, 4000, 5000, 6000, 7000)
Cyc=650 T=10℃	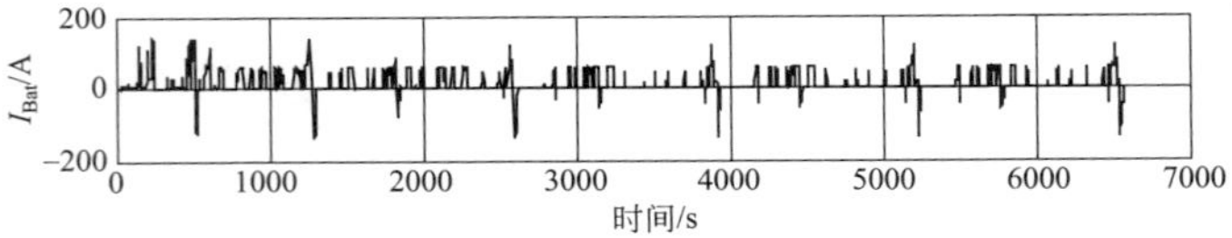 I_{Bat}/A (−200, 0, 200); 时间/s (0, 1000, 2000, 3000, 4000, 5000, 6000, 7000)	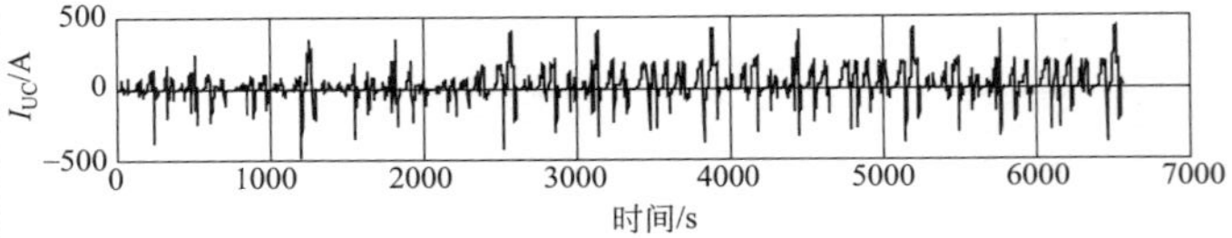 I_{UC}/A (−500, 0, 500); 时间/s (0, 1000, 2000, 3000, 4000, 5000, 6000, 7000)

表4-7 不同温度和老化条件下动力电池组和超级电容组的电压结果

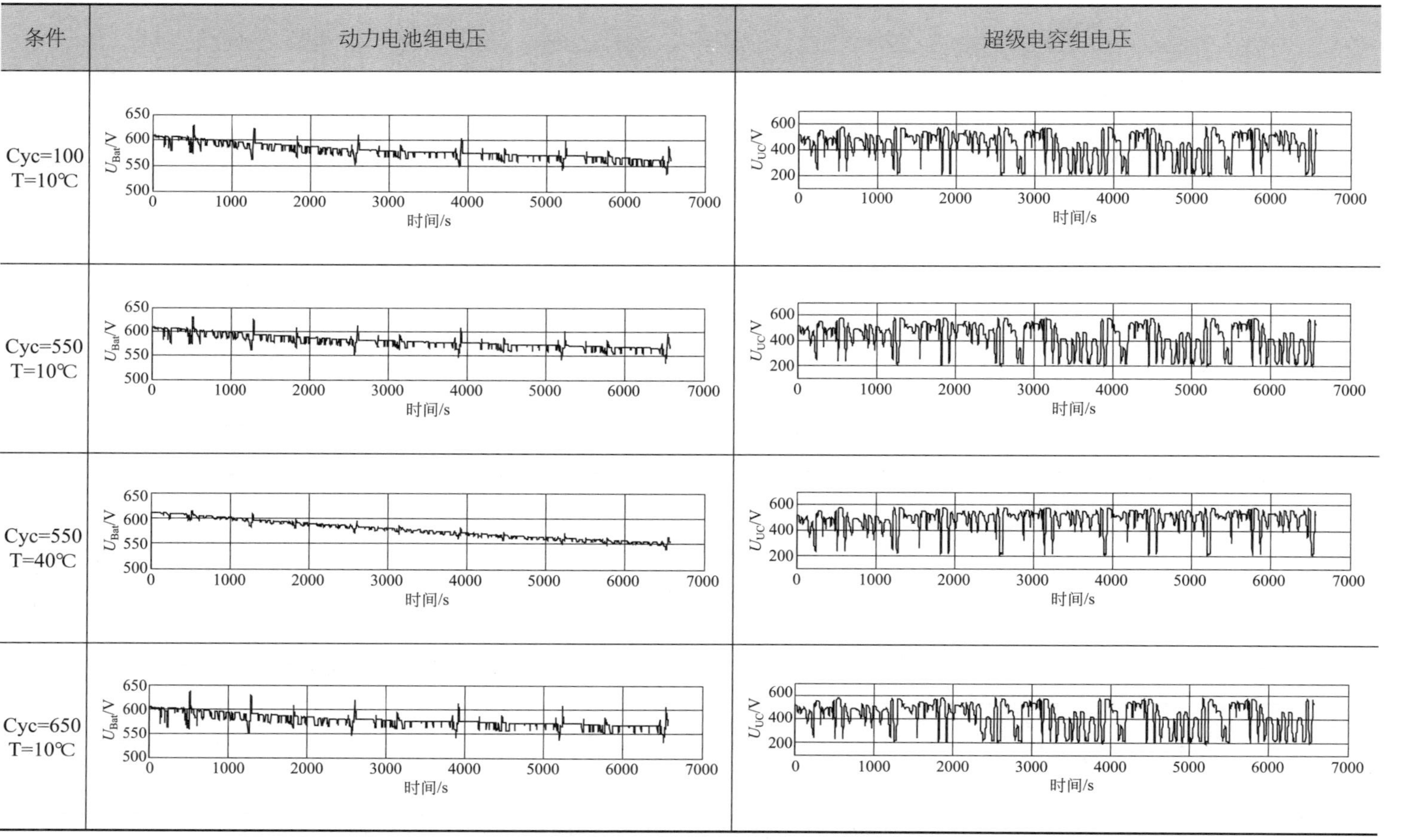

条件	动力电池组电压	超级电容组电压
Cyc=100 T=10℃		
Cyc=550 T=10℃		
Cyc=550 T=40℃		
Cyc=650 T=10℃		

表4-8 不同温度和老化条件下动力电池组和超级电容组的功率结果

条件	动力电池组功率	超级电容组功率
Cyc=100 T=10℃	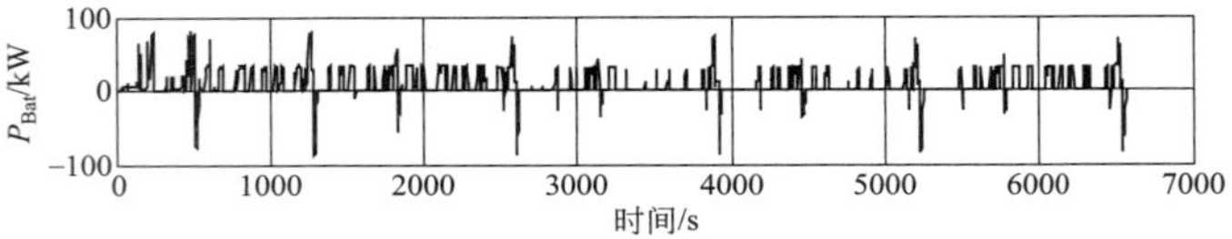P_{Bat}/kW 100 0 −100 0 1000 2000 3000 4000 5000 6000 7000 时间/s	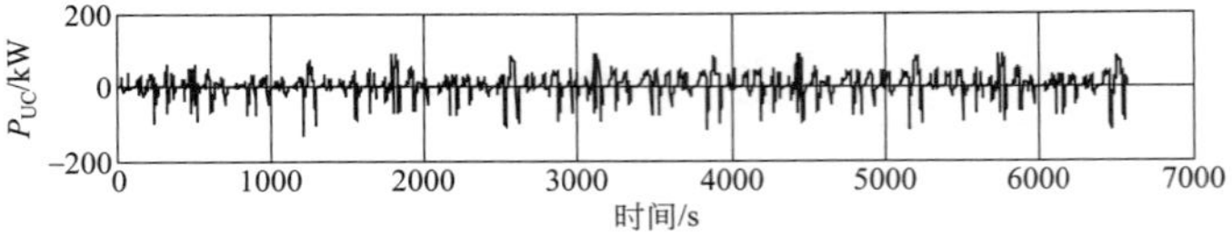P_{UC}/kW 200 0 −200 0 1000 2000 3000 4000 5000 6000 7000 时间/s
Cyc=550 T=10℃	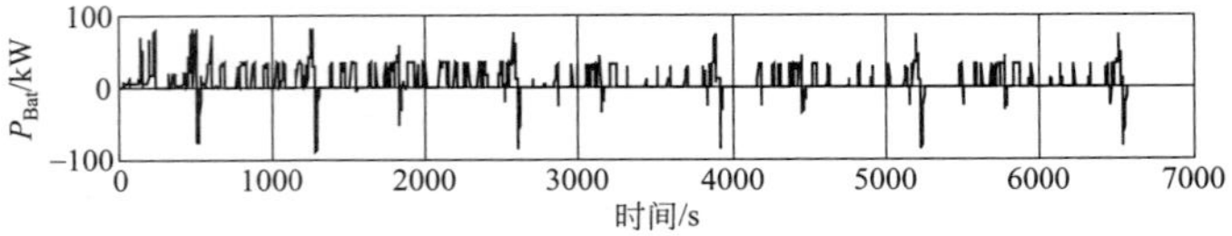P_{Bat}/kW 100 0 −100 0 1000 2000 3000 4000 5000 6000 7000 时间/s	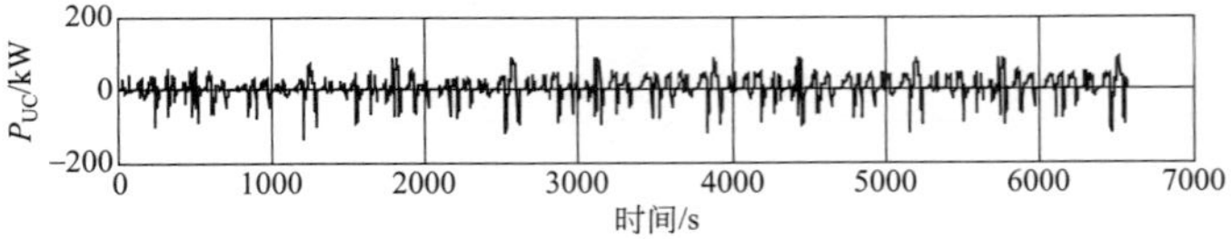P_{UC}/kW 200 0 −200 0 1000 2000 3000 4000 5000 6000 7000 时间/s
Cyc=550 T=40℃	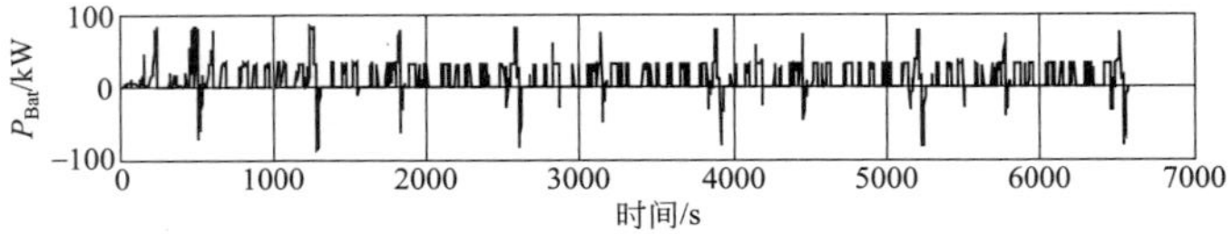P_{Bat}/kW 100 0 −100 0 1000 2000 3000 4000 5000 6000 7000 时间/s	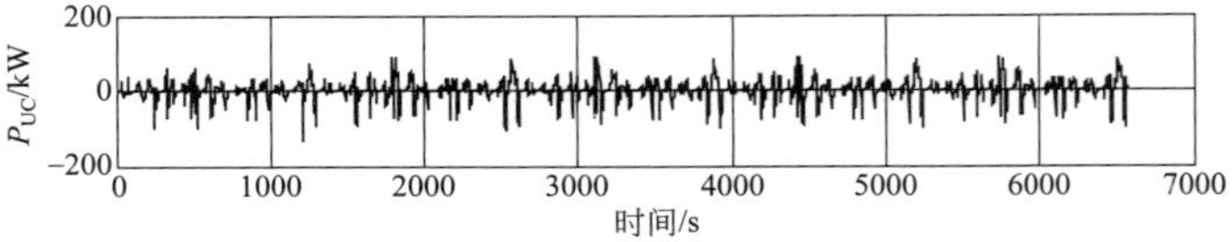P_{UC}/kW 200 0 −200 0 1000 2000 3000 4000 5000 6000 7000 时间/s
Cyc=650 T=10℃	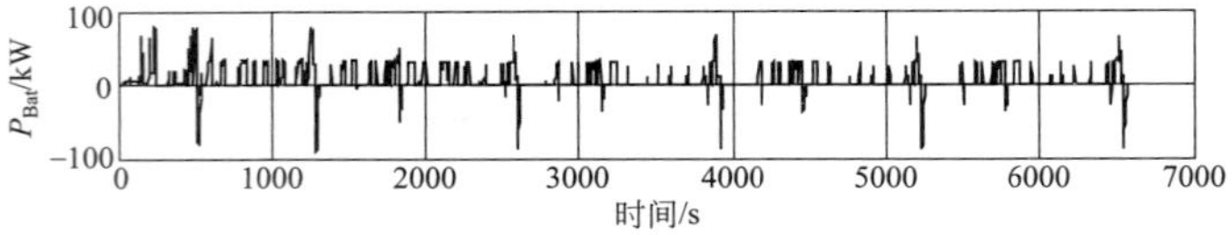P_{Bat}/kW 100 0 −100 0 1000 2000 3000 4000 5000 6000 7000 时间/s	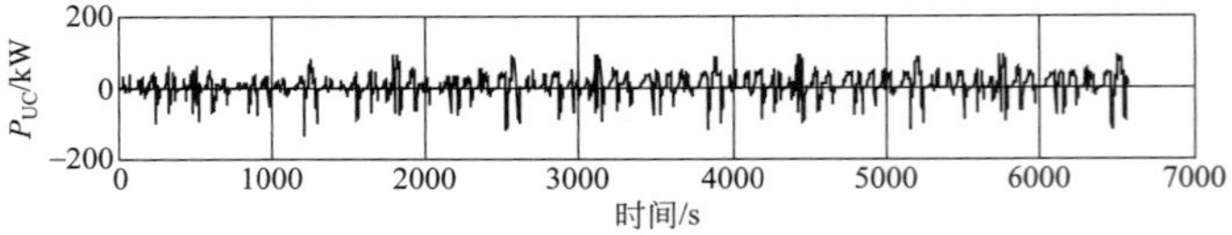P_{UC}/kW 200 0 −200 0 1000 2000 3000 4000 5000 6000 7000 时间/s

与动力电池组不同，超级电容组的输出电流随着需求功率的变化呈现较大的波动，这表明超级电容组能够发挥其大电流充放电的优势，可缓解动力电池组大倍率充放电的压力。使用超级电容组能在很大程度上减小动力电池组的输出电流，这在一定程度上保护了动力电池组，避免了频繁大电流导致动力电池组的寿命缩短。超级电容组的端电压变化远远大于动力电池组的端电压变化，这一现象可以从两方面来解释。一方面，动力电池组和超级电容组的限制电压变化范围相差很大，动力电池组 SOC 变化范围为 20%~100%，电压变化约为 100V；超级电容组 SOV 变化范围为 40%~100%，电压变化约为 400V。另一方面，动力电池组的容量远大于超级电容组的容量，这也导致了动力电池组的电压变化较平稳。与 4.2 节中动态规划的应用效果相同，整车需求的能量仅由动力电池组提供，超级电容组被用于调节减小动力电池组的输入和输出功率，在工况末期时超级电容组 SOV 能够恢复至初始状态值。

4.4.3 优化控制轨迹的规则提取

复合电源系统工作过程中，不同时刻下动力电池组和超级电容组的工作功率均不相同。定义 k 时刻的动力电池组功率比 $P\mathrm{rb}(k)$ 为：

$$P\mathrm{rb}(k)=\frac{\left|P_{\mathrm{Bat}}(k)\right|}{\left|P_{\mathrm{Bat}}(k)\right|+\left|P_{\mathrm{UC}}(k)\right|} \tag{4.10}$$

式中，P_{Bat} 为动力电池组的输出功率；P_{UC} 为超级电容组的输出功率。

为了分析基于动态规划的系统优化结果，将系统的工作状态将分为两种：第一种的系统需求功率为正，定义此种状态下的动力电池功率比 Prb 为 Prb1；第二种的系统需求功率为负，定义此种状态下动力电池功率比 Prb 为 Prb2。在制动和驱动两种情况下，动力电池功率比与需求功率关系如表 4-9 所示，将每种系统工作状态再分为两类：一类为超级电容组放电，由蓝色点表示；另一类为超级电容组充电，由红色点表示。

表 4-9（a1）、（a2）、（a3）和（a4）中的结果表明：当需求功率为正时，动力电池组可以给超级电容组充电，绝大多数红色点集中在需求功率小于 30kW 的区域；当需求功率较小时，动力电池组会给超级电容组提供能量以保证动力电池组和 DC/DC 变换器在其高效区域工作。虽然在充电过程中有一部分能量会被消耗，但由于超级电容组的内阻很小，对应的能量损失占总能量损

失的比重较小。当需求功率较大时，超级电容组储存的能量会被利用，保证动力电池组和 DC/DC 变换器在系统高效的状态下工作。另一方面，表 4-9（b1）、（b2）、（b3）和（b4）表明当车辆制动时超级电容组将会尽可能多地回收能量，由于超级电容组的内阻小于动力电池组的内阻，因此超级电容组可更加高效地回收车辆的制动能量。

表4-9　动力电池功率比与需求功率关系

条件	*P*rb1	*P*rb2
Cyc=100 T=10℃	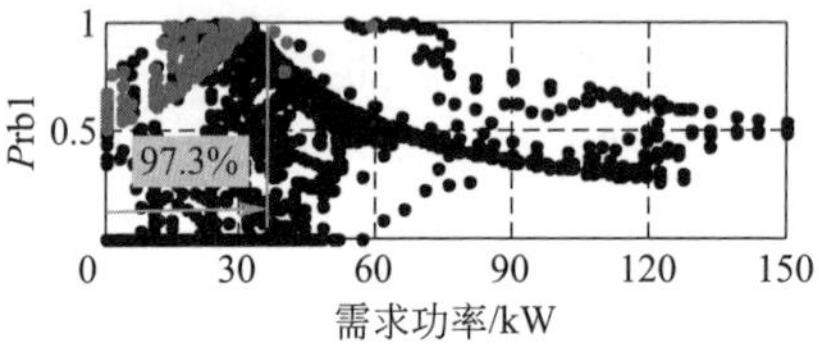 Prb1; 97.3%; 需求功率/kW (a1)	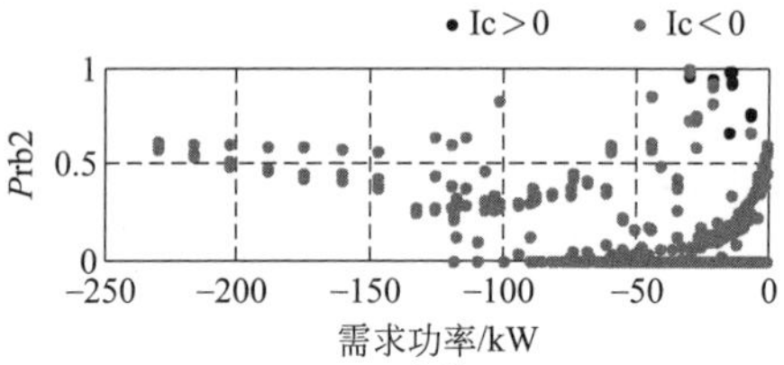 • Ic>0　• Ic<0 Prb2; 需求功率/kW (b1)
Cyc=550 T=10℃	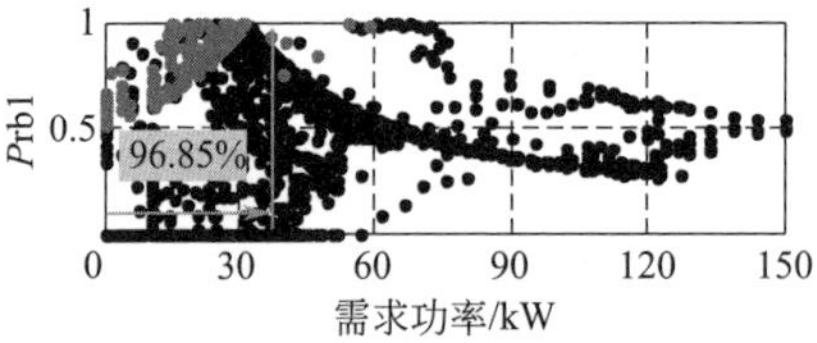 Prb1; 96.85%; 需求功率/kW (a2)	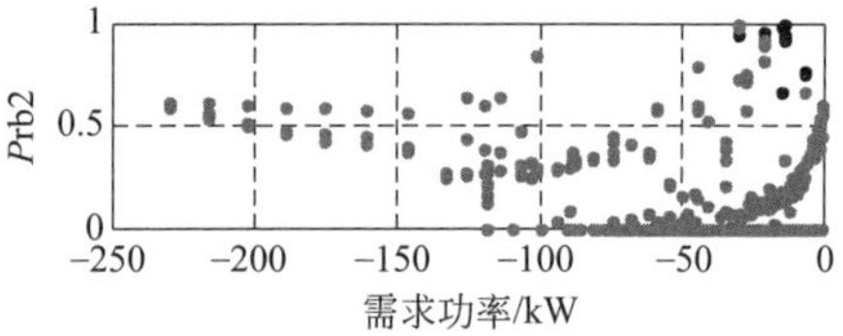 Prb2; 需求功率/kW (b2)
Cyc=550 T=40℃	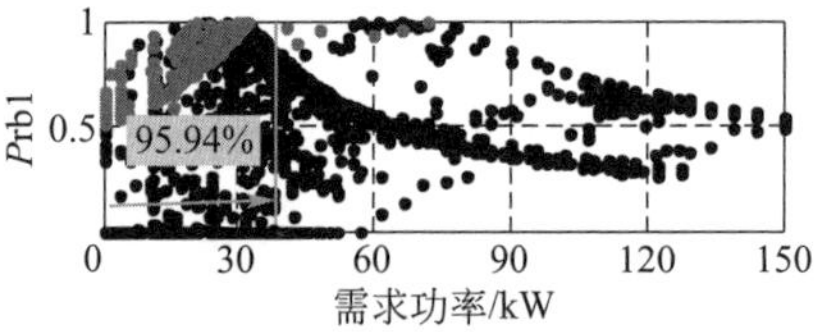 Prb1; 95.94%; 需求功率/kW (a3)	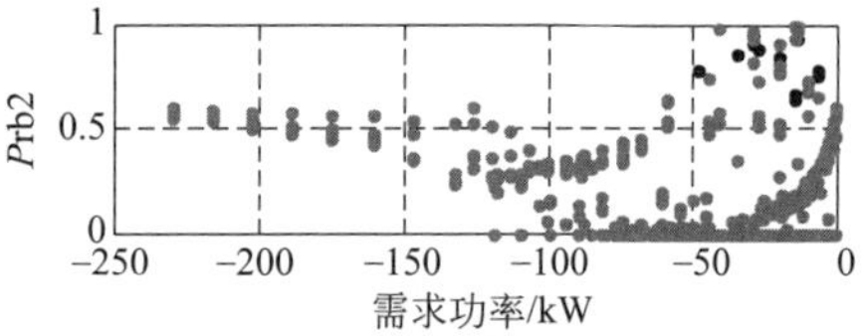 Prb2; 需求功率/kW (b3)
Cyc=650 T=10℃	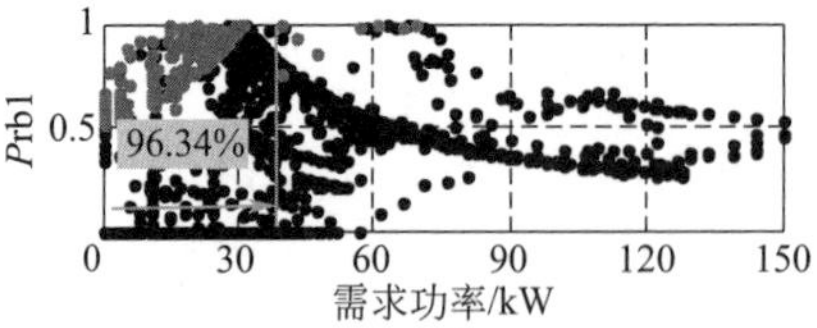 Prb1; 96.34%; 需求功率/kW (a4)	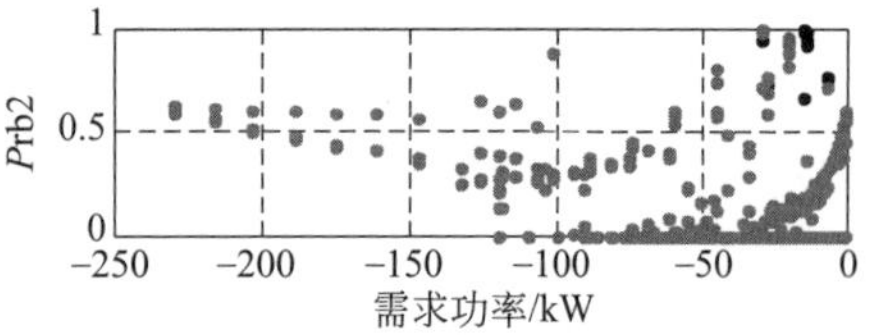 Prb2; 需求功率/kW (b4)

图 4-14 为需求功率大于 0 时动力电池组功率比与车辆速度的关系。对于不同的动力电池组状态，相应的速度限定值被确定以满足包括 95% 以上的红色点。在（a1）和（a2）图中，速度限定值为 20km/h；（a3）和（a4）图中，速度限定值为 21km/h，因此在新的能量管理策略中设置速度限定值 V_s 为 21km/h。

基于上述的讨论和分析，优化规则总结如下。

① 当需求功率或者车速较低时，用动力电池组给超级电容组充电有利于提高整个复合电源系统的能量效率。

② 当超级电容组的 SOV 小于其上限值时制动能量应尽可能地由超级电容组回收利用。

③ 为了使 DC/DC 变换器的效率达到最优，大多数情况下，动力电池组输出功率等于 DC/DC 变换器的额定功率。

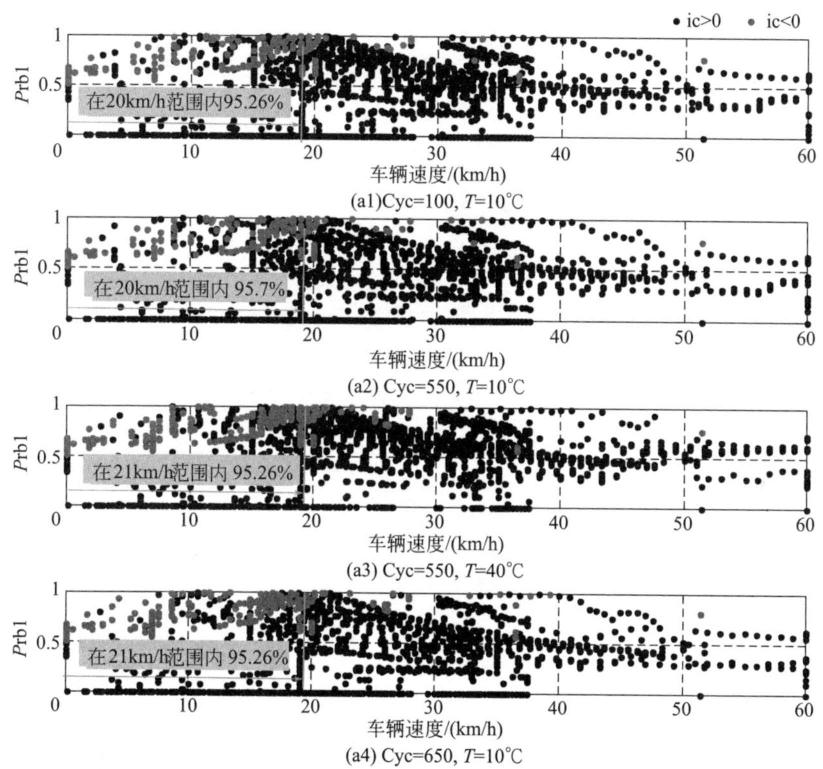

图4-14 需求功率大于0时动力电池功率比与车辆速度的关系（彩图）

设 DC/DC 变换器的额定功率为 P_{DC_rate}。基于图 4-11 中的原始策略和优化规则，总结得到基于优化的能量管理策略，如图 4-15 所示。相比于原始的能量管理策略，基于优化的能量管理策略满足如下规则。

① 当车速低于 21km/h，需求功率小于 DC/DC 变换器额定功率且超级电容组 SOV 低于其上限值时，动力电池组可以给超级电容组充电。

② 当需求功率小于 DC/DC 变换器的额定功率且超级电容组 SOV 低于其上限值时，动力电池组的输出功率等于 DC/DC 变换器的额定功率。

③ 当需求功率小于 DC/DC 变换器的额定功率且超级电容组的 SOV 高于其下限值时，动力电池组的输出功率等于需求功率。

④ 当车辆的需求功率为负时，超级电容组将尽可能地回收制动能量直到被完全充满。

决定超级电容组回收能量的速度和功率门限值由优化结果提取。另外，在能量管理策略中，为了在低功率需求时限制动力电池组对超级电容组充电，也需要考虑超级电容组的 SOV 上限值约束。

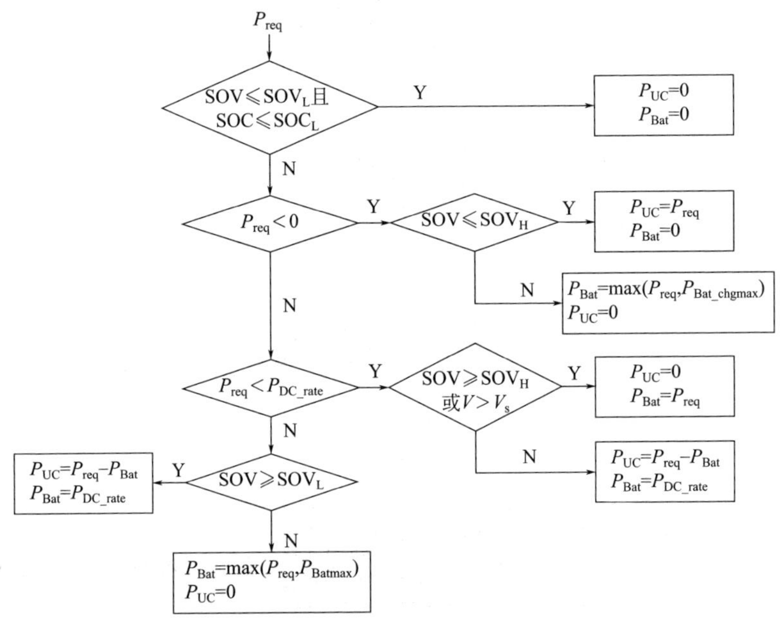

图4-15 优化后的基于逻辑门限的能量管理策略

4.4.4 验证和讨论

本节中，速度门限值 V_s 取 21km/h，功率门限值取 30kW，SOV 下限值和上限值分别取 50% 和 100%，SOC 下限值和上限值分别取 20%和 100%。为了比较原始的能量管理策略和优化后的规则能量管理策略的性能，采用 CUDC 循环工况进行验证，系统中的动力电池组和超级电容组的工作电流如图 4-16 和图 4-17 所示。

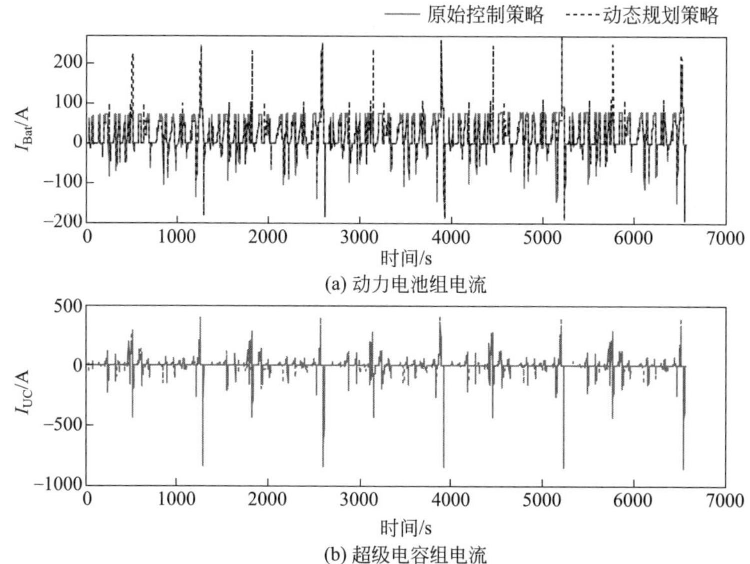

图4-16 基于原始能量管理策略和动态规划的动力电池组和超级电容组电流

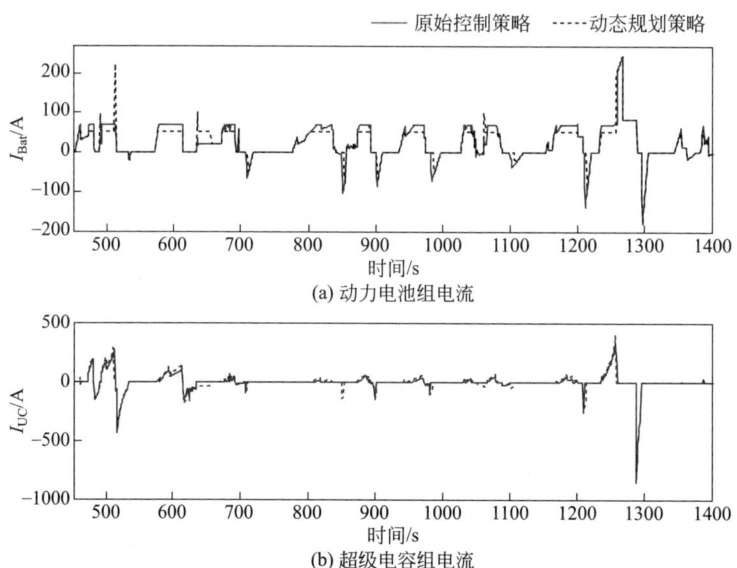

图4-17 基于原始能量管理策略和动态规划的动力电池组和超级电容组电流（局部放大图）

结果表明：优化后的能量管理策略不仅可减小动力电池组的放电倍率，也可以有效地降低其充电频率。相比于原始的能量管理策略，超级电容组电流结果表明优化后的能量管理策略趋向于尽可能地使超级电容组工作。两种能量管理策略主要的区别在于优化后的能量管理策略中，动力电池组可以高效地向超级电容组充电，这种方式能有效地改善复合电源系统的效率；否则当车辆的功率需求较高且持续时间较长时，超级电容组储存的能量易被消耗殆尽，造成动力电池组大电流放电的情况。值得注意的是，优化后的能量管理策略中，由于SOV已接近下限值，但系统需求功率依旧很大，动力电池仍需要大电流放电，因此动力电池需提供更大的需求功率。

在5个CUDC工况下，两种能量管理策略的能量损失比较如表4-10所示。将新的能量管理策略用于不同老化状态和不同温度的动力电池时，系统的能量损失都有了一定程度的降低。从能量损失的分布来看，DC/DC变换器的能量损失减小对于系统效率的提高起到关键作用，其次是动力电池组的能量损失减少，但超级电容组的能量损失相对会增加。

表4-11为当动力电池组的初始SOC不同时，在一个CUDC工况下两种能量管理策略的能量损失比较。由表可知系统效率最大可提升约3%，各个部件的损失与表4-10中呈现相同的规律。基于上面的分析可知，从优化结果中提取出的能量管理策略可以减少能量损失，提高系统效率并降低动力电池组的充放电倍率。

表4-10 两种能量管理策略的结果比较（动力电池在不同温度和老化状态下）

动力电池组状态	能量管理策略	动力电池损失	超级电容损失	DC/DC变换器损失	总损失
Cyc=100 T=10℃	原始 基于动态规划 相对改善率	3244.1kJ 2685.9kJ 17.21%	1883.5kJ 2299.0kJ −22.06%	7945.7kJ 5391.4kJ 32.15%	13073kJ 10376kJ 20.63%
Cyc=550 T=10℃	原始 基于动态规划 相对改善率	4071.7kJ 3395.9kJ 16.6%	2034.9kJ 2300.2kJ −13.04%	7685.1kJ 5314.0kJ 30.85%	13792kJ 11010kJ 20.17%
Cyc=550 T=40℃	原始 基于动态规划 相对改善率	1656.5kJ 1386.9kJ 16.28%	1748.6kJ 2294.1kJ −31.2%	8503.1kJ 5569kJ 34.51%	11908kJ 9250kJ 22.32%
Cyc=650 T=10℃	原始 基于动态规划 相对改善率	4717.7kJ 4291.2kJ 9.04%	2413.6kJ 2397.8kJ 0.6%	6261.5kJ 5063.4kJ 19.13%	13393kJ 11752kJ 12.25%

表4-11　两种能量管理策略的结果比较

SOC 初始值	能量管理策略	动力电池损失	超级电容损失	DC/DC 变换器损失	总损失	效率
100%	原始	333.56kJ	383.35kJ	1773.7kJ	2490.7kJ	84.7%
	基于动态规划	254.41kJ	460.24kJ	1064.7kJ	1779.3kJ	88.57%
	相对改善率	23.73%	-20.06%	39.98%	28.56%	4.57%
80%	原始	365.3kJ	383.41kJ	1788kJ	2536.7kJ	84.46%
	基于动态规划	278.44kJ	460.28kJ	1074.7kJ	1813.4kJ	88.38%
	相对改善率	23.78%	20.05%	39.89%	28.51%	4.63%
60%	原始	378.2kJ	383.36kJ	1807.5kJ	2569kJ	84.3%
	基于动态规划	287.62kJ	460.23kJ	1091.8kJ	1839.6kJ	88.23%
	相对改善率	23.95%	-20.05%	39.6%	28.39%	4.67%
40%	原始	345.8kJ	450.27kJ	1547.1kJ	2343.2kJ	85.48%
	基于动态规划	272.68kJ	460.29kJ	967.69kJ	1700.7kJ	89.02%
	相对改善率	21.14%	2.23%	37.45%	27.42%	4.15%

选用其他三种典型的工况（PRIUS 工况、ECE_EUDC 工况和 UKBUS6 工况）进一步验证优化的规则能量管理策略。PRIUS 与 UKBUS6 工况如图 4-18 所示。

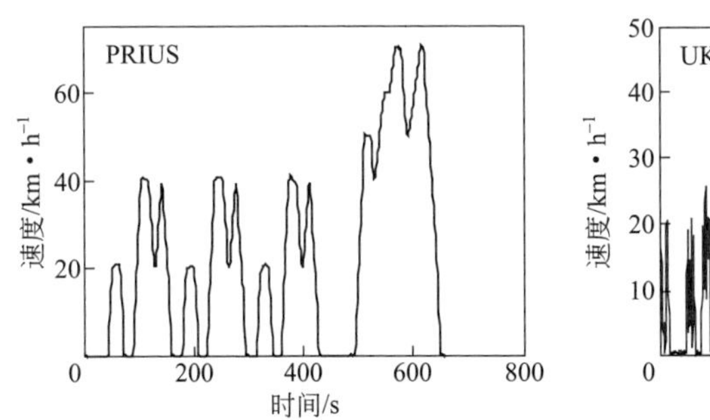

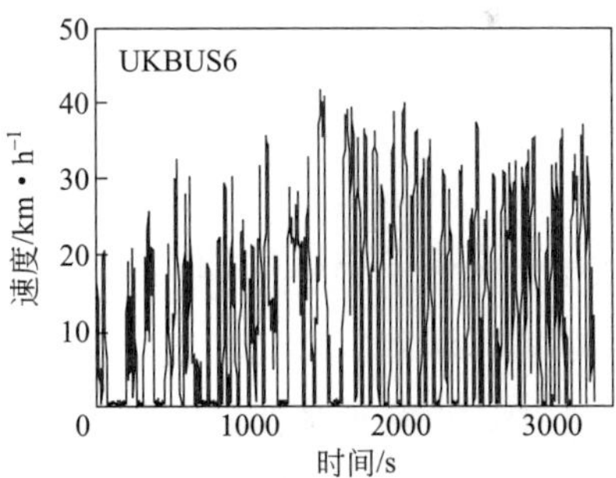

图4-18　PRIUS与UKBUS6工况

仿真结果如表 4-12 所示，结果表明：优化后的能量管理策略用在不同的工况中，均可以减少能量损失，提高系统的效率，相对改善率最大为 12.66%。

表4-12 两种能量管理策略的能量损失结果比较

（不同老化状态和不同温度的动力电池）

动力电池组状态	能量管理策略	7×PRIUS	8×ECE_EUDC	2×UKBUS6
Cyc=100 T=10℃	原始 基于动态规划 相对改善率	16713kJ 15006kJ 10.21%	23776kJ 23012kJ 3.21%	10790kJ 10036kJ 6.99%
Cyc=550 T=10℃	原始 基于动态规划 相对改善率	16458kJ 14911kJ 9.4%	23611kJ 23061kJ 2.33%	11059kJ 10154kJ 8.18%
Cyc=550 T=40℃	原始 基于动态规划 相对改善率	16417kJ 14339kJ 12.66%	25806kJ 24664kJ 4.42%	9556.5kJ 9037.6kJ 5.43%
Cyc=650 T=10℃	原始 基于动态规划 相对改善率	15888kJ 14806kJ 6.81%	21605kJ 20815kJ 3.66%	11285kJ 10967kJ 2.82%

4.5 基于遗传算法优化的能量管理策略

4.5.1 遗传算法原理与建模

对于目标优化对象的遗传算法数学模型可表示为：

$$\mathbf{SGA}=(\boldsymbol{C},\boldsymbol{E},\boldsymbol{P}_0,\boldsymbol{M},\boldsymbol{\Phi},\boldsymbol{\Gamma},\boldsymbol{\Psi},\boldsymbol{T}) \tag{4.11}$$

式中，$\boldsymbol{C}$ 表示个体的编码方法；$\boldsymbol{E}$ 表示个体适应度评价函数；$\boldsymbol{P}_0$ 表示初始种群；$\boldsymbol{M}$ 表示种群大小；$\boldsymbol{\Phi}$ 表示选择算子；$\boldsymbol{\Gamma}$ 表示交叉算子；$\boldsymbol{\Psi}$ 表示变异算子；$\boldsymbol{T}$ 表示遗传运算终止条件。

遗传算法优化问题的参数包括最大种群代数（程序终止代数）*MAXGN*、种群所含个体数目 *PN*、种群代数 *GN*、交叉概率 P_c、变异概率 P_m、约束条件（车辆性能指标）Gx、二进制编码精度 eps。在遗传算法优化的复合电源能量管理策略中，通常以能耗最小化作为主要优化目标。优化问题的解为一个参数列表即控制策略中待优化参数的集合，称为个体，对应的生物学基础称为染色体或者基因串。

步骤一：染色体编码。

遗传算法不能直接处理问题空间的参数，必须把基因按一定结构组成染色体或个体。这种由问题空间向遗传算法编码空间的映射称为编码，其逆过程称为解码。本章对模糊逻辑控制器的隶属度函数进行优化，首先对其进行编码。以 SOC 隶属度函数为例，考虑到隶属度函数的对称性，变量设置如图 4-19 所示。3 个变量（x_1、x_2、x_3）分别为本三角形顶点到相邻三角形顶点的距离。此种编码方法有效减少了变量个数，大大减少了遗传算法的计算量。

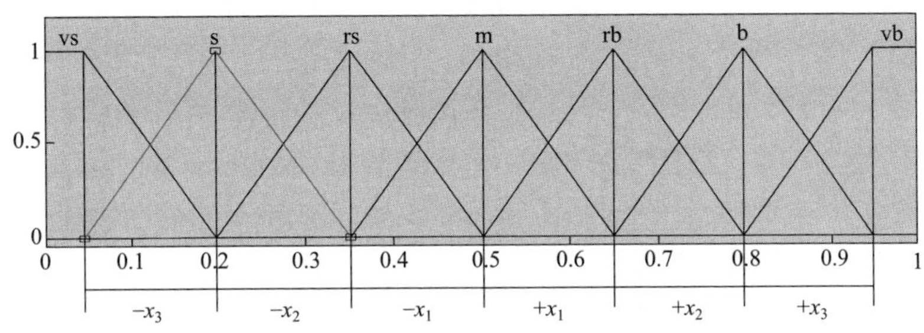

图4-19 模糊逻辑控制器的隶属度函数编码方式（彩图）

步骤二：产生个体并组成种群，此过程通过选择、交叉和变异完成。

遗传算法按照与个体适应度成正比的概率决定当前群体中各个体遗传到子代群体中的概率。针对每一代种群中每个个体，计算其适应度值的大小，判断是否满足约束条件，记录满足约束条件的个体并保存到下一代种群中。根据个体的适应度，选取父代个体。

交叉操作是遗传算法中最为关键的遗传过程，通过该操作可以在随机配对个体的基础上产生新一代的个体，新一代的个体将组合父辈个体的特征。为了提高收敛速度，本节在算术交叉的基础上引入启发式交叉策略，在启发系数的作用下引导子代向优良父辈的方向推进，则随机选择第 k 代个体 X_A 和 X_B 的具体交叉过程如下：

$$\begin{cases} X_A^{t+1} = X_B^t + P_{cr}(X_A^t - X_B^t) & (\Phi = 1\text{时}) \\ X_B^{t+1} = \alpha X_A^t + (1-\alpha) X_B^t & (\Phi = 0\text{时}) \end{cases} \tag{4.12}$$

式中，个体 X_A 的适应度优于 X_B；P_{cr} 为分布于 [0，2] 区间的启发系数；α 为分布于 [0，1] 区间的随机数；Φ 为防止启发交叉结果溢出基因边界的可行性系数，若交叉结果在基因边界内，值为 1，否则值为 0。式（4.12）表明，当 Φ 为 0 时，交叉方式将退化为父代个体的加权算术平均，即算术交叉方式。

变异操作可以产生新的子个体、增加种群多样性，防止过早的收敛和陷入局部最优解中。随机产生 0 到 1 之间的随机数，当变异概率大于等于随机数 *rk* 时，进行变异操作。例如采用二进制编码的变异操作将随机选中的染色体某部位的值进行反转，得到新的个体。对每对选中的个体进行交叉和变异操作，循环进行 *PN* 次，直到种群中所有个体更新完成，从而得到完整的新一代种群。图 4-20 为遗传算法的计算流程。

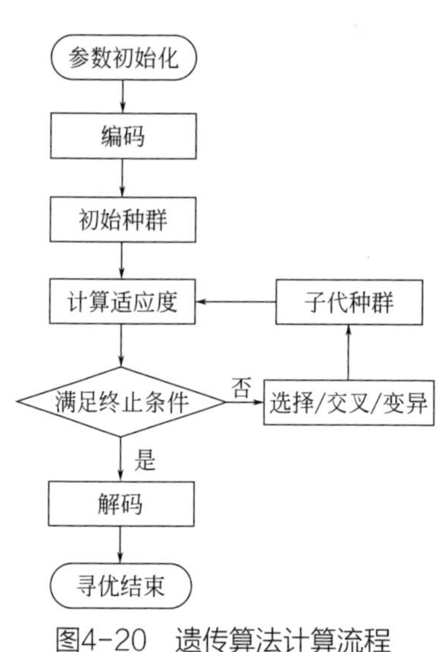

图4-20　遗传算法计算流程

基于遗传算法的复合电源能量管理策略优化中，代表着超级电容组和动力电池组系统状态的基因序列构成了一条完整的染色体，每一个染色体都可以得到不同的复合电源特性表现，适应度最高的染色体代表了更接近目标的最优解。经过上述一系列过程（选择、交叉和变异），子代逐渐向增加整体适应度的方向进化。若进化代数 *GN* 等于所规定的最大代数 *MAXGN*，算法将终止，提取此终止子代中适应度最高的个体作为最优解。本章中适应度达到饱和也作为优化终止条件，描述为：

$$\Delta f = \frac{f(n) - f(n-1)}{f(n)} < 0.05\% \tag{4.13}$$

式中，n 为进化代数，$n<GN$；$f(n)$ 为第 n 代最优目标函数。

复合电源系统的能量管理为多目标优化问题，超级电容组和动力电池组的电量消耗两个目标相互制约、相互影响。因此需要采用多目标的优化算法进行整体优化，以求取最优解。多目标优化问题一般的数学模型可描述为：

$$\begin{cases} V - \min \boldsymbol{f}(x) = [f_1(x), f_2(x), \cdots, f_n(x)]^T \\ s.t. \qquad x \in \boldsymbol{X} \\ \qquad\qquad \boldsymbol{X} \subseteq \boldsymbol{R}_{\mathrm{m}} \end{cases} \tag{4.14}$$

式中，V-min 表示向量目标函数 $\boldsymbol{f}(x)=[f_1(x), f_2(x), \cdots, f_n(x)]^T$ 中的各个子目标函数都尽可能极小化。$\boldsymbol{X} \subseteq \boldsymbol{R}_{\mathrm{m}}$ 是多目标优化模型的约束集。

权重系数法容易操作，可以灵活修改各目标权重系数，满足不同目标强度要求的灵活搭配，是一种解决多目标优化问题的有效手段。对于式（4.14）所示的多目标优化问题，可采用权重系数变换法确定最优目标函数，此方法可理解为：对于一个多目标优化问题，若给其每个子目标函数 $f_i(x)$ 赋予权重 $w_i(i=1,2,\cdots,n)$，其中 w_i 为相应的 $f_i(x)$ 在多目标优化问题中的重要程度，最优目标函数表示为各个子目标函数 $f_i(x)$ 的线性加权和，则多目标优化问题就可以转化成为单目标优化问题。权重系数变换法可表示为：

$$u=\sum_{i=1}^{n} w_i f_i(x) \tag{4.15}$$

式中，u 为多目标优化问题的最优目标函数。

通过对复合电源系统中多目标的重要程度进行相应权重函数的确定，从而构成遗传算法的评价函数。复合电源系统能量管理的目标优化问题可用带约束的非线性数学模型表示：

$$\begin{cases}\min f(x)=w_1 f_1(x_1)+w_2 f_2(x_2)+\cdots+w_n f_n(x_n) \\ s.t. \quad g(x_i)\geqslant 0 \quad i=1,2,\cdots,m\end{cases} \tag{4.16}$$

式中，w_i 为权重系数；$\boldsymbol{x}$ 为非线性多目标优化问题的一个解向量；x_i 是解向量中的一个元素，也是遗传算法中的待优化变量。$g(x_i)\geqslant 0$ 为非线性不等式约束，在复合电源系统应用中，表示为复合电源的约束参数，如电源放电功率、动力电池组 SOC 和超级电容组 SOV。

从 k 时刻到 $k+1$ 时刻，系统的能量消耗 J 可以表示为状态变量（动力电池组 SOC）和决策变量（超级电容组 SOV）的函数。根据优化目标和各目标的权重系数的定义，确定多目标优化的适应度函数 $F(X)$ 为：

$$\begin{aligned}F(X)&=\min\{f(x)\} \\ &=\min\left\{w_1\int P_{\mathrm{Bat}}(\mathrm{SOC})\mathrm{d}t+w_2\int P_{\mathrm{UC}}(\mathrm{SOV})\mathrm{d}t\right\}\end{aligned} \tag{4.17}$$

式中，P_{Bat} 为状态变量为 SOC 时动力电池组功率消耗；P_{UC} 为状态变量为 SOV 时超级电容组的功率消耗。由于优化目标以降低动力电池组能量消耗为主，此处取 $w_1=0.9$，$w_2=0.1$。

系统约束条件可由式（4.8）表示，同时还应考虑约束：

$$\begin{cases}P_{\mathrm{Batmin}}\leqslant P_{\mathrm{Bat}}\leqslant P_{\mathrm{Batmax}} \\ P_{\mathrm{UCmin}}\leqslant P_{\mathrm{UC}}\leqslant P_{\mathrm{UCmax}}\end{cases} \tag{4.18}$$

式中，P_{Batmin}、P_{Batmax} 分别为动力电池组充 / 放电时最大允许回收、消耗的功率值；P_{UCmin}、P_{UCmax} 为超级电容组充 / 放电时最大允许回收、消耗的功率值。

4.5.2 案例分析

本节案例以某插电式混合动力乘用车的车型为例，采用 UDDS 工况，对纯电动模式下的能量管理策略进行优化分析。将遗传算法优化参数后的规则能量管理策略、原始参数的规则能量管理策略分别应用于复合电源系统，进行功率分配的对比分析。

4.5.2.1 系统参数

目标车型的整车参数、性能指标和整车需求功率参考 3.2.1 节，复合电源系统选用 3.3.1 节案例分析中的拓扑结构。选取复合电源系统各部件参数如表 4-13 所示。其中，动力电池组由 105 个 18A・h 的磷酸铁锂电池单体串联组成，超级电容组由 21 个额定容量为 500F、标称电压为 16V 的超级电容模组串联组成。

表4-13 复合电源系统各部件参数

	参数	指标
动力电池组	类型	磷酸铁锂电池
	连接方式	105串1并
	单体电压平台	3.2V
	单体容量	18A・h
超级电容组	品牌	Maxwell
	连接方式	21串1并
	单组额定容量	500F
	单组最大电压	16V
	最大电压	320V
DC/DC 变换器	额定功率	25kW
	峰值功率	40kW

根据遗传算法建模理论，在 MATLAB 遗传算法工具箱中，设置优化参数如表 4-14 所示。

表4-14 遗传算法参数设置

最大种群代数	100
种群所含个体数目	50
交叉函数	Heuristic
交叉概率	90%
变异函数	Uniform
变异概率	40%
二进制编码精度	0.001

4.5.2.2 结果分析

对于案例中的复合电源系统，其传统规则控制的参数确定方式参考 3.2.1 节的内容。假设动力电池组初始 SOC 为 100%，超级电容组初始 SOV 为 90%。图 4-21~ 图 4-27 为基于原始规则和基于遗传算法优化参数后的规则能量管理策略仿真结果。

对于原始参数的规则能量管理策略的仿真结果，在少数峰值功率需求状态，图 4-21 中原始的能量管理策略下动力电池组会以较高的放电电流工作，最大工作电流大于 4*C* 倍率，而优化后的能量管理策略下的动力电池放电电流被有效地控制在 2*C* 倍率以内，表明通过遗传算法优化后的门限值达到了预期的效果。

图 4-25~ 图 4-27 的结果表明：基于原始的规则能量管理策略下的超级电容组 SOV 达到 50% 的下限后，超级电容输出功率较小，未能达到缓解动力电池大功率输出的目的。基于优化的规则能量管理策略下的超级电容组 SOV 能够恢复到较高荷电状态，且能够保持大功率输出能力。

相比原始参数的规则能量管理策略，优化后的能量管理策略在一个循环工况结束后动力电池的 SOC 变化较小。原始参数的规则能量管理策略虽然使动力电池组保持在相对高的 SOC 水平，但由于在后续工况循环中超级电容组 SOV 较低，在功率需求较高时难以输出较大的功率，结果导致复合电源系统工作性能较差。综上讨论，优化后的规则能量管理策略能够更好地分配超级电容组和动力电池组的功率输出。

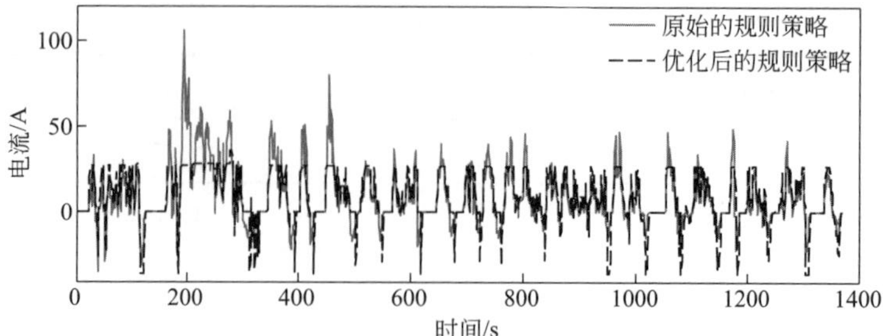

图4-21 两种能量管理策略的动力电池组电流

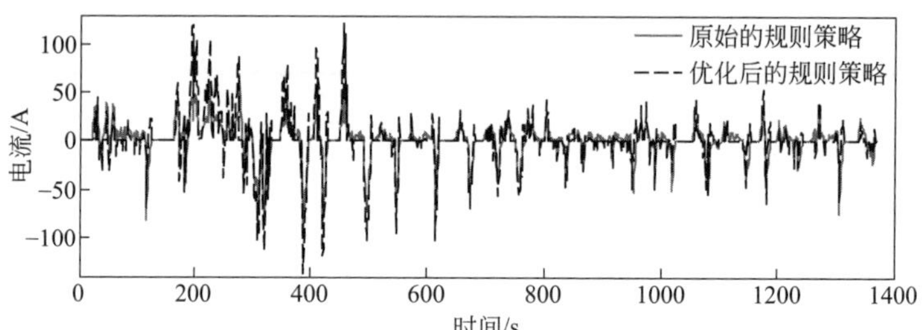

图4-22 两种能量管理策略的超级电容组电流

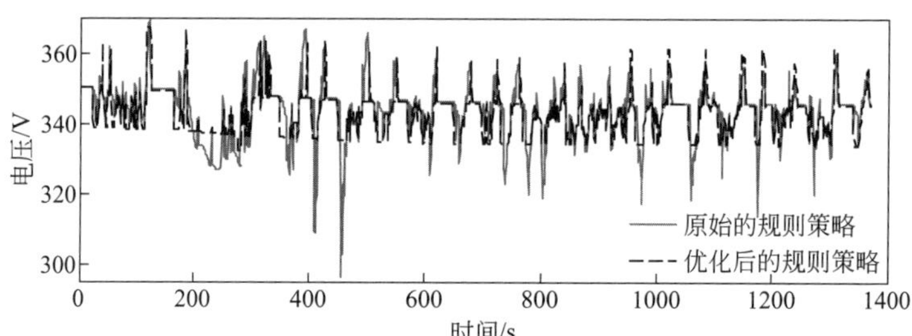

图4-23 两种能量管理策略的动力电池组电压

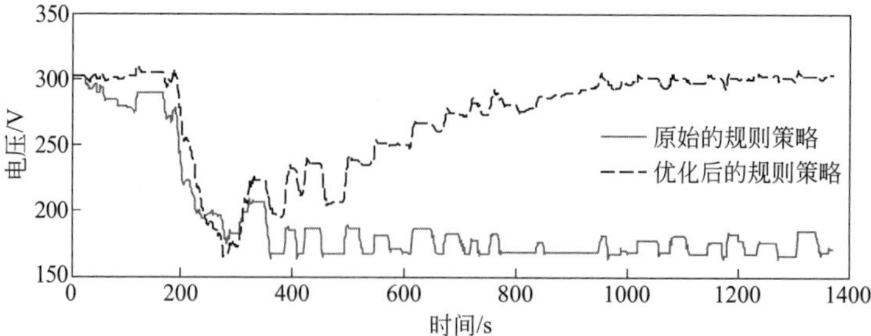

图4-24 两种能量管理策略的超级电容组电压

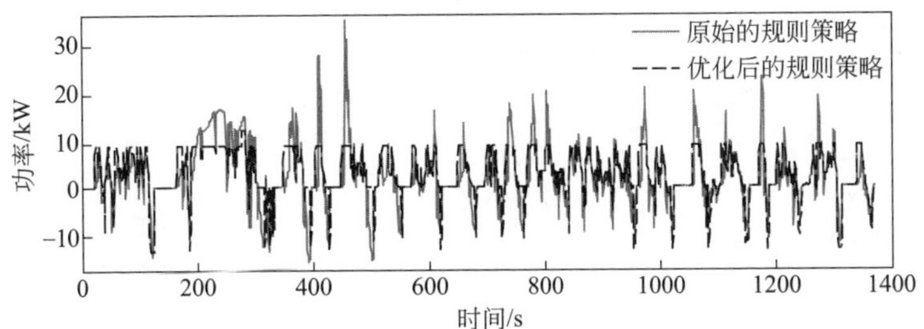

图4-25 两种能量管理策略的动力电池组功率

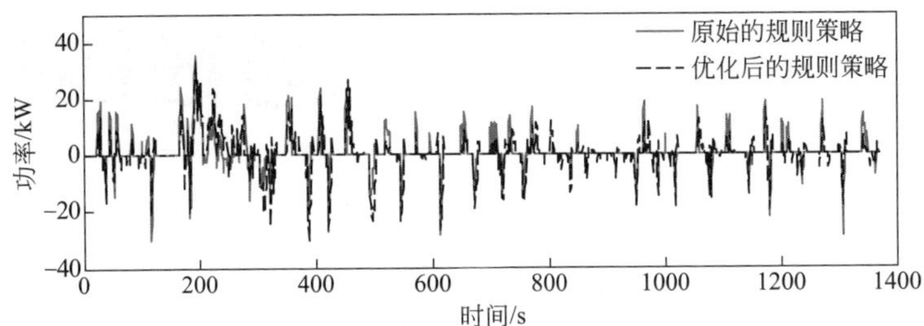

图4-26 两种能量管理策略的超级电容组功率

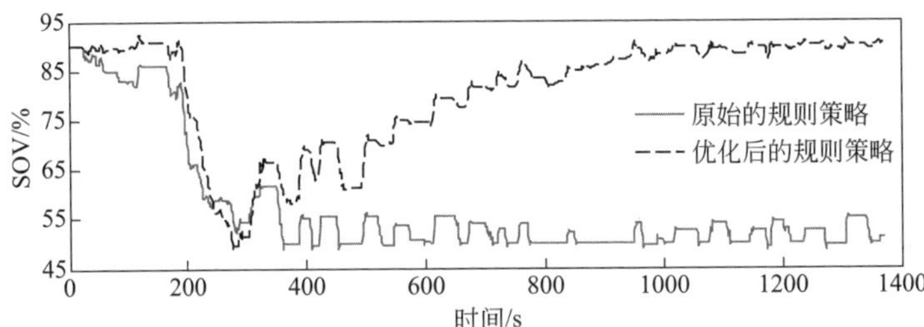

图4-27 两种能量管理策略的超级电容组SOV

第5章 能量管理策略的实时优化与在线标定

为提高复合电源系统的工作效率，车载电源系统能量管理策略需要根据当前实时工况进行能量分配，而全局最优算法需要已知全部运行工况，因此该方法只能离线应用。在实车应用中，若进行实时优化能量管理，算法需要满足两个条件：①车辆具有在线工况识别能力，通过对车速、加速度等参数的识别能够将实时车速与特定工况模式进行匹配，实时预测车辆工况信息；②具有实时优化能力，根据在线工况识别结果，结合优化算法和当前车辆参数进行动态优化。

实时优化方法是在线对能量管理决策进行优化计算的方法，主要包括等效燃油消耗最小、鲁棒控制、模型预测控制、强化学习和解耦控制等。模型预测控制可以在保证实时性的前提下，搜索控制时域内带约束优化问题的最佳控制决策；强化学习是可以通过多次观测和分析系统当前的行为，实现在系统结构和参数不明晰条件下做出精确的决策，这两类方法应用前景广泛。本章将首先对工况识别算法进行系统介绍，然后详细论述模型预测控制和强化学习两种算法的原理、构架以及在电动汽车复合电源系统实时能量管理中的具体应用。

5.1 能量管理应用的工况识别

5.1.1 工况及工况片段

循环工况中常包含加速、匀速、减速和怠速四种行驶状态。按照车辆实际行驶区域的不同可分为城市工况、郊区工况和公路工况等；按照交通状况的不同可分为顺畅、拥堵和一般等；按照数据来源不同可分为实际工况和典型工况。典型工况可反映一个区域内车辆运行状况的平均水平，通过分析提取该区域大量实际工况的统计特征构建而成，是具有普遍意义的统计样本，也是实际工况的一种典型表现。

5.1.1.1 工况片段定义

车辆工况是一个速度时间序列，受行驶过程中交通状况的影响，车辆从启动（速度大于 0）到停车（速度等于 0）的过程会多次重复，因此车辆工况可看作由众多“起步 - 行驶 - 停车”片段组成。为便于工况的特征分析，将两个相邻起步时刻之间的一段车速序列定义为工况片段，如图 5-1 所示。工况片段的时间长度、怠速时间、平均速度、最大车速、最大加速度、最大减速度和怠速时间比等参数都可以对工况片段进行表征，利用不同表征参数可以将工况片段类型分为高速工况、中速工况、低速工况等。结合交通状况，将不同类型的工况片段加以组合，即可制定出一个较长时间历程的工况。

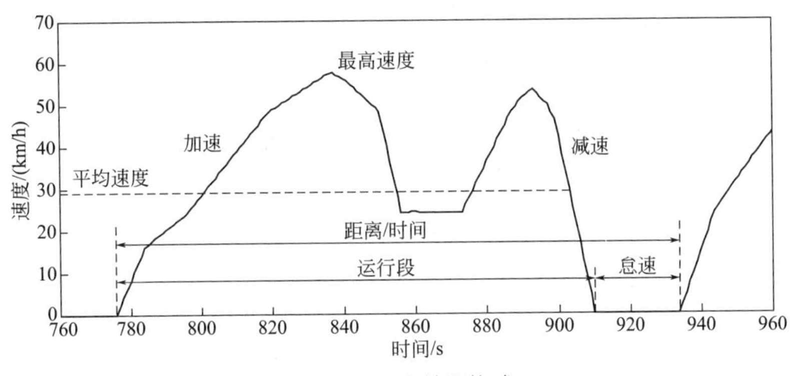

图5-1 工况片段构成

采用工况片段进行工况分析的方法具有两方面优点：一方面，任何一类行驶工况都由一系列的工况片段组成，一定数量工况片段统计特征某种程度上可以反映出工况的总体特征，这样便大大增加了工况研究的统计样本；另一方面，工况片段之间相关性很低，随机的实际行驶工况，可以看作是多个独立工况片段的排列组合，这使得工况分析更为简单，也便于查找其中的统计特征。

5.1.1.2 工况分析

（1）典型工况

本节列举出代表车辆行驶工况中的 6 种常用典型工况，如图 5-2 所示，包

括 MANHATTAN、NYCC、CSHVR、WVUSUB、HWFET 和 HWY，分别记作工况 1~ 工况 6。这 6 种工况每两个为一类，分别代表了“市区”“郊区”“高速公路”三种工况类型。

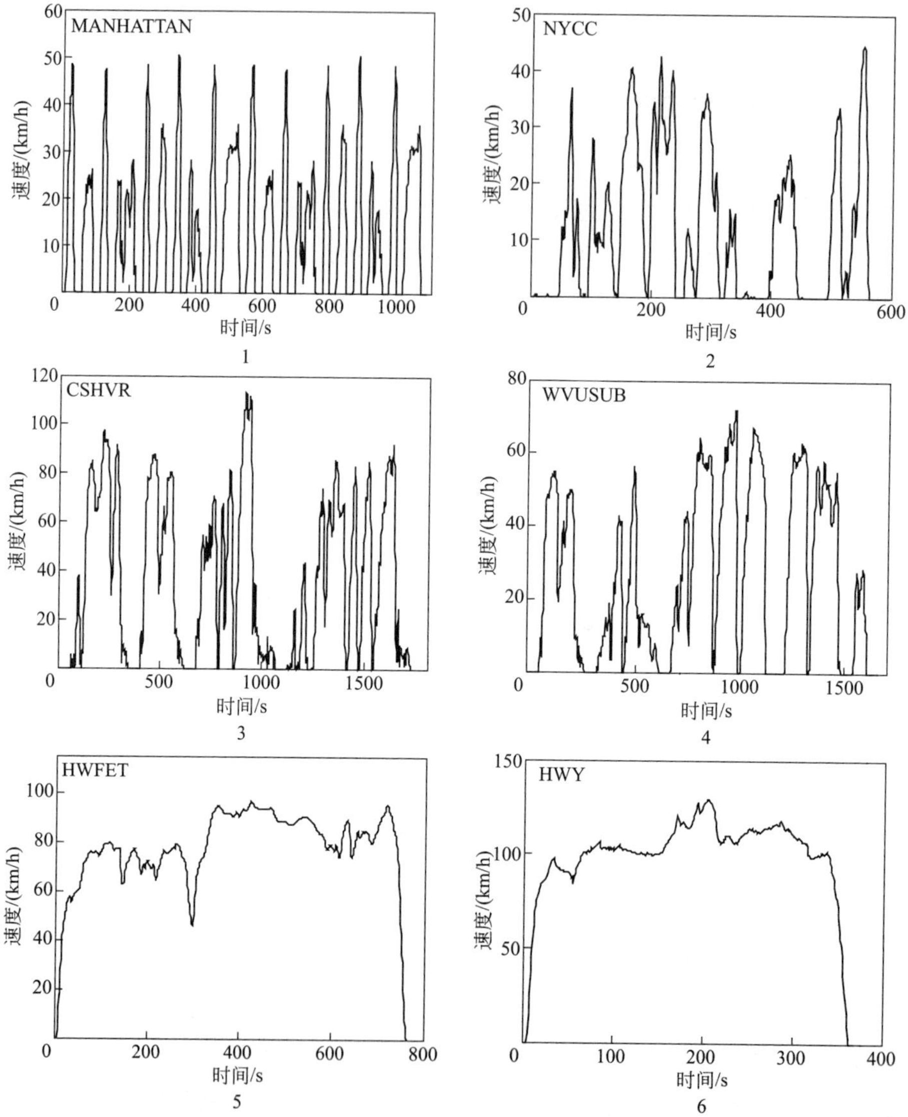

图5-2　6种典型工况

除了 HWFET 与 HWY 两个高速工况外，其他工况都至少包含 7 个以上的工况片段。因此，基于工况片段的研究方法可以大大增加统计分析的样本数量。如图 5-3 为前 4 个工况中各工况片段的历时统计。结果表明，工况片段的历时相对于整个工况较短，80%以上的工况片段周期在 120s 以内。

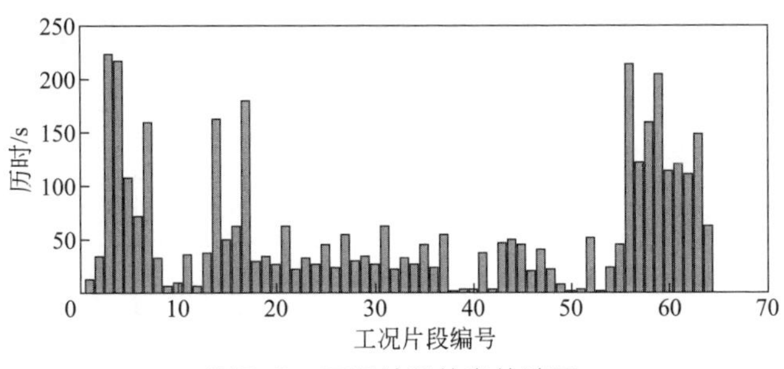

图5-3 工况片段信息统计图

（2）工况的特征参数提取

选取最常使用的 10 个重要参数作为工况识别的特征参数：在某段时间内的最大车速、平均车速、最大加速度、平均加速度、最大减速度、平均减速度、怠速时间比值（怠速时间 / 总时间）、高速时间比值（高速运行时间 / 总时间）、中速时间比值（中等速度运行时间 / 总时间）以及低速时间比值（低速运行时间 / 总时间），如表 5-1 所示。考虑到各个典型工况的历时不一样，且整个工况变化复杂，仅对整个工况提取特征参数无法完整反应工况所有有价值的信息，因此分别提取工况的特征参数。

表5-1 工况片段特征参数表

特征值	单位	特征值	单位
最大车速 v_{max}	km/h	平均减速度 a_{d_ave}	m/s^2
平均车速 v_{ave}	km/h	怠速时间比值 rt_{trip_idl}	%
最大加速度 a_{a_max}	m/s^2	高速时间比值 rt_{trip_high}	%
平均加速度 a_{a_ave}	m/s^2	中速时间比值 rt_{trip_mid}	%
最大减速度 a_{d_max}	m/s^2	低速时间比值 rt_{trip_low}	%

定义工况速度区间：低速 v_{low}<20km/h，中速 $v_{mid}\in[20，50]$km/h，高速 v_{high}>50km/h。根据提取的速度时间序列，计算道路工况片段的特征值。典型工况 1~ 工况 6 的总体参数如表 5-2 所示。结果表明，部分参数表现出明显的变化规律，如工况按市区、市郊、高速顺序变化时，所对应的最高车速 v_{max} 和平均车速 v_{ave} 表现出依次升高的趋势，怠速时间比 rt_{trip_idl} 则表现出依次减小的趋势；而有些参数特征却很不明显，如与加速度有关的参数则无明显的变化规律。

表5-2 典型工况总体参数表

工况	1	2	3	4	5	6
v_{max}/（km/h）	40.7330	44.5970	70.5180	72.1312	96.4390	129.2830
v_{av}/（km/h）	11.0042	11.4526	21.8926	25.9257	77.8113	98.4807
a_{a_max}/（m/s^2）	7.4060	9.6600	4.1860	4.6626	5.1520	11.1090
a_{a_av}/（m/s^2）	1.9453	2.2350	1.4015	1.1884	0.6993	1.2151
a_{d_max}/（m/s^2）	−9.0160	−9.4990	−6.4400	−7.7723	−5.3130	−11.1090
a_{d_av}/（m/s^2）	−2.4067	−2.1791	−1.6632	−1.5208	−0.7958	−1.4697
rt_{trip_idl}/%	0.3612	0.3501	0.2159	0.2514	0.0065	0.0300
rt_{trip_high}/%	0	0	0.0264	0.0806	0.8953	0.9264
rt_{trip_mid}/%	0.1434	0.1910	0.4025	0.3818	0.0825	0.0300
rt_{trip_low}/%	0.4963	0.4606	0.3558	0.2868	0.0170	0.0163

5.1.2 工况识别

确定性工况的能量管理策略可能会因工况类型的变化而导致控制效果变差。为此，针对不同的研究对象，需要一种能够根据工况类型而变化调整的能量管理策略，这种能量管理方法的关键在于针对不同的工况类型设计适合的辨识方法，通常按照某一个或几个工况特征参数将其分类。而一个完整的工况通常由多种不同的工况片段组成，图 5-4 为三种不同的工况类型（MANHATTAN 工况为拥堵的工况，CUDC 为市区工况，ECE_EUDC_LOW 为市郊工况），每种工况都由多种类型的工况片段组成。由于不同工况特征的差异性，仅用单一工况进行车辆能量管理策略的设计，在实际应用时很难同时保证车辆控制效果。

面向于多种工况片段组成的复杂工况，为提高能量管理策略的适应性，需要对多种类型工况数据进行统计分析，将实际行驶工况识别为不同典型工况片段的组合，以实现在车辆控制过程中的工况预先判断和自适应调整。以图 5-4 中工况为例，三种不同类型的工况存在相似类型的工况片段，图中箭头指向的虚线部分即为相似类型的工况片段。

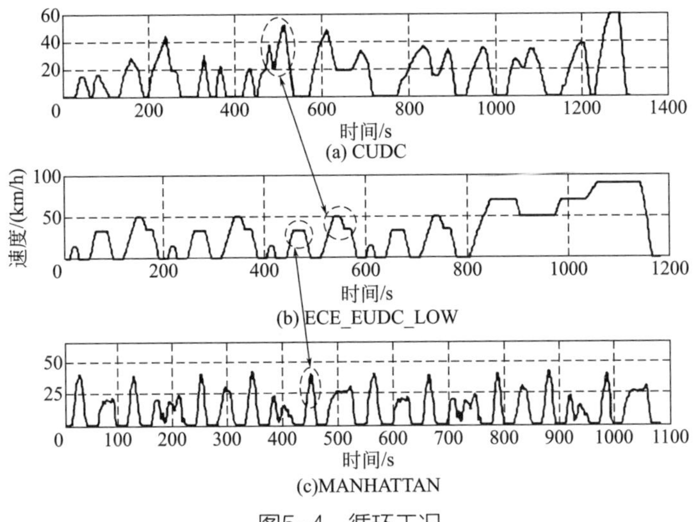

图5-4 循环工况

5.1.2.1 工况识别方法分类

按照信息来源的不同，工况识别方法主要分为两种。

（1）基于先进卫星系统数据的工况识别

通过全球导航系统（Global Positioning System，GPS）、地理信息系统（Geographic Information System，GIS）和智能交通系统（Intelligent Transport System，ITS）等联合获取精确的路况交通综合信息，对当前车辆行驶的实际路况进行预测。此方法受第三方平台提供的服务与信息质量限制，并且具有较高的成本。

（2）基于历史车辆工况信息的工况识别

历史车辆工况信息可以通过车载传感器进行采集和存储，提取工况特征参数值后进行统计处理，然后通过设计的工况识别算法就可以有效的识别出行驶车辆当前所处的工况。这种方法靠合理的工况识别算法以及能量管理策略优化来提高车辆性能，其工程应用价值明显，很大程度地降低了成本。因此，目前的工况识别研究侧重于此类方法。

5.1.2.2 基于阈值判定法的工况识别

在基于历史车辆工况信息的工况识别方法中，阈值判定法是现阶段运用最多、最简单易行的方法。该方法通常是基于一定数量的典型工况进行简单分析、比较并提取最重要的多个特征参数，建立工况片段的特征分布图，从而确

定识别规则。

图 5-5 为基于平均速度与怠速时间百分比的工况片段分布图，从中能够提取典型工况中工况片段的分布规律。以车速为划分标准，将离散车速区域分为拥堵市区、普通市区、郊区、高速公路等四类道路工况，归纳得到如表 5-3 所示的分类门限值。

车辆行驶过程中，根据车速历程数据对过去一段时间历程内的工况片段进行分析与处理，并与表 5-3 中各工况相应的门限值比较，从而判定车辆当前工况类型，以执行对应的动力系统能量管理策略。阈值判定法简单可靠，执行速度快，但只能基于单个或两个特征参数值进行判定，适合于对路况识别要求不高的能量管理策略。

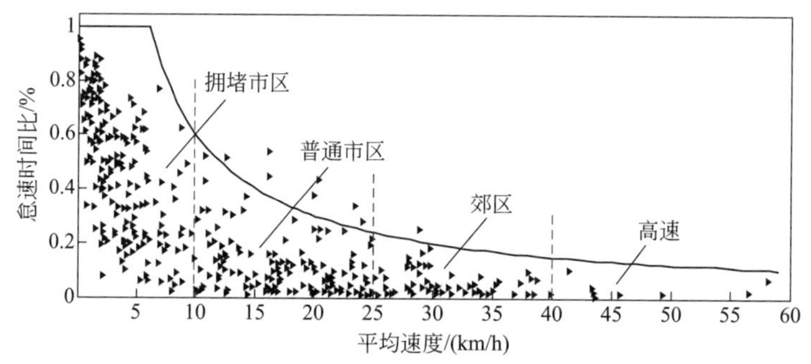

图5-5　阈值判定法的速度划分规则

表5-3　循环工况模式分类的门限值

	拥堵	市区	郊区	公路
平均速度 $\bar{v}$ /（km/h）	≤10	10~25	25~40	＞40
怠速时间百分比 r_{idl}/%	1~100	＜60	＜24	＜13

5.1.2.3　基于LVQ神经网络的工况识别

神经网络（Neural Networks，NN）是一种基于仿生学的复杂人工网络系统，由许多简单的信息处理单元（神经元）以某种形式互相连接而成，它反映了人脑功能的许多基本特征，是一个高度复杂的非线性动力学系统。神经网络具有大规模并行、分布式存储和处理、自组织、自适应和自学习能力，特别适合处理需要同时考虑许多因素和条件的、不精确和模糊的信息处理问题。

（1）LVQ神经网络

LVQ（Learning Vector Quantization）神经网络是竞争神经网络的一种。在生物神经系统中，有一种“侧抑制”现象，某个兴奋的神经细胞会通过自身的分支对周围的神经细胞产生抑制作用，使得兴奋作用最强细胞的抑制作用压过了其他细胞的抑制作用，从而取得了支配权。自组织竞争性人工神经网络就是以上述现象为基础构建的。它以无导师学习方式训练网络，通过网络自身的训练，自动对输入模式分类，这个特点使得它不能够利用导师信号，无法按指定信息进行分类，有时无法得到想要的分类方式。

为了解决自组织竞争性人工神经网络无法有效利用导师信号的缺点，芬兰学者 Teuvo Kohonen 提出了学习向量化 LVQ 神经网络，将竞争学习和有导师学习相结合。LVQ 神经网络在自组织竞争性人工神经网络基础上加入了有导师学习，可以对输入信息的分类加以引导，将指定的分类信息作为导师信号指导网络的训练。LVQ 神经网络应用范围十分广泛，特别在模式识别领域得到良好的应用。

LVQ 神经网络由输入层、隐含层和输出层组成，输入层与隐含层间为完全连接，每个输出层神经元与隐含层神经元的不同组相连接。隐含层和输出层神经元之间的连接权值固定为 1。在网络训练过程中，输入层和隐含层神经元间的权值会被不断修改。当某个输入模式被送至网络时，最接近输入模式的隐含神经元因获得激发而赢得竞争，因而允许它产生一个“1”，而其他隐含层神经元都被迫产生“0”。与包含获胜神经元的隐含层神经元组相连接的输出神经元也发出“1”，而其他输出神经元均发出“0”。

如图 5-6 所示，输入向量 $\boldsymbol{p}$ 与输入权值矩阵 $\boldsymbol{IW}^{1,1}$ 行向量间的距离可由式（5.1）得到。隐含层为竞争层，若 $\boldsymbol{n}^1$ 的第 i 个元素赢得竞争，则竞争传递函数输出为 $\boldsymbol{a}^1$，其第 i 个元素为 1，其余元素为 0。在图 5-6 中，R 为输入向量元素的数目，S^1 为竞争层神经元的数目，S^2 为线性层神经元的数目。竞争层采用 compet 传递函数，线性层采用 purlin 传递函数。

$$d_j = \sqrt{\sum_{i=1}^{n}(x_i - w_{ij})}^2 \tag{5.1}$$

在第二层中，$\boldsymbol{a}^1$ 与权值 $\boldsymbol{IW}^{2,1}$ 相乘，相当于 $\boldsymbol{a}^1$ 中为 1 的元素选中了相应的分类，即输入向量的类别 k^*，$a_k^2{}^*$ 输出为 1。$t_k{}^*$ 为 1 或 0 表示输入是否属于 k^*。

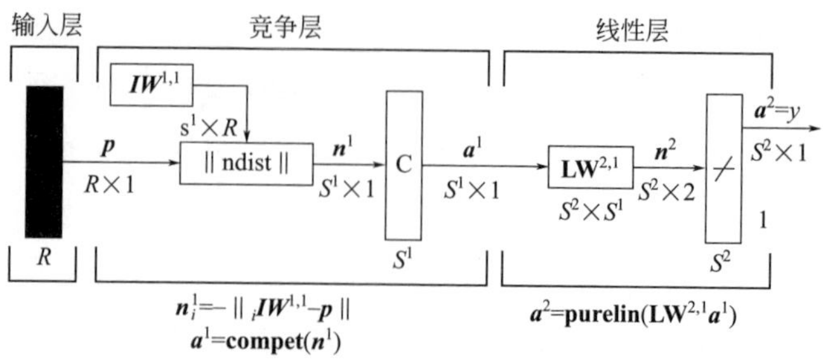

图5-6 LVQ网络结构

调整权值矩阵 $\boldsymbol{IW}^{1,1}$ 的第 i 行，如果分类正确，输入向量 $\boldsymbol{p}$ 移动；若不正确，则输入向量向相反的方向移动。因此，若 $\boldsymbol{p}$ 正确，则有：

$$a_k^2*=t_k*=1 \tag{5.2}$$

可计算权值矩阵 $\boldsymbol{IW}^{1,1}$ 的第 $i*$ 行新值：

$$i*IW^{1,1}(q)=i*IW^{1,1}(q-1)+a\left[p(q)-i*IW^{1,1}(q-1)\right] \tag{5.3}$$

若分类不正确，则有：

$$\begin{cases}a_k^2*=1\\t_k*=0\end{cases} \tag{5.4}$$

可计算权值矩阵 $IW^{1,1}$ 的第 $i*$ 行新值：

$$i*IW^{1,1}(q)=i*IW^{1,1}(q-1)-a\left[p(q)-i*IW^{1,1}(q-1)\right] \tag{5.5}$$

对权值矩阵 $IW^{1,1}$ 的第 $i*$ 行向量的修正为自动完成，不影响 $IW^{1,1}$ 其他行的元素，输出误差返回到第一层。此部分修正可使隐层神经元向类别向量移动，落入分类区间。

（2）LVQ网络的算法实现

为了实现不同工况之间的准确有效地识别，可以基于 LVQ 神经网络建立行驶工况识别器。行驶工况识别器 LVQ 神经网络包含了竞争层和线性层，其训练结构如图 5-7 所示。输入层的 10 个输入节点分别对应行驶工况的 10 个特征参数。竞争层的神经元和自组织竞争性人工神经网络相似，通过竞争学习把输入量划分成不同的类别，线性层将竞争层传递过来的分类信息转换为使用者所定义的期望类别。通常将竞争层学习得到的类称为子类，将通过线性层转换的类称为期望类。竞争层的神经元个数取为 60，取值通常根据经验确定。竞争层神经元个数越多，划分类别越细、精度越高，但高于一定数目后，效果并不明显，且训练时间会增多。期望 LVQ 神经网络能识别 6 种工况，对应的将线性层上神经元个数设置为 6。典型的 LVQ 算法有 LVQ1、LVQ2 和 LVQ3，尤以 LVQ2 的应用最为广泛和有效。本节使用 LVQ2 进行训练，其学习规则的补充应用使得不能应用 LVQ1 正确分类的向量也能移近输入向量，使结果更具鲁棒性。

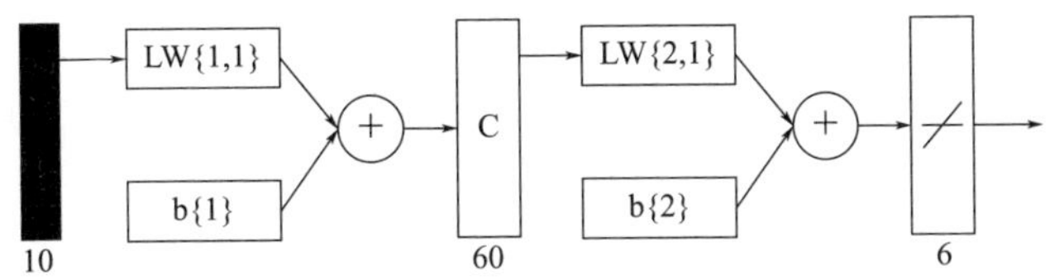

图5-7 LVQ训练结构

LVQ2 算法具体流程如下。

① 网络初始化：用较小的随机数设定输入层和隐含层之间的权值初始值。

② 输入向量的输入：将输入向量 $x=[x_1,x_2,x_3,\cdots,x_n]^T$ 送入到输入层。

③ 隐含层权值向量与输入向量的距离：隐含层神经元和输入向量的距离，与自组织化映射的情况相同，由式（5.1）给出。

④ 选择与权值向量的距离最小的神经元：计算并选择输入向量和权值向量的距离最小的神经元，并把其称为胜出神经元，记为 j*。

⑤ 更新连接权值：如果胜出神经元和预先指定的分类一致，称为正确分类，否则称为不正确分类。正确分类和不正确分类时权值的调整量使用式（5.6）求解。

$$\Delta w_{ij}=\begin{cases}+\eta(x_j-w_{ij}) & \text{正确分类}\\ -\eta(x_j-w_{ij}) & \text{不正确分类}\end{cases} \tag{5.6}$$

⑥ 更新连接权值：如果胜出神经元 1 属于正确分类时，则根据式（5.6）正确分类情况进行权值的更新。当胜出神经元 1 属于不正确分类时，则另选取一个神经元 2，它的权值向量和输入向量的距离仅比胜出神经元 1 大一点，且满足条件时：a. 神经元 2 属于正确分类；b. 神经元 2 胜出，神经元 1 与输入向量之间的距离的差值很小。则胜出神经元 1 的权值改变量按式（5.6）不正确分类情况计算，而神经元 2 的权值改变量则按式（5.6）正确分类情况进行计算。

⑦ 判断算法是否结束：如果迭代次数大于预先设定的次数，算法结束，否则以输入向量的输入为入口，进入下一轮学习。

（3）工况识别案例分析

首先构建 LVQ2 神经网络，提取图 5-2 中 6 种典型工况的特征参数作为 LVQ2 神经网络的输入，并建立作为监督的目标矩阵，设定线性层各期望类别各自所占权重均为 1/6，然后对该 LVQ2 网络进行训练。为验证所设计的工况识别算法的实际效果，构造如图 5-8 所示的综合测试工况，此综合测试工况由 CSHVR + MANHATTAN + HWFET + NewYorkBus + UDDS 5 种不同类别的典型工况组成。集中覆盖了城市、郊区和公路等循环工况，能够保证验证结果的可信性。

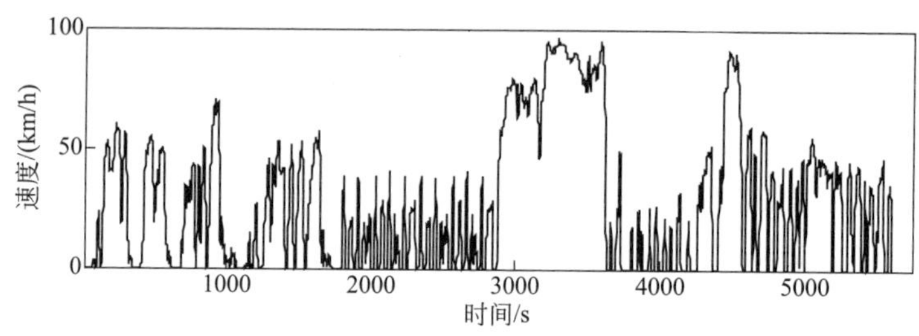

图5-8　综合测试工况

为了减少计算负担，通常以移动时间窗口的形式进行工况数据的更新。选用 120s 和 60s 时间窗口的工况识别方法，得到测试结果如图 5-9 所示，该工况识别算法能够很好地利用随时间变化的车速序列识别车辆行驶时所处的工况。结果表明：采用 120s 时间窗口的识别效果要明显优于采用 60s 时间窗口的识别效果，曲线更加平滑，识别过程更加稳定，同时减少了在不同工况片段之间来回切换跳动的次数，更有利于车辆能量管理策略的实际应用。

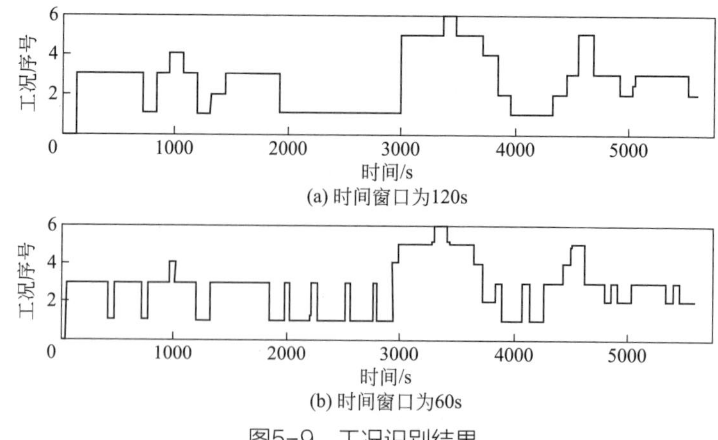

图5-9　工况识别结果

5.1.2.4 基于模糊逻辑控制的工况识别

在复合电源系统研究中，模糊逻辑控制已被成功应用于系统的能量管理之中。类似于在能量管理中的应用，此种方法同样被用于道路工况的分类和识别。由于模糊逻辑控制原理在第三章中已经进行了简要介绍，因此在工况识别中的应用主要借助于实例进行详细描述。

选择 CUDC、ECE_EUDC_LOW 和 MANHATTAN 三种典型循环工况作为训练工况。由于选择较多的工况特征参数会导致工况识别算法过于复杂，因此只选用工况的平均速度和最大速度作为工况识别的特征参数，根据工况片段特征将各个工况模式分类为“低速、中速、高速”三种新的工况类型。在模糊逻辑控制系统中，输入语言变量选择为平均速度和最大速度，输出变量选择为工况类型。模糊变量的输入、输出语言值名称均为“低速”“中速”“高速”。设计完成的模糊逻辑控制的规则库如表 5-4 所示。

表5-4 模糊逻辑规则库（平均速度-最大速度-工况类型）

平均车速 / 最高车速	低	中	高
低	低	中	—
中	低	中	高
高	中	中	高

设置低速工况的最大速度小于 25km/h、平均速度小于 15km/h；对于中速工况，最大速度∈ [25km/h,45km/h]，平均速度∈ [15km/h,25km/h]；对于高速工况，最大速度大于 45km/h，平均速度大于 25km/h。考虑到隶属度函数对模糊系统工作的影响，平均速度、最大速度、工况模式分类的隶属度函数采用灵敏度较高的三角形函数，设计的模糊逻辑控制的隶属度函数如图 5-10 所示。其中，“低速”“中速”“高速”三种工况类型分别用“1”“2”“3”表示。模糊推理计算选用标准模型的模糊推理算法。

通过设计完成的模糊逻辑控制器进行工况片段的分类，如图 5-11 所示。得到的三类工况片段具有能够明显区分的轮廓特征，表示基于模糊逻辑控制的工况模式分类方法具有明显的效果。

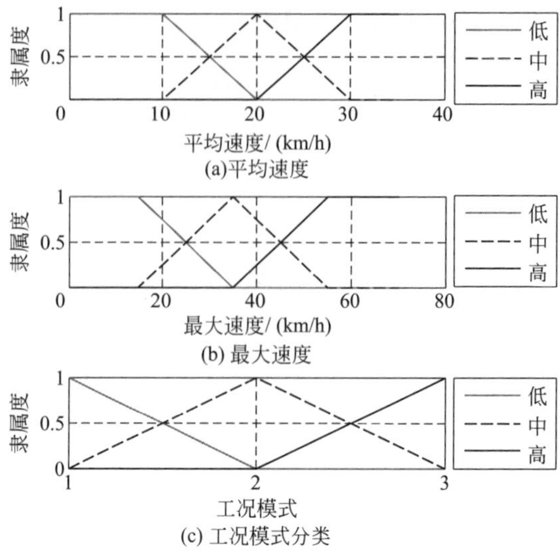

图5-10 隶属度函数与输入、输出曲线

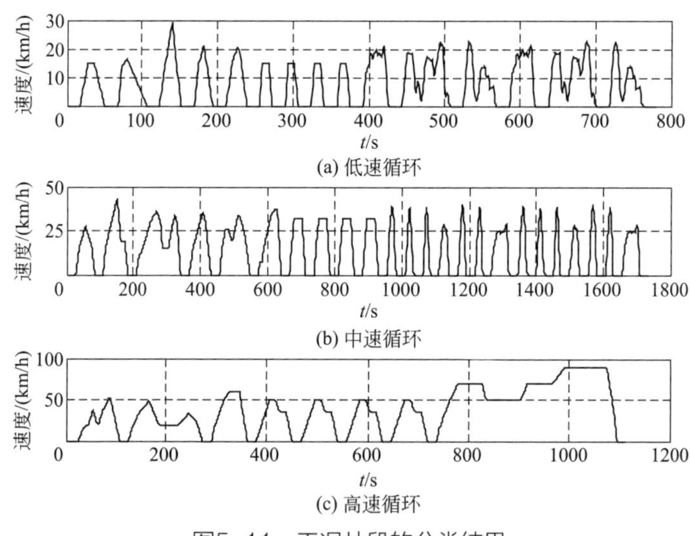

图5-11 工况片段的分类结果

5.1.3 案例分析

结合以上对多种工况识别算法实施细节的研究，本案例面向于 PHEV 动力系统，结合工况识别方法进行系统能量管理的研究。

5.1.3.1 系统结构与参数

动力系统由辅助动力装置（Auxiliary Power Unit，简称 APU）和复合电源系统组成，拓扑结构如图 5-12 所示。复合电源系统由动力电池组、超级电容组和 DC/DC 变换器组成；APU 由 80kW 的 ISG 永磁发电机和 1.9L 汽油发动机组成。在此动力系统中，动力电池组的工作状态由 DC/DC 变换器控制，超级电容组的放电 / 充电行为受到来自电机需求功率和 APU 输出功率的影响。

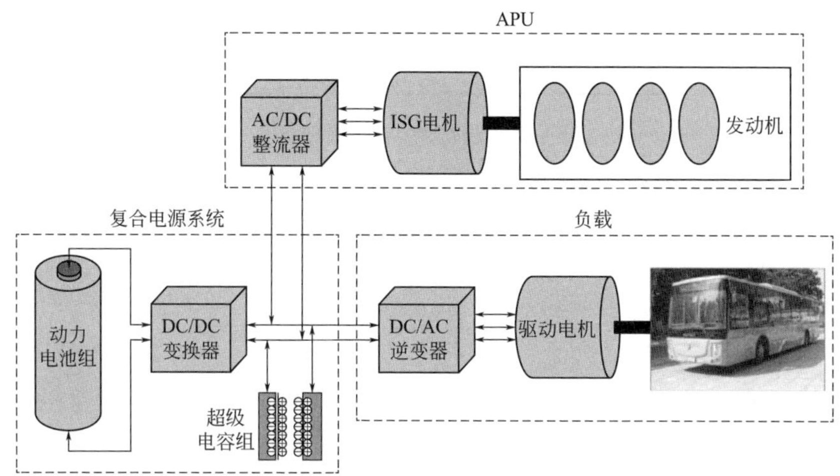

图5-12 动力系统拓扑结构

整车参数与 3.3.1 节中的整车参数相同。复合电源系统各部件参数如表 5-5 所示：动力电池组电压平台为 499.5V，能量为 39kW·h，超级电容组最大电压为 576V。DC/DC 变换器的工作效率如表 5-6 所示，其额定功率为 30kW，表中，$i_{DC/DC}$ 为 DC/DC 变换器工作电流（输出端），$P_{DC/DC}$ 表示输出功率值，η 为其工作效率。

表5-5 复合电源系统各部件参数

	参数	指标
动力电池组	类型	NCM锂离子动力电池
	模组连接方式	135串1并
	单体电压平台	3.7V
	单体容量	79A·h
超级电容组	品牌	Maxwell
	单体容量	3000F
	模组连接方式	216串1并
	模组最大电压	576V
	模组等效内阻	75.6mΩ

表5-6　DC/DC变换器工作效率表

$\eta(i_{DC/DC}, P_{DC/DC})$	10kW	20kW	30kW	40kW	≥50kW
10A	92%	95%	97%	95%	94%
50A	91%	93%	96%	93%	92%
100A	88%	91%	95%	92%	91%
≥150A	82%	89%	92%	91%	90%

APU 动态特性复杂，建模较为困难，本文重点讨论复合电源系统的能量管理，因此不考虑 APU 瞬态过程，同时认为 APU 在不同工作功率时均能工作在最优效率状态。通过其输出功率和准静态最优燃油消耗率表示 APU 的工作特性。APU 输出功率与最优燃油消耗率的关系可以表示为：

$$\dot{m}_f = f(P_{APU}) \tag{5.7}$$

式中，$\dot{m}_f$为 APU 的油耗率（g/s）；P_{APU} 为 APU 的输出功率。

选用 APU 的额定功率为 75kW，其最优燃油消耗率曲线和每千瓦秒的油耗量如图 5-13 所示。由图 5-13 可见，APU 的工作效率随着输出功率的增加而提高，当输出功率达到 75kW 时，效率最高。

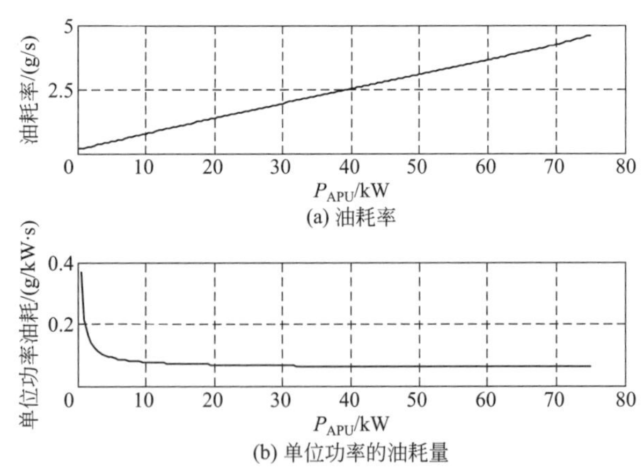

图5-13　APU最优燃油消耗率曲线

5.1.3.2　原始规则的能量管理策略

对于图 5-12 所示的动力系统，其原始能量管理策略为典型的“电量消耗（charge depleting）和电量保持（charge sustaining）”规则控制策略，也被称为 CD-CS 策略，电量消耗与保持与否以动力电池组 SOC 的值来确定。当动力电池组 SOC 在大于设定下限值时，车辆选用以复合电源系统为主要动力源的电量消耗模式，即 CD 模式；动力电池组 SOC 小于设定下限值时，选择以 APU 为主要动力源的电量保持模式，即 CS 模式。

此系统的能量管理策略可分为两层：上层用于控制 APU 和复合电源系统之间的功率分配，主要根据整车需求功率 P_{req} 范围进行功率分配策略设计；下层用于控制动力电池组和超级电容组之间的功率分配，根据复合电源系统需求功率 P_{HESS} 范围进行功率分配策略设计。具体的能量管理策略表示如下。

（1）上层能量管理

① $P_{req}<0$。在这种情况下，复合电源系统将尽可能地回收车辆制动功率，而 APU 保持关闭状态。

② $P_{req}>75kW$。在这种情况下，APU 以额定功率（75kW）工作，复合电源系统提供剩余不足的功率。

③ $0 \leqslant P_{req} \leqslant 75kW$。在这种情况下可细分为两类情况：a. 当动力电池组 SOC 大于设定下限值时，复合电源提供需求功率，APU 保持关闭状态；b. 当动力电池组 SOC 小于设定下限值时，APU 以额定功率工作，其提供功率需求的同时，也为复合电源系统充电。

（2）下层能量管理

① $P_{HESS}<0$。在这种情况下，超级电容组尽可能多地回收能量，直至其 SOV 大于其上限值 SOV_H 的状态，然后动力电池组在充电功率约束范围内回收部分剩余功率。

② $P_{HESS} \geqslant 0$。在这种情况下，能量管理策略如表 5-7 所示。

表5-7 $P_{HESS} \geqslant 0$时的下层能量管理策略

条件		功率分配
$0 \leqslant P_{HESS}<30kW$	SOC>20.1%且SOV<85%	$P_{Bat}=30kW$，$P_{UC}=P_{HESS}-P_{Bat}$
	SOC>20.1%且SOV ≥ 85%	$P_{Bat}=P_{HESS}$，$P_{UC}=0$
$P_{HESS} \geqslant 30kW$	SOC>20.1%且SOV ≥ 51.5%	$P_{Bat}=30kW$，$P_{UC}=P_{HESS}-P_{Bat}$
	SOC>20.1%且SOV<51.5%	$P_{Bat}=P_{HESS}$，$P_{UC}=0$
$P_{HESS} \geqslant 0$	SOC ≤ 20.1%且SOV ≥ 51.5%	$P_{Bat}=0$，$P_{UC}=P_{HESS}$
	SOC ≤ 20.1%且SOV<51.5%	$P_{Bat}=0$，$P_{UC}=0$

注：P_{Bat} 为动力电池组的输出功率；P_{UC} 为超级电容组的输出功率。

5.1.3.3 基于工况识别与动态规划策略提取的实时能量管理

原始规则的能量管理策略要求较高的工程经验，因此可以通过应用动态规划进行优化规则的提取。基于动态规划的复合电源系统能量管理策略的规则提取已经在4.4节中进行了研究和讨论。不过值得注意的是，提取的优化规则在面向不同车辆道路工况时，可能会出现适用性下降的情况。因此，可以结合工况识别优化规则提取两种方法，进行动力系统的实时能量管理。此部分选择基于模糊逻辑控制的工况模式识别方法和基于动态规划的规则策略提取方法进行分析，详细的实施流程如图5-14所示。

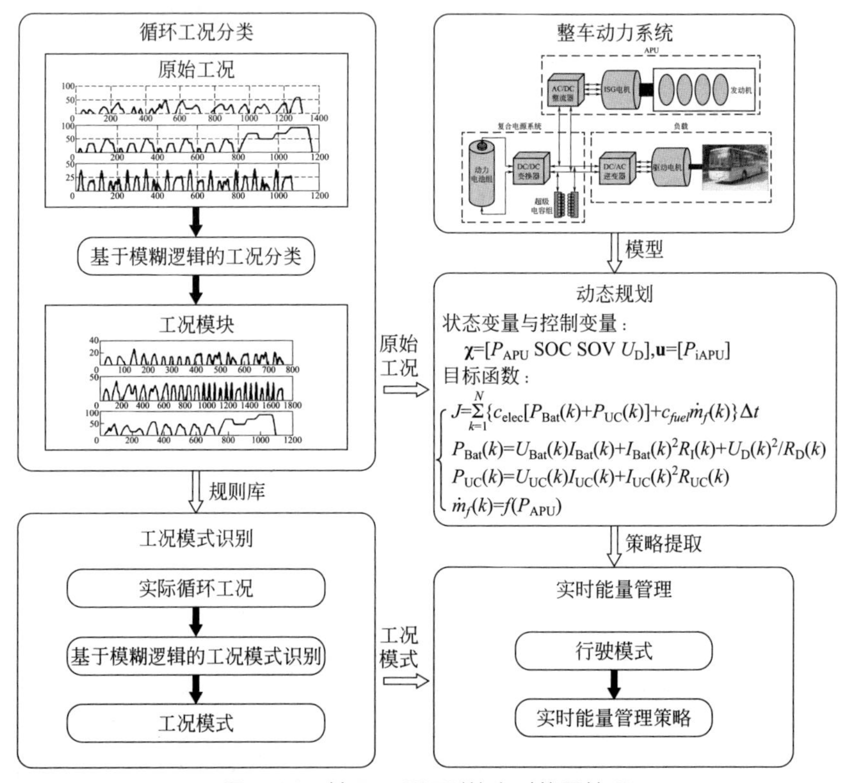

图5-14 基于工况识别的实时能量管理

图5-14中包括循环工况模式分类、工况模式识别、系统建模、动态规划优化策略提取和实时能量管理等部分，各部分作用可以概括为以下3种。

① 基于模糊逻辑控制的工况模式分类和识别方法为实时能量管理策略提供明确的工况类型，以保证在能量管理过程中选择合适的策略。

② 以典型工况和系统模型为基础，通过动态规划来确定PHEV动力系统

的最优能量管理策略。类似于 4.4 节中的规则提取方法，通过对最优策略结果的分析，提取基于规则的实时能量管理策略。

③ 根据优化的规则能量管理策略，依据基于模糊逻辑控制方法识别当前工况的类型，进行 PHEV 实时能量管理。

工况模式识别同样选用 CUDC、ECE_EUDC_LOW 和 MANHATTAN 三种典型循环工况作为训练工况。在工况模式识别过程中，当操作窗口的时间超过最大设计窗口时间时，将重新基于模糊逻辑控制的工况模式识别方法进行工况模式的识别。为减轻计算负担，将窗口时间的尺度设置为 100s，表示当前工况片段的持续时间超过 100s 时，工况识别模块将使用接收到的新数据来识别工况模式。另外，还需要设置工况识别的初始工况模式，此处设置为中层。

以动态规划方法进行动力系统最优能量管理策略优化，目标函数设计为：

$$\begin{cases} J=\sum_{k=1}^{N}\left\{c_{\mathrm{elec}}\left[P_{\mathrm{Bat}}(k)+P_{\mathrm{UC}}(k)\right]+c_{\mathrm{fuel}}\dot{m}_f(k)\right\}\mathrm{d}t \\ P_{\mathrm{Bat}}(k)=U_{\mathrm{Bat}}(k)I_{\mathrm{Bat}}(k)+I_{\mathrm{Bat}}(k)^2R_{\mathrm{I}}(k)+U_{\mathrm{D}}(k)^2/R_{\mathrm{D}}(k) \\ P_{\mathrm{UC}}(k)=U_{\mathrm{UC}}(k)I_{\mathrm{UC}}(k)+I_{\mathrm{UC}}(k)^2R_{\mathrm{UC}}(k) \\ \dot{m}_f(k)=f(P_{\mathrm{APU}}) \end{cases} \tag{5.8}$$

式中，P_{Bat} 为动力电池组的工作功率；P_{UC} 为超级电容组的工作功率；U_{Bat} 为动力电池组的工作电压；I_{Bat} 为动力电池组的工作电流；R_{I} 为动力电池组的欧姆内阻；U_{D} 为动力电池组的极化电压；R_{D} 为动力电池组的极化内阻；U_{UC} 为超级电容组的工作电压；I_{UC} 为超级电容组的工作电流；R_{UC} 为超级电容组的内阻；c_{elec} 为用电成本，设为 0.799 元 /（kW • h）；c_{fuel} 为燃油成本，设为 8.991 元 /L。

系统约束条件如下：

$$\begin{cases} U_{\mathrm{Batmin}}<U_{\mathrm{Bat}}<U_{\mathrm{Batmax}} \\ I_{\mathrm{Batmin}}<I_{\mathrm{Bat}}<I_{\mathrm{Batmax}} \\ \mathrm{SOC_L}<\mathrm{SOC}<\mathrm{SOC_H} \\ U_{\mathrm{UCmin}}<U_{\mathrm{UC}}<U_{\mathrm{UCmax}} \\ I_{\mathrm{UCmin}}<I_{\mathrm{UC}}<I_{\mathrm{UCmax}} \\ \mathrm{SOV_L}<\mathrm{SOV}<\mathrm{SOV_H} \\ 0<P_{\mathrm{APU}}<P_{\mathrm{APUmax}} \end{cases} \tag{5.9}$$

式中，U_{Batmin}、U_{Batmax} 分别为动力电池组最小、最大电压限制；I_{Batmin}、I_{Batmax} 分别为动力电池组最小、最大工作电流限制；SOC_H、SOC_L 分别为动力电池组 SOC 上、下限约束值；U_{UCmin}、U_{UCmax} 分别为超级电容组最小、最大电压限制；I_{UCmin}、I_{UCmax} 分别为超级电容组最小、最大电流限制；SOV_H、SOV_L 分别为超级电容组 SOV 上、下限约束值；P_{APUmax} 为 APU 最大输出功率。

为了分析基于动态规划的优化规则提取方法，首先定义 APU 的工作功率比：

$$P_{rAPU}=\frac{P_{APU}}{P_{APU}+\left|P_{HESS}\right|} \tag{5.10}$$

式中，P_{APU} 为 APU 的输出功率；P_{HESS} 为复合电源系统的工作功率。

在动力系统能量管理策略中，当系统功率需求为负时，APU 处于关闭状态，即此工作模式下 APU 工作功率比为 0。选用 CUDC 和通过上述三种典型循环工况进行分类的工况，得到基于动态规划优化的 APU 工作功率比，如图 5-15 所示。

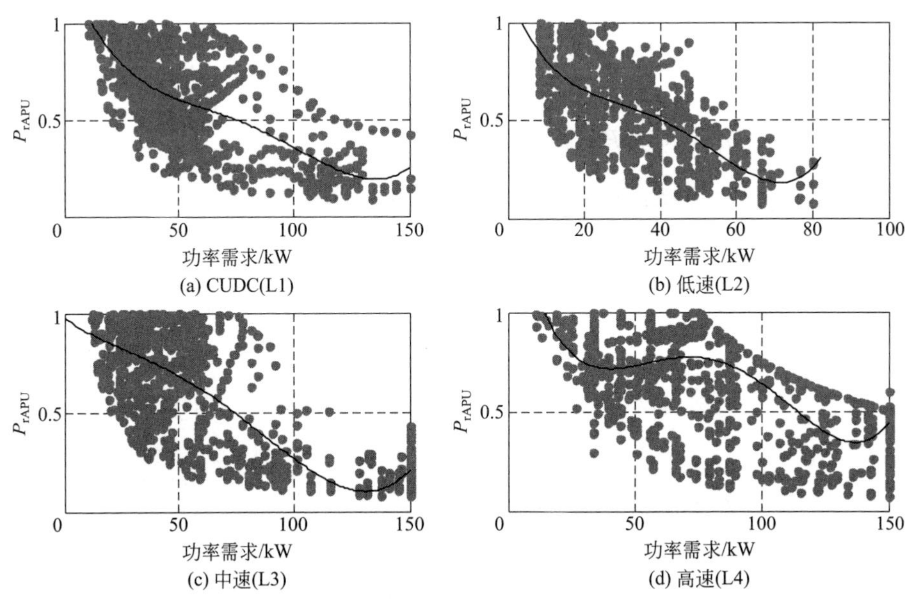

图5-15　最优功率比匹配结果

需要注意的是，基于工况识别的实时能量管理策略并不属于优化策略，而是面向于不同工况类型时选用提取的不同规则策略，此策略在应用过程中仍然可以看作为 CD-CS 策略。即当动力电池组 SOC 较高时，系统功率主要由复合电源系统提供，表示为 CD 工作模式；当动力电池组 SOC 较低时，系统功率主要由 APU 提供，表示为 CS 工作模式。

因此，对于基于工况识别的实时能量管理研究，仅在图 5-12 所示系统处于 CS 工作模式情况下进行，设置动力电池组初始 SOC 为 30%。动力系统处于 CS 模式下的能量管理有三种情况。

① $P_{req}<0$。在这种情况下，复合电源系统回收车辆制动功率，其最大可回收功率为 150kW，大于最大值的功率由机械制动系统消耗，APU 保持关闭状态。

② $0<P_{req}<P_L$，其中 P_L 为设定的功率阈值上限。在这种情况下，复合电源系统提供系统需求功率，APU 保持关闭状态。

③ $P_{req}>P_L$。在这种情况下，根据式（5.10）的定义，APU 工作功率为 $P_{APU}=P_{req} \cdot P_{rAPU}$，复合电源系统工作功率为 $P_{HESS}=P_{req} \cdot (1-P_{rAPU})$。

此外，为了避免动力电池组 SOC 在 30% 值附近频繁波动，增加以下规则。

① 当动力电池组 SOC 低于 25% 时：APU 以恒定且相对较高的功率值 $P_{constant}$ 为复合电源系统充电，直到其 SOC 达到 35%，然后系统工作在 CS 模式中。

② 当电池组的 SOC 大于 36% 时：APU 关闭，复合电源系统提供总需求功率，直至 SOC 小于 30%，然后系统将再次以 CS 模式工作。

在不同循环工况类型下优化阈值 P_L、$P_{constant}$，分别在区间 [10，40] 和 [30，72] 范围进行优化值的选取。此外，在图 5-15 中，通过不同类型的循环工况得到功率比匹配曲线。面向于 CUDC 工况，基于 DP 优化提取的控制策略，同样可得到对应的参数信息。阈值和功率比匹配曲线（图 5-15）如下。

① CUDC 循环：P_L 为 10kW，$P_{constant}$ 为 66kW，匹配线为 L1。

② 低速循环：P_L 为 10kW，$P_{constant}$ 为 57kW，匹配线为 L2。

③ 中速循环：P_L 为 22kW，$P_{constant}$ 为 66kW，匹配线为 L3。

④ 高速循环：P_L 为 19kW，$P_{constant}$ 为 42kW，匹配线为 L4。

5.1.3.4 结果分析与比较

首先定义低速循环下的策略为“策略 - 低”，中速循环下的策略为“策略 - 中”，高速循环下的策略为“策略 - 高”，原始能量管理策略为“策略 - 原始”，CUDC 循环工况下的策略为“策略 -CUDC”，基于工况识别的实时策略为“策略 -DPR”。对于不同工况类型的能量管理策略，系统工作成本对比如表 5-8 所示。结果表明：相对于应用原始规则策略，应用特定工况类型的能量管理策略时，系统工作成本有了明显降低，其与基于动态规划的系统工作成本已经较为接近。

表5-8　不同策略和工况类型的系统工作成本比较　　单位：元

策略	低速工况	中速工况	高速工况
策略-低	12.026	29.064	82.389
策略-中	13.456	28.300	81.361
策略-高	13.188	29.514	79.866
策略-原始	13.143	29.720	84.420
策略-CUDC	12.945	29.321	80.733
动态规划	11.834	27.376	79.762

5.2　基于模型预测控制的能量管理策略

5.2.1　模型预测控制

模型预测控制又称为滚动时域控制，其基本思想为利用预测模型去预测受控系统在未来一段时域内可能的控制信号，并基于该段时间的控制信号的预测值和滚动优化目标函数来寻找一组最优的控制序列，将该控制序列中的第一步控制量作为受控系统的输入，受控系统则基于接收到的控制信号作出相应的响应，该响应将用于下一时刻中控制信号的预测与校正。模型预测控制系统架构如图 5-16 所示，主要包括多步预测模型、滚动优化和反馈校正。

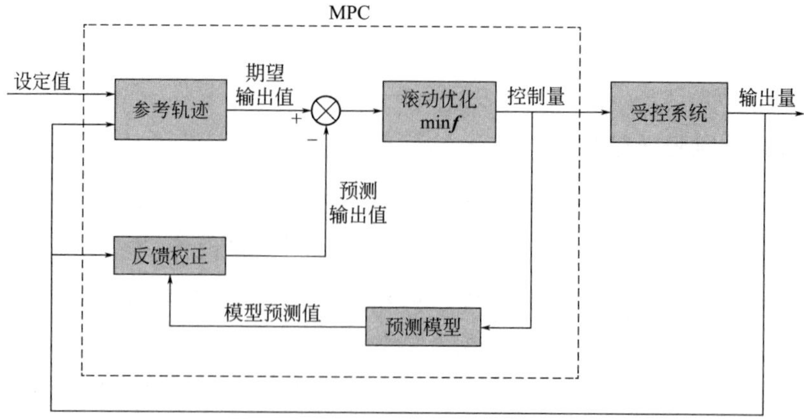

图5-16　模型预测控制系统架构

5.2.1.1 预测模型

在模型预测控制中，用于预测受控系统动态行为的模型称为预测模型，其功能为根据系统的历史信息及当前信息，预测系统未来有限时间域内的输出信息，为下一步的控制及优化提供基础。预测模型建立之后，对于输入的不同控制序列，系统会有相应的性能指标及控制输出。

5.2.1.2 滚动优化

基于“预测模型”部分得到有限时域内受控系统输出信息的预测值后，通过建立其目标函数或性能指标以实现局部控制性能最优，并获取该预测时域范围内的最优控制序列。滚动优化行为在每一时刻都有基于该时刻及未来有限时域的优化性能指标，不同时刻的性能指标所包含的时间区域是不同的。对于预测控制而言，优化过程不是一次进行的，而是反复滚动更新完成的。滚动优化在当前时刻求得的最优控制序列中，只有当前时刻的控制效果作为受控系统的输入，然后根据系统当前输入后的响应进行下一时刻的滚动优化。滚动优化是模型预测控制区别于传统最优控制的根本点。因此，滚动优化在整个受控系统的优化过程中具有时变性。

5.2.1.3 反馈校正

在滚动优化部分，优化的初始值与实际系统一致，即在控制系统的每个阶段都要进行系统实际状态与预测值的对比，并以此进行预测信息的修正。当控制系统具有非线性、时变性、强耦合性、不确定性等特点时，这种具有反馈特征的校正能够实时的修改系统的预测信息，通过冗余计算的方式使优化控制更为准确、可靠。反馈校正能够适当降低对模型精度的要求，提高控制鲁棒性，在实际工业应用中具有重要意义。

5.2.2 工况预测模型与滚动优化构建

5.2.2.1 工况预测模型

模型预测控制在复合电源能量管理方面的性能表现取决于两个方面：工况预测精度和控制策略的优化效果。工况预测作为交通信息预测的一部分，因道路环境复杂而具有时变、高度不确定的特点。受目前技术和应用成本的限制，工况预测目前主要采用数据预测的方式来模拟短时间的工况特征，常见的方法有指数预测、马尔可夫链模型预测和人工神经网络预测等。

（1）指数预测

指数预测表示为预测时域内的未来车速与当前车速呈指数变化关系。在当前时刻 t_k，根据指数预测方法得到预测时域内的未来车速为：

$$V_{k+i} = V_k \times (1+\sigma)^i, \quad i = 1,2,\cdots,N_p \tag{5.11}$$

式中，i 为工况预测时刻点；N_p 为最大工况预测长度；σ 为指数系数，其值通常为 -0.05~0.05。

若 $\sigma>0$，则意味着未来车速相对于当前时刻总是以增大的趋势变化；若 $\sigma=0$，则意味着未来车速相对于当前时刻总是维持不变的；若 $\sigma<0$，则意味着未来车速相对于当前时刻总是以减小的趋势变化。基于指数预测的方法在不同 σ 值下得到的某工况预测效果如图 5-17 所示。该方法虽然简单直观，但是其预测结果并不能较好地随工况的变化而自适应调整。

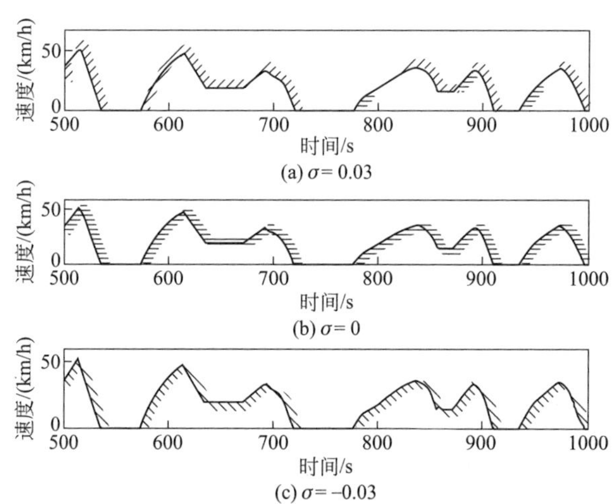

图5-17　基于指数预测方法在不同σ值下得到的某工况预测效果

（2）马尔可夫链模型预测

马尔可夫过程是一类随机过程，如果一种状态未来的变化与它的历史（过去）无关，只取决于它的当前值（现在），那么该状态的变化过程即为马尔可夫过程。假设车辆在某一时刻的加速度与历史信息无关，这时可认为车辆的加速度变化为马尔可夫过程，即可使用马尔可夫链模型模拟车速变化规律并进行预测。工况变化过程可视作离散的马尔可夫过程，在相同或者相似的历史工况轨迹时，未来短期的工况变化也是相似甚至相同的。因此，可以从具有代表性的循环工况中，提取出车速、加速度等状态信息的转移规律，并将这一规律应用于对未来行驶工况的预测中。

假设当前时刻为 t_k，当前时刻速度为 u_k，加速度为 a_k，则状态转移矩阵概率为：

$$\Pr[a_{k+n}=\bar{a}_j \mid u_{k+n-1}=\bar{u}_{i,1},u_{k+n-2}=\bar{u}_{i,2},\cdots,u_{k+n-s}=\bar{u}_{i,s}] \tag{5.12}$$

式中，$n\in\{1,\cdots,H_p\}$ 为所需要车速预测的目标时刻；$s\in\{1,2,3,\cdots\}$ 为马尔可夫链预测模型的阶数；j 和 i 分别为划分的加速度和速度网格值。例如，当 s=1 时，在 k+n−1 时特定车速 $\bar{u}_{i,1}$ 下加速度等于 $\bar{a}_j$ 的概率为 $\Pr[a_{k+n}=\bar{a}_j \mid u_{k+n-1}=\bar{u}_{i,1}]$。

完成所有相关状态之间的转移概率计算后，即可建立转移概率矩阵，根据该矩阵可以进行速度与加速度之间的概率转移。例如，当 s=1 时状态转移概率矩阵为：

$$[\boldsymbol{T}]_{i,j}=\Pr[a_{k+n}=\bar{a}_j \mid u_{k+n-1}=\bar{u}_{i,1}] \tag{5.13}$$

不同车速状态下的马尔可夫转移概率矩阵如图 5-18 所示。通过获取车速转移概率和当前车速状态，即可预测未来短时间内的车速变化。

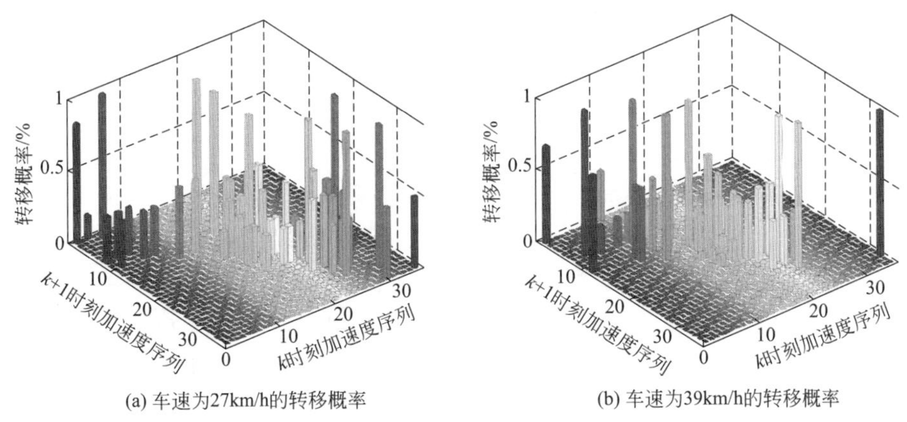

图5-18 不同车速状态下的马尔可夫转移概率矩阵（彩图）

（3）人工神经网络预测

人工神经网络能够通过对历史信息进行记忆性训练，实现对未来信息的合理预测，这里可将其用于未来行驶车速的预测，从而为模型预测控制算法提供准确地未来短时间内的车速参考。如图 5-19 所示为一种常见的神经网络模型。根据连接拓扑结构的不同，人工神经网络模型主要分为前馈型神经网络和反馈型神经网络两大类。一般来说，前者常用于分类、模式识别等问题，较为典

型的算法有反向传播神经网络（Back Propaganda Neural Network，BPNN）与基于局部逼近收敛思想的径向基函数神经网络（Radial Basis Function Neural Network，RBFNN）；后者又被称为递推神经网络（Recurrent Neural Network，RNN），其更擅长于处理时间序列的问题，如预测等。目前已有大量研究人员利用 RNN 进行工况特征的预测，取得了不错的效果。但是当工况时间跨度较长时，网络的训练过程中容易发生梯度消失现象，使得标准 RNN 网络只能记忆短期内的样本信息，即对于长期样本信息的利用率较低。因此，可以通过修改节点内部结构改进标准的 RNN，得到长短时记忆网络（Long Short-Term Memory，LSTM）。对于不同工况预测方法的精度，通常采用均方根误差作为评价指标进行评价。

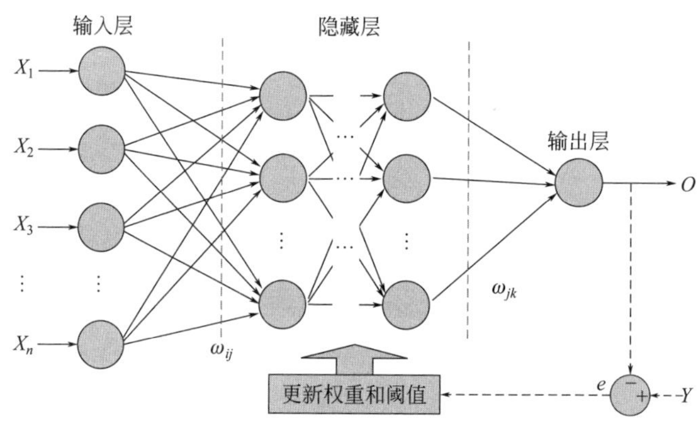

图5-19　一种常见的神经网络模型

5.2.2.2　滚动优化问题构建

应用于复合电源能量管理的最优化控制（例如动态规划）需要在全工况扰动已知的条件下进行全局寻优，这也意味着该方法难以应用于无法获取全局工况的实车应用情况，因而往往只能离线使用。但是这种方法与模型预测控制结合使用时，则可以在线应用，即通过对未来行驶工况进行预测，在预测时域内实现未来需求功率的滚动优化，以实时最优的控制决策来逼近全局最优的控制效果。

滚动优化主要采用的算法包括非线性规划、二次规划、动态规划或基于庞特里亚金极小值原理的方法。滚动优化过程中建立的性能指标函数应尽可能地使系统控制效果趋近于参考轨迹，常用的性能指标函数主要有：

① 二次型性能指标函数：

$$\min J=\sum_{i=1}^{N_p}[\hat{y}(k+i)-y_r(k+i)]^2+\sum_{i=1}^{N_c}\varphi[\Delta u(k+i-1)]^2 \tag{5.14}$$

② 一范数型性能指标函数：

$$\min J=\sum_{i=1}^{N_p}\left|\hat{y}(k+i)-y_r(k+i)\right| \tag{5.15}$$

③ 无穷范数型性能指标函数：

$$\min J=\max\left[\left|\hat{y}(k+i)-y_r(k+i)\right|\right] \tag{5.16}$$

式中，N_p 为预测步长；N_c 为控制步长；$\hat{y}(k+i)$ 为 $k+i$ 时刻的预测输出；$y_r(k+i)$ 为 $k+i$ 时刻的参考输出；Δu 为控制增量；φ 为控制增量系数。

5.2.3 案例分析

5.2.3.1 系统参数

本案例就以上模型预测控制算法对复合电源系统进行能量管理优化研究。目标车型的整车参数、性能指标和整车需求功率参考 3.2.1 节，复合电源系统选用 3.3.1 节案例分析中的拓扑结构形式。

与第 4 章类似，基于模型预测控制的复合电源能量管理以能耗最优为优化目标，此外由于模型预测控制存在部分情况下的不稳定现象，因此需要考虑超级电容组 SOV 变化的参考轨迹，即在目标函数中增加惩罚项。系统目标函数可表示为：

$$\begin{aligned}J&=\sum_{k=1}^{N}\left[P_{\mathrm{Bat\_loss}}+P_{\mathrm{UC\_loss}}+P_{\mathrm{DC/DC\_loss}}+\beta\bullet(\Delta U_{\mathrm{UC}})^2\right]\Delta t\\&=\sum_{k=1}^{N}\left[(I_{\mathrm{Bat}}{}^2R_{\mathrm{I}}+U_{\mathrm{D}}{}^2/R_{\mathrm{D}})+I_{\mathrm{UC}}{}^2R_{\mathrm{UC}}+P_{\mathrm{DC/DC}}(1-\eta_{\mathrm{DC/DC}})+\beta\bullet(U_{\mathrm{UC}}-U_{\mathrm{UC\_nom}})^2\right]\Delta t\end{aligned} \tag{5.17}$$

式中，$P_{\mathrm{Bat\_loss}}$ 为动力电池组的功率损失；$P_{\mathrm{UC\_loss}}$ 为超级电容组的功率损失；$P_{\mathrm{DC/DC\_loss}}$ 为 DC/DC 变换器的功率损失；$\beta\cdot(\Delta U_{\mathrm{UC}})^2$ 为使超级电容组的电压保持在约束范围内而增加的惩罚项；I_{Bat} 为动力电池组的工作电流；R_{I} 为动力电池组的欧姆内阻；U_{D} 为动力电池组的极化电压；R_{D} 为动力电池组的极化内阻；U_{UC} 为超级电容组的工作电压；I_{UC} 为超级电容组的工作电流；R_{UC} 为超级电容组的内阻；β 为惩罚项系数；$U_{\mathrm{UC\_nom}}$ 为超级电容组的参考端电压；Δt 为离线时间步长度，取 1s。

不同于动态规划理论，在复合电源系统能量管理中，模型预测控制仅对当前时刻下预测时域范围内的系统策略进行优化。为确保滚动优化过程中超级电容端电压尽可能靠近初始值，因此将在目标函数中增加约束惩罚项，在不等式约束条件中取消超级电容端电压的终值约束。系统约束条件为：

$$\begin{cases} U_{\text{Bat min}} < U_{\text{Bat}} < U_{\text{Bat max}} \\ I_{\text{Bat min}} < I_{\text{Bat}} < I_{\text{Bat max}} \\ \text{SOC}_{\text{L}} < \text{SOC} < \text{SOC}_{\text{H}} \\ U_{\text{UC min}} < U_{\text{UC}} < U_{\text{UC max}} \\ I_{\text{UC min}} < I_{\text{UC}} < I_{\text{UC max}} \\ \text{SOV}_{\text{L}} < \text{SOV} < \text{SOV}_{\text{H}} \end{cases} \tag{5.18}$$

式中，U_{Batmin}、U_{Batmax} 分别为动力电池组最小、最大电压限制；I_{Batmin}、I_{Batmax} 分别为动力电池组最小、最大工作电流限制；SOC_{L}、SOC_{H} 分别为动力电池组最小、最大荷电状态限制；U_{UCmin}、U_{UCmax} 分别为超级电容组最小、最大电压限制；I_{UCmin}、I_{UCmax} 分别为超级电容组最小、最大电流限制；SOV_{L}、SOV_{H} 分别为超级电容最小、最大荷电状态限制。

车速预测结果用于求解该时域内的能量管理优化问题，因此车速预测的准确与否对最终的能量管理效果影响很大。区别于常用于工况预测的马尔可夫链模型，本案例选用 LSTM 神经网络进行短时域的工况预测。选择采集的某城市公交 25000s 工况数据作为 LSTM 神经网络的训练数据，另外使用未被选作训练数据的 2000s 数据进行预测精度的验证。其中，LSTM 输入层为当前预测点前 10s 的车速值，输出层（或预测值）分别为 5s、10s、15s 的车速值。仿真得到的预测工况和实际工况对比如图 5-20 所示。结果表明：随着预测工况时域长度的增加，RMSE 也逐步增大，其主要原因在于可用的工况信息随着预测时域长度的增加而逐渐衰减，导致随预测时域的增加，预测车速和实际车速的偏差增大。

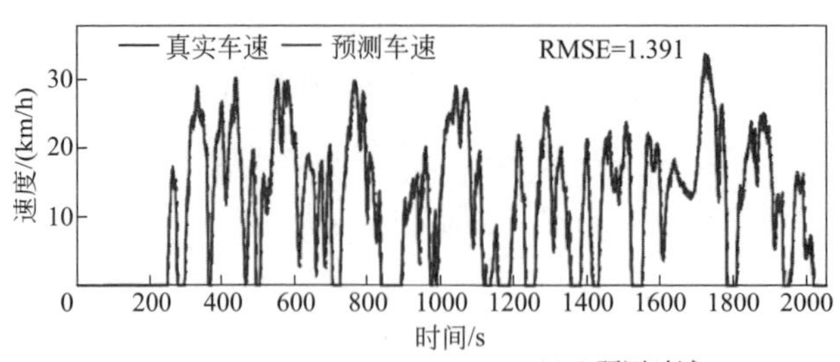

(a) 5s预测时域

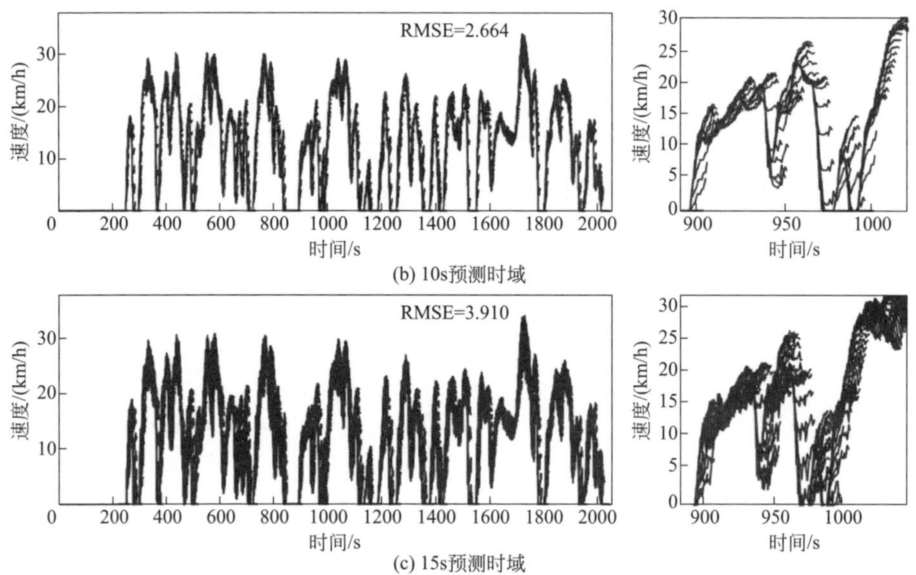

图5-20 基于LSTM神经网络的工况预测（彩图）

5.2.3.2 结果分析

在本案例中，同时对复合电源系统应用基于规则和基于动态规划的能量管理。通过以上系统参数建立基于规则、基于动态规划和基于模型预测控制的仿真模型。设置动力电池 SOC 和超级电容 SOV 的初始值均等于 95%，工况预测时间选择 5s。图 5-21~ 图 5-25 所示为对应的仿真结果。

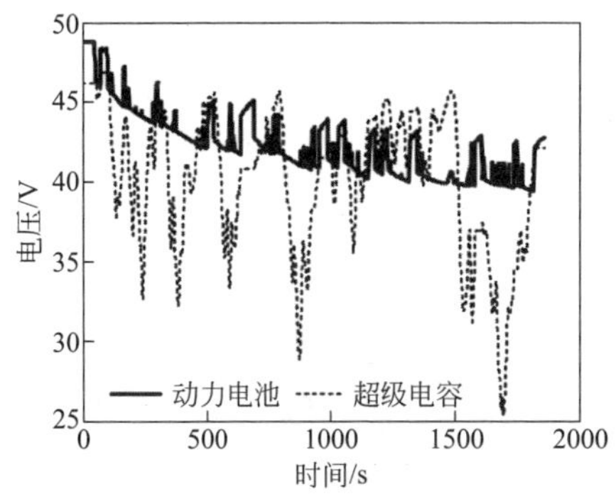

图5-21 动力电池与超级电容电压

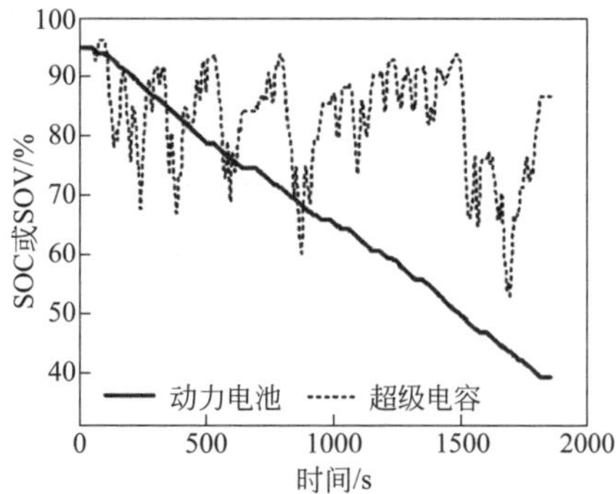

图5-22 动力电池SOC与超级电容SOV

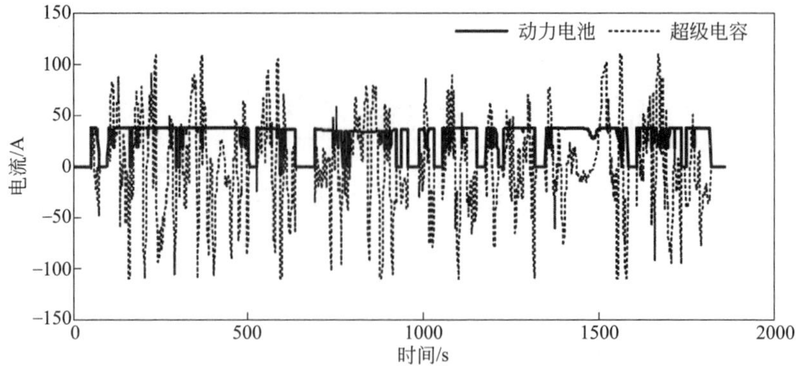

图5-23 动力电池组与超级电容组电流

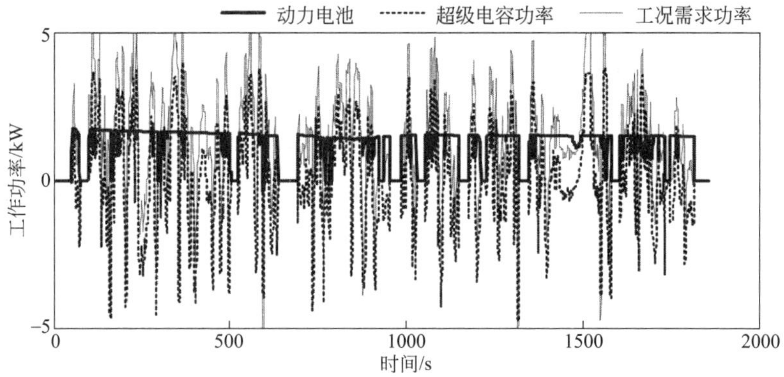

图5-24 动力电池组与超级电容组工作功率

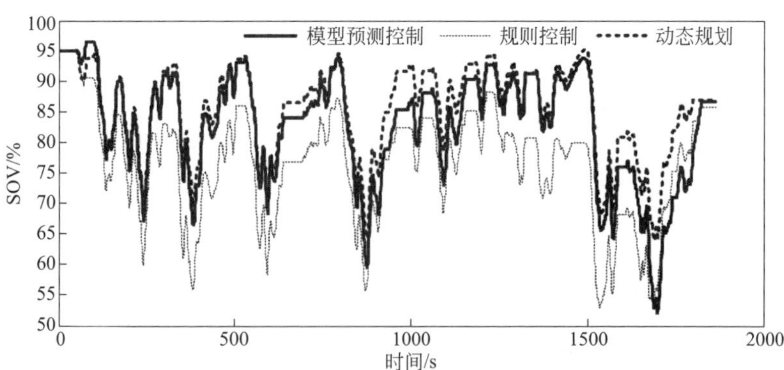

图5-25 基于不同能量管理策略的超级电容组SOV结果对比

结果表明：超级电容 SOV 变化趋势表明，模型预测控制优化能够在大部分时间内取得与动态规划的能量管理相同的效果，优于规则的能量管理。基于模型预测控制的能量管理得到的动力电池放电电流被有效地控制在 2*C* 倍率以内，动力电池与超级电容状态根据给定工况特征进行合理变化，能够对能量需求起到较好的“削峰填谷”的作用。在制动回收过程中电流值也较大，可在制动回收阶段前尽量使用超级电容组的能量，以便于进行制动阶段的大功率回收。因此，相对于具有全局最优性的动态规划，模型预测控制具有较好的实时能量管理优化效果。

5.3 基于强化学习的能量管理策略

机器学习（Machine Learning，ML）属于人工智能的一个分支，是让计算机模拟和实现人的学习行为和能力，可以像人一样具有识别和判断的能力。机器学习的核心是数据、算法（模型）和算力（计算机运算能力）。机器学习应用领域十分广泛，强化学习作为机器学习的一个重要分支，主要用于处理决策优化问题。本节将强化学习算法引入到复合电源能量管理策略设计中，对其算法过程和决策优化效果进行详细的分析。

强化学习算法是智能系统从环境到行为映射的学习，是一种使强化信号函数值最大的机器学习方法。该方法可以在系统结构和参数未知时做出决策。20 世纪 50 年代，强化学习首次出现在学者的工程文献上，自 20 世纪 80 年代末开始，随着基础数学研究的发展，其逐渐成为优化控制领域的研究热点。2016 年 3 月，与围棋世界冠军、职业九段棋手李世石比赛的 AlpahGo 的核心算法就是强化学习。

5.3.1 强化学习算法原理

简单地讲，强化学习是通过多次观测和分析系统当前的行为，学会在不知道甚至不需要估计系统结构和参数的情况下，以改进系统某些性能为目的决策出系统下一时刻行为的智能算法。该方法具有自适应、试错学习和自我选择等特点，在人工智能、机器学习和自动控制等领域内得到了广泛应用。

标准的强化学习框架示意图如图 5-26 所示。系统 Agent 通过感知和回应与受控系统完成交互。在交互过程中，Agent 接收 t 时刻的状态输入，选择动作 a 作为回应信号输出，动作 a 决定了 $t+1$ 时刻的状态，同时根据状态转移给出 Agent 奖惩值即报酬 r，Agent 的内部知识根据状态转移和报酬值而不断更新。在强化学习的过程中，Agent 每次尽可能选择能够获得最大价值 V 的动作。

如果 Agent 的某个行驶策略能够获得较高的奖赏，在后续的强化学习中 Agent 选择该策略中对应动作的趋势会加强，反之，Agent 选择该策略中对应动作的趋势会减弱。

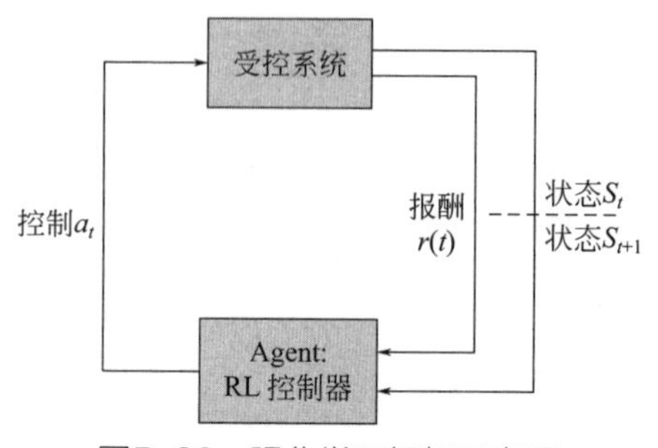

图5-26　强化学习框架示意图

定义 **S** 为受控系统所有状态的集合，**A** 为 Agent 中所有动作的集合。强化学习算法包含以下多个物理量。

① 策略 π：表示从状态到动作的对应映射，是这一算法的核心。

② 报酬 r：对每一次状态变化和所选动作的评价。

③ 值函数 V：对策略的评估，即最优控制问题中的目标函数。

在强化学习中，Agent 选择的动作将影响系统状态的变化趋势，而“搜索”和“利用”两者之间的选择成为强化学习面临的难题。如果选择搜索新的状态和动作，则系统性能长期改善，最后可收敛得到最优策略；如果选择利用已获得的策略，则系统性能可短期改善，但可能收敛到次优的解。因此，强化学习算法可大致分为两种，强调获得最优策略的算法称为最优搜索型，强调获得策略性能改善的算法称为经验强化型。除此之外，强化学习可根据有无受控系统模型，分为基于模型的强化学习和模型无关的强化学习；根据状态的转移过程可分为马尔可夫环境、非马尔可夫环境和半马尔可夫环境的强化学习；根据其映射方式的不同，可分为时序差分、Q-Learning 和 Dyna 算法等。本章主要讨论基于模型的马尔可夫环境的 Q-Learning 算法能量管理策略。

5.3.2　需求功率的马尔可夫链模型构建

由于车辆行驶工况具有不确定性，需求功率可视为随机过程。由于马尔可夫链具有模型精度高、复杂度低、控制方法简单等优点，在车辆需求功率建模过程中有广泛应用。选择 MANHATTAN 和 NEDC 循环工况作为求解需求功率转移概率矩阵的工况，其速度变化和功率变化如图 5-27 所示。

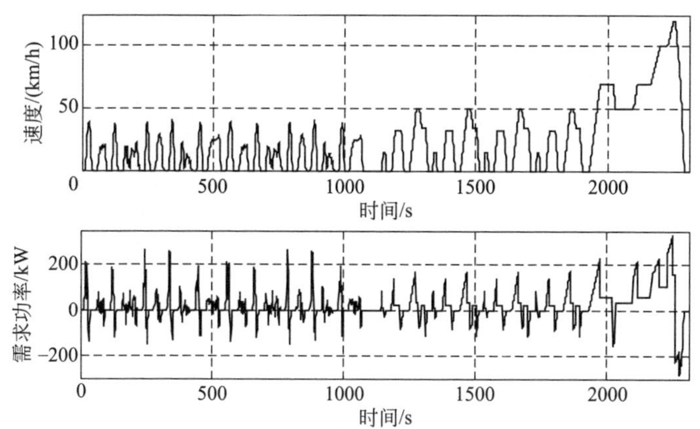

图5-27 标准MANHATTAN和NEDC循环工况及对应需求功率

基于 5.2.2 节介绍的马尔可夫链建模方法，将车辆的需求功率转化为一维马尔可夫链。其最大的特点是下一时刻的需求功率只由当前的需求功率决定，而与系统的历史状态无关。以 20kW 为间隔将需求功率离散为有限个数的集合，即

$$P_{\text{req}} \in \left\{ P_{\text{req}}^{1}, P_{\text{req}}^{2}, \ldots, P_{\text{req}}^{N} \right\} \tag{5.19}$$

式中，P_{req} 为需求功率。此外，可通过最邻近法和最大似然估计得到需求功率为 P_{req}^{i} 转移到 P_{req}^{j} 的概率 $p_{i,j}$ 即

$$\begin{cases} p_{i,j} = \dfrac{M_{i,j}}{M_i} \\ M_i = \displaystyle\sum_{j=1}^{N} M_{i,j} \end{cases} \tag{5.20}$$

式中，$M_{i,j}$ 表示需求功率从 P_{req}^{i} 转移到 P_{req}^{j} 的次数；M_i 表示需求功率从 P_{req}^{i} 发生转移的总次数。

基于 MANHATTAN 和 NEDC 循环工况需求功率的转移概率分布如图 5-28 所示。从图 5-28 中可以看出，在短时间间隔情况下车速不会发生突变，即需求功率在前后两个时刻的变化不大，所以转移概率多集中在对角线上。

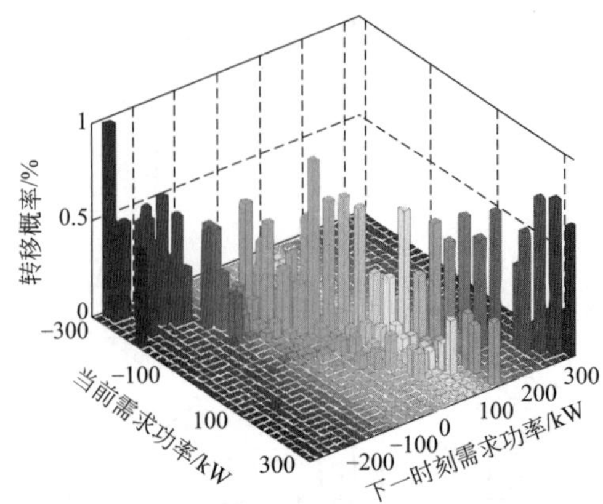

图5-28 需求功率转移概率矩阵分布图（彩图）

5.3.3 基于Q-learning的能量管理策略

5.3.3.1 离线能量管理

结合复合电源系统模型和强化学习算法理论，定义需求功率、动力电池SOC 和超级电容 SOV 作为状态变量：

$$s \in \boldsymbol{S} = \left\{ \begin{matrix} [\mathrm{SOC}(t), \mathrm{SOV}(t), P_{\mathrm{m}}(t)] \middle| \\ 0.2 \leqslant \mathrm{SOC}(t) \leqslant 1.0, 0.5 \leqslant \mathrm{SOV}(t) \leqslant 1.0, -290 \leqslant P_{\mathrm{m}}(t) \leqslant 330 \end{matrix} \right\} \tag{5.21}$$

式中，$P_{\mathrm{m}}(t)$ 是整车需求功率。

定义动力电池组工作电流 I_{Bat} 为系统的动作变量：

$$a \in \boldsymbol{A} = \left\{ I_{\mathrm{Bat}}(t) \middle| -150 \leqslant I_{\mathrm{Bat}}(t) \leqslant 150 \right\} \tag{5.22}$$

将整个复合电源系统的能量损失定义为回报函数，它是状态变量和控制变量的函数：

$$r_t \in \boldsymbol{R} = \left\{ Loss_{\mathrm{Bat}}(t) + Loss_{\mathrm{UC}}(t) + Loss_{\mathrm{dcdc}}(t) \right\} \tag{5.23}$$

对于任意的状态 s_t，其值函数可定义为每一次转移对应的折扣回报函数的期望之和，即

$$V(\mathrm{s}_t) = E\left(\sum_{t=0}^{T} \gamma^t r_t \right) \tag{5.24}$$

式中，$\gamma \in [0,\ 1]$ 为折扣因子。

强化学习的目的是找到一列控制策略 π 可以使值函数最优，即寻找每一个

状态对应的最优值函数：

$$V^*(s_t)=\min_{a_t\in\pi}E\left(\sum_{t=0}^{T}\gamma^t r_t\right) \tag{5.25}$$

最优控制 a_t 使 s_t 转移到 s_{t+1} 对应的回报函数最优，结合转移概率的定义和最优值函数的唯一性，式 5.25 可写为如下形式：

$$V^*(s_t)=\min_{a_t}\left[r_t+\gamma\sum_{s_{t+1}\in\boldsymbol{S}}p_{s_t,s_{t+1}}V^*(s_{t+1})\right] \tag{5.26}$$

状态 - 动作对 (s_t,a_t) 所对应的值函数可用 Q 来表示，即

$$Q(s_t,a_t)=r_t+\gamma\sum_{s_{t+1}\in\boldsymbol{S}}p_{s_t,s_{t+1}}Q(s_{t+1},a_{t+1}) \tag{5.27}$$

当状态 - 动作对 (s_t,a_t) 确定后，对应的回报函数也就此确定。因此，当找到动作量 a_{t+1} 使 $Q(s_{t+1},a_{t+1})$ 最优时 Q 值也为最优。

$$Q^*(s_t,a_t)=r_t+\gamma\sum_{s_{t+1}\in\boldsymbol{S}}p_{s_t,s_{t+1}}\min_{a(t+1)}Q(s_{t+1},a_{t+1}) \tag{5.28}$$

在 Q-learning 算法中，Q 值可按照如下的公式进行更新：

$$Q(s_t,a_t)=Q(s_t,a_t)+\alpha\left[r_t+\gamma\min_{a(t+1)}Q(s_{t+1},a_{t+1})-Q(s_t,a_t)\right] \tag{5.29}$$

式中，$\alpha\in[0,1]$ 为算法中的衰减系数。

Q-learning 算法的计算流程如图 5-29 所示。将已知的需求功率转移概率矩阵引入到 Q-learning 离线算法中，系统参数选用 4.3.2 节中优化匹配的系统参数。图 5-30 为每 500 次迭代后 Q 值的平均误差变化曲线，从中可以看出随着迭代次数的增加，平均误差呈现出逐渐减小的趋势，收敛速度较快。

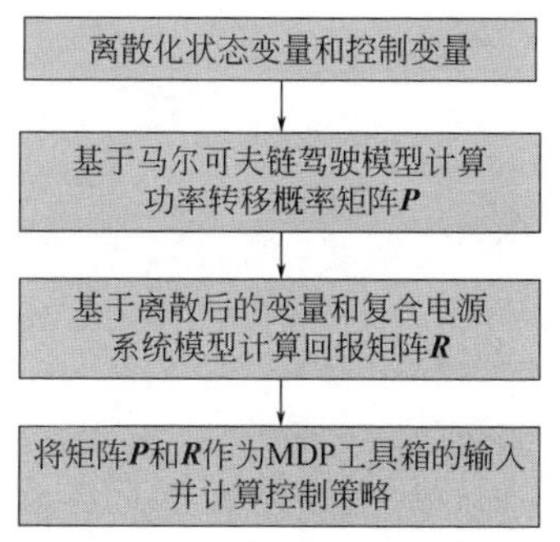

图5-29 Q-learning算法的计算流程

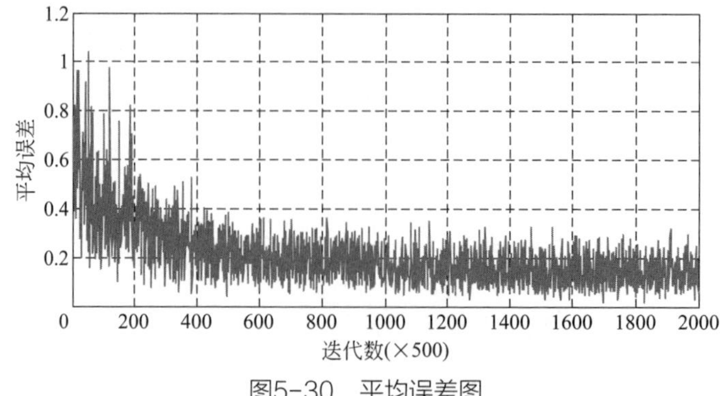

图5-30 平均误差图

图 5-31 为在不同需求功率等级下的动作变量分布情况，从中可以看出动力电池组电流 I_{Bat} 随着动力电池组 SOC、超级电容组 SOV 和需求功率的变化而变化。当确定动力电池组电流后，可以进一步计算动力电池组的电压和输出功率，超级电容组的电流、电压和输出功率，进而获得整个能量管理策略的分布情况。由图 5-31（a）可知当需求功率为负并且相对较小（例如 -10kW）时，动力电池组的电流基本为 0，制动能量主要由超级电容组回收。而当超级电容组的 SOV 较大时，由动力电池组主要回收制动能量。

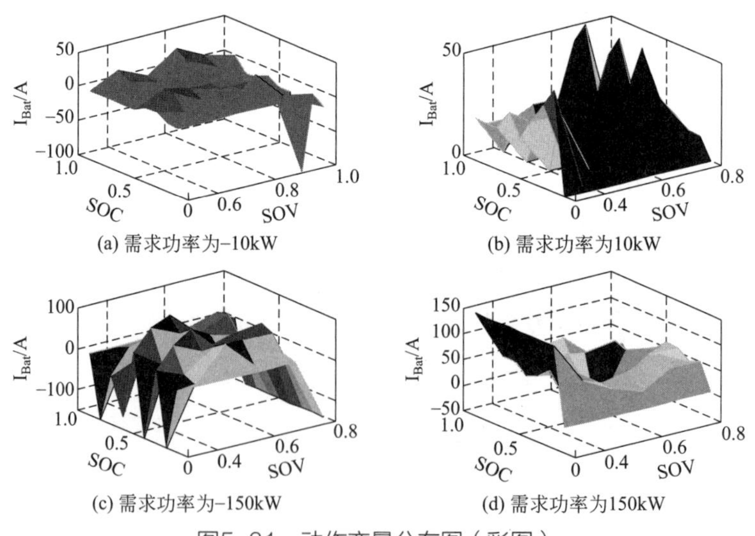

图5-31 动作变量分布图（彩图）

5.3.3.2 在线能量管理

考虑到实际行驶工况可能不同于 MANHATTAN 和 NEDC 等典型工况，采用上述 Q-learning 离线算法得到的结果不是实际行驶工况下的系统最优解。因此，基于实际行驶工况变化进行需求功率转移概率矩阵的在线更新，使其可以反映出实际行驶工况的相关信息，并基于变化程度确定是否需要更新控制策略。在本节中选择中国典型城市公交工况作为模拟的实际行驶工况，其速度和需求功率变化曲线分别如图 3-8 和图 3-9 所示。

（1）实时递归转移概率和Kullback-Leibler偏异率

基于离线方法获得的需求功率转移概率矩阵为静态矩阵，不能根据工况的改变而随之变化。为了实时更新需求功率转移概率，将式（5.20）中的转移次数替换为转移频率，得到如下表达式：

$$\begin{cases} P_{i,j}=\dfrac{M_{i,j}}{M_i}=\dfrac{M_{i,j}(L)/\mathrm{L}}{M_i(L)/\mathrm{L}}=\dfrac{\dfrac{1}{L}\sum\limits_{t=1}^{L}f_{i,j}(t)}{\dfrac{1}{L}\sum\limits_{t=1}^{L}f_i(t)}=\dfrac{F_{i,j}(L)}{F_i(L)} \\ f_i=\sum\limits_{j=1}^{N}f_{i,j} \end{cases} \tag{5.30}$$

式中，L 是实时应用行驶工况的长度；$F_{i,j}(L)$ 是指从需求功率 P_{req}^{i} 转移到需求功率 P_{req}^{j} 这一事件 $f_{i,j}(t)$ 发生的频率；$F_i(L)$ 是指从需求功率 P_{req}^{i} 转移这一事件 $f_i(t)$ 发生的总频率。$f_{i,j}(t)$ 等于 1 代表着在 t 时刻需求功率 P_{req}^{i} 转移到了需求功率 P_{req}^{j}，即 t 时刻的需求功率为 P_{req}^{i}，t+1 时刻的需求功率为 P_{req}^{j}；同理可知 $f_i(t)$ 等于 1 代表着在 t 时刻需求功率 P_{req}^{i} 发生了转移。对于其余情况，$f_{i,j}(t)$ 和 $f_i(t)$ 都等于 0。

由转移频率的定义，上述公式可展开为：

$$\begin{aligned} F_{i,j}(L)&=\frac{1}{L}\sum_{t=1}^{L}f_{i,j}(t)=\frac{1}{L}[(L-1)F_{i,j}(L-1)+f_{i,j}(L)] \\ &=F_{i,j}(L-1)+\frac{1}{L}[f_{i,j}(L)-F_{i,j}(L-1)] \\ &=F_{i,j}(L-1)+\phi[f_{i,j}(L)-F_{i,j}(L-1)] \end{aligned} \tag{5.31}$$

$$\begin{aligned} F_i(L)&=\frac{1}{L}\sum_{t=1}^{L}f_i(t)=\frac{1}{L}[(L-1)F_i(L-1)+f_i(L)] \\ &=F_i(L-1)+\frac{1}{L}[f_i(L)-F_i(L-1)] \\ &=F_i(L-1)+\phi[f_i(L)-F_i(L-1)] \end{aligned} \tag{5.32}$$

式中，ϕ=1/L 称为遗忘因子，用于选择有效的记忆深度，即给以前的工况信息赋予呈指数衰减的权重，在实际应用中常用一个 0 到 1 之间的常数表示。

因此，功率转移概率可以推导为一个实时递归形式，表示为：

$$p_{i,j}=\frac{F_{i,j}(L-1)+\phi[\mathrm{f}_{i,j}(L)-F_{i,j}(\mathrm{L}-1)]}{F_{i}(L-1)+\phi[\mathrm{f}_{i}(L)-F_{i}(\mathrm{L}-1)]} \tag{5.33}$$

为了定量化两个转移概率矩阵之间的差异并得到更新能量管理策略的条件，使用 Kullback-Leibler 偏异率评价两个矩阵之间的差异，可定义为：

$$D_{\mathrm{KL}}(\boldsymbol{P}\parallel\boldsymbol{P}')=\sum_{x}\sum_{x^{+}}[P(x^{+}\mid x)P^{*}(x)]\log\left[\frac{P(x^{+}\mid x)}{P'(x^{+}\mid x)}\right] \tag{5.34}$$

式中，$\boldsymbol{P}$ 和 $\boldsymbol{P}'$ 是两个 $\mathrm{M}\times\mathrm{M}'$ 的转移概率矩阵；x 和 $x^{+}\in[1,\ \mathrm{M}]$ 是当前时刻和下一时刻的需求功率序号；$\boldsymbol{P}^{*}$ 是矩阵 $\boldsymbol{P}$ 的稳态概率分布，可由如下表达式计算：

$$\boldsymbol{P}^{*}\boldsymbol{P}=\boldsymbol{P}^{*} \tag{5.35}$$

由上述表达式可以看出当转移概率矩阵 $\boldsymbol{P}$ 的特征值为 1 时，$\boldsymbol{P}^{*}$ 是对应的特征向量。为了保证运算的有效性，$\boldsymbol{P}$ 和 $\boldsymbol{P}'$ 的所有元素都必须大于 0，因此将 $\boldsymbol{P}$ 和 $\boldsymbol{P}'$ 做如下变换：

$$\begin{aligned}P_{\mathrm{reg}}&=(1-\mu)\boldsymbol{P}+\mu\frac{\boldsymbol{I}}{M}\\P_{\mathrm{reg}}^{*}&=(1-\mu)\boldsymbol{P}^{*}+\mu\frac{\boldsymbol{I}}{M}\end{aligned} \tag{5.36}$$

式中，$\mu\in[0,\ 1]$ 为极小的常数；$\boldsymbol{I}$ 是与 $\boldsymbol{P}$ 维数相同的单位矩阵。由 Kullback-Leibler 偏异率的相关定义可知，μ 一般为正值，当且仅当 $\boldsymbol{P}=\boldsymbol{P}'$ 时 $D_{\mathrm{KL}}(P\parallel \mathrm{P}')$ 为 0。μ 越接近 0，代表着 $\boldsymbol{P}$ 和 $\boldsymbol{P}'$ 的相似程度越大。

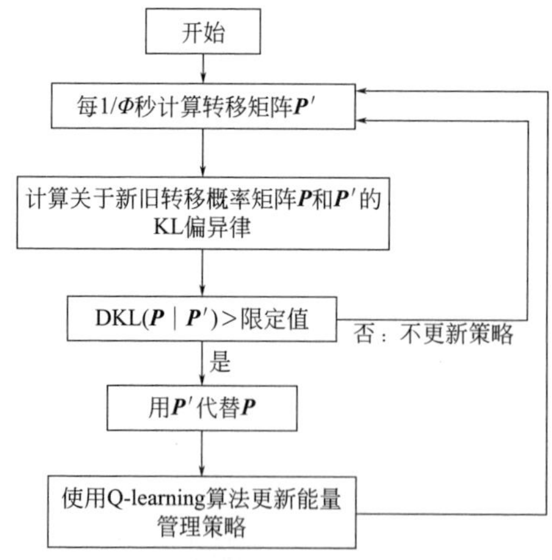

图5-32　在线能量管理策略流程图

（2）在线能量管理策略

结合上述 Q-learning 算法、实时递归转移概率、Kullback-Leibler 偏异率和 MATLAB 中 MDP 工具箱，在线能量管理策略的流程图如图 5-32 所示。由图可知选择合适的遗忘因子和 KL 偏异率限定值将严重影响实时能量管理策略的性能表现。

① KL 偏异率限定值对能量管理策

略的影响。复合电源系统能量管理策略的更新次数由 KL 偏异率限定值确定。当限定值分别为 0.4、0.6 和 0.8，转移概率矩阵中的遗忘因子为 0.005 时，能量损失对比结果如表 5-9 所示。KL 偏异率限定值越低，控制策略更新将越频繁，能量损失的优化效果越好。然而，过低的 KL 偏异率限定值也将极大增加系统计算负担。因此，综合考虑能量损失优化效果与计算负担，本节中 KL 偏异率限定值取 0.6，即当新旧转移概率矩阵的 KL 偏异率大于 0.6 时，能量管理策略会基于新计算出的转移概率矩阵进行更新。图 5-33 为当 KL 偏异率限定值取 0.6 时的具体分布情况。图中的矩形表示每 200 秒内当前策略中使用的功率转移概率矩阵和当前计算出的功率转移概率矩阵的 KL 偏异率。在本例中，基于 5 个 CUDC 循环工况的总时长为 6570s，其对应的 KL 偏异率将被计算 33 次。

表5-9 不同KL偏异率限定值对应的更新次数和系统能量损失

KL 偏异率限定值	更新次数	系统能量损失/kJ
0.4	3	10499
0.6	2	10510
0.8	1	10947

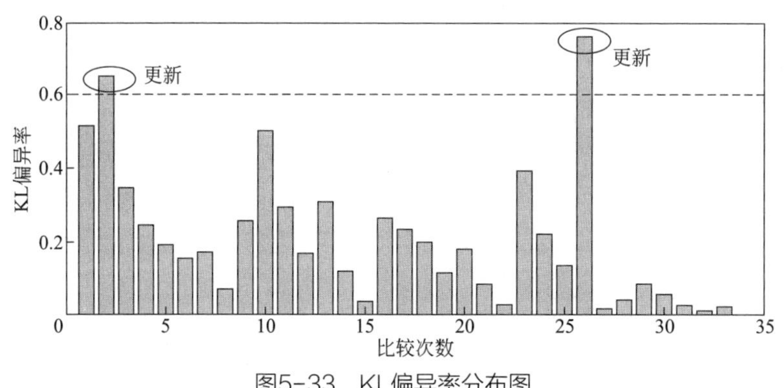

图5-33 KL偏异率分布图

② 遗忘因子对能量管理策略的影响。遗忘因子将严重影响实时更新递归的转移概率矩阵的记忆深度。遗忘因子选取过小，则记忆的数据信息量降低，对历史工况信息的衰减速度将会增加，会导致能量管理策略过于灵敏，然而这并不意味着系统的能量损失一定会降低。若以前的行驶工况与现在的行驶工况相似程度较大，较快衰减历史工况信息将不利于优化系统的能量分配。因此，

选择适宜的遗忘因子和 KL 偏异率限定值对于复合电源能量管理的效果至关重要。

在不同遗忘因子和 KL 偏异率限定值的条件下，系统能量损失的分布如图 5-34 所示。从图中可以看出，当低 KL 偏异率限定值和小遗忘因子组合时，系统能量损失较小，然而这也需要更大的功率转移记忆空间。为了权衡计算能力和策略的优化能力，遗忘因子取为 0.005。

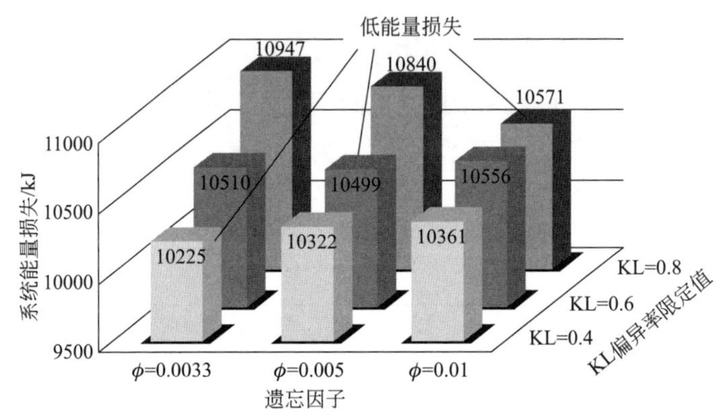

图5-34 不同的遗忘因子和KL偏异率限定值对应的系统能量损失分布

5.3.4 案例分析

本案例中，选用的目标车型参数与 3.2.1 节中参数相同，复合电源系统选用 3.3.1 节案例分析中的拓扑结构，系统参数选用 4.3.2 节中的系统优化匹配参数。

根据上述的讨论，将基于强化学习的能量管理策略、基于规则的能量管理策略和基于动态规划的规则能量管理策略进行比较，结果如表 5-10和表 5-11所示。可以看出优化后的规则策略和基于强化学习的实时能量管理策略结果均优于优化前的规则能量管理策略。在基于强化学习实时能量管理策略中，动力电池组的最大放电电流小于优化后的规则策略里最大放电电流，动力电池组的充电次数较少，超级电容组的充、放电电流较大，但其系统的能量损失大于优化后的规则策略里系统的能量损失。因此，优化后的规则策略和基于强化学习的实时能量管理策略各有其优越性。

表5-10 电流结果比较

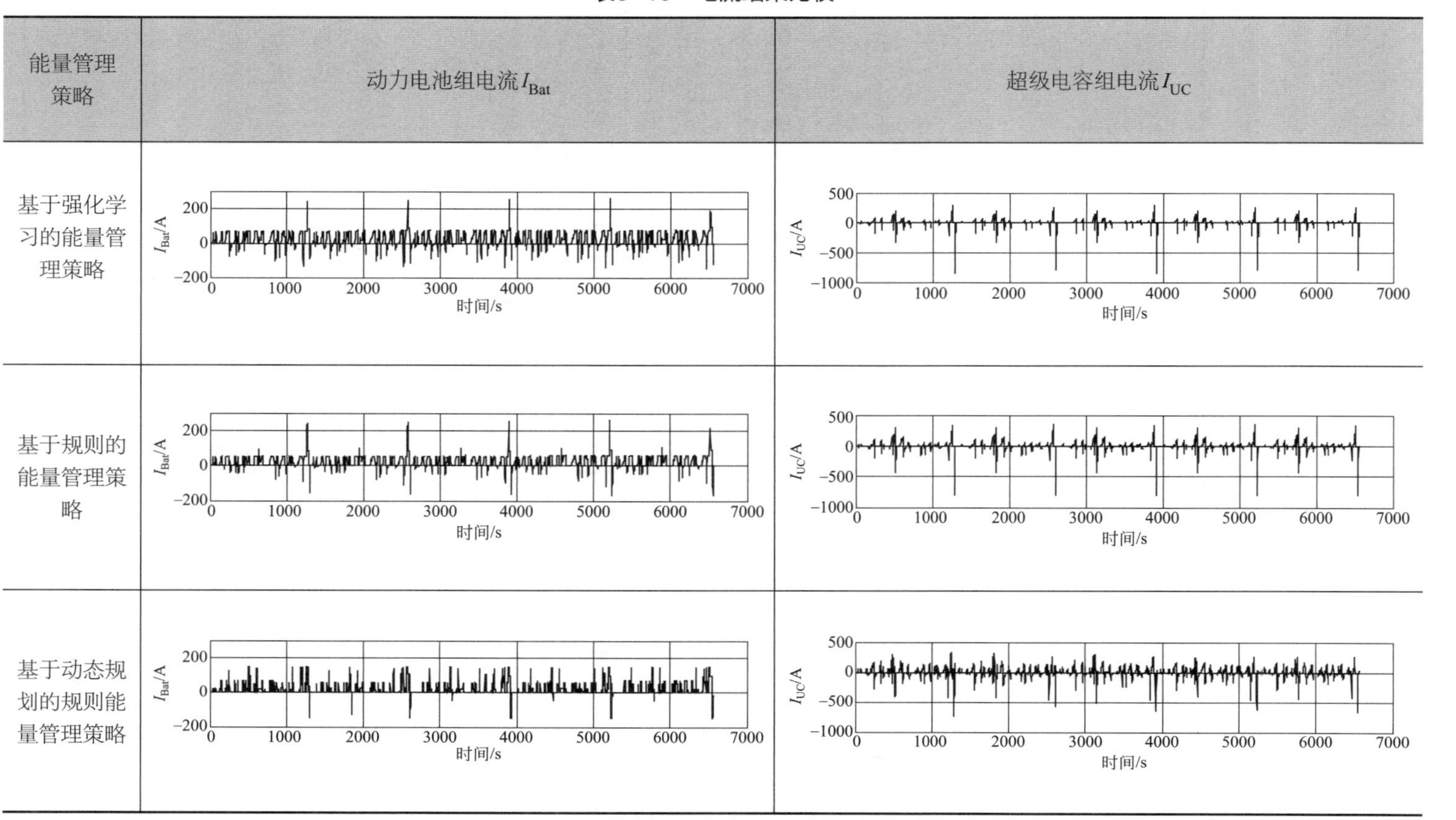

能量管理策略	动力电池组电流 I_{Bat}	超级电容组电流 I_{UC}
基于强化学习的能量管理策略		
基于规则的能量管理策略		
基于动态规划的规则能量管理策略		

表5-11 基于不同能量管理策略的系统能量损失

能量管理策略	总能量损失/kJ	相对降低率/%
基于规则的策略	11908	—
基于强化学习的实时策略	10499	11.83%
基于优化后的规则策略	9250	22.32%

为了进一步验证基于强化学习实时能量管理策略的有效性，基于不同老化程度和不同环境温度的动力电池，将基于强化学习与基于规则的能量管理策略进行对比。由表 5-12 可以看出，将新的能量管理策略用于不同老化程度和不同温度的动力电池时，系统的效率有一定程度的提高。从能量损失的分布来看，DC/DC 变换器和动力电池的能量损失会减少，超级电容的能量损失会增加，但是系统总能量损耗在优化后降低 11%~18%。表 5-13 为基于单个 CUDC 循环工况和动力电池不同初始 SOC 情况下的两种能量管理策略能量损失对比（动力电池温度为 40℃，已循环 550 次）。由表 5-13 可知，系统效率最高可提高 4.68%，且各部件的能量损失与表 5-11 中呈现相同的规律。基于上面的分析可知基于实时强化学习算法的能量管理策略可以减少能量损失，提高系统效率并降低动力电池组的大电流放电倍率。

表5-12 基于不同能量管理策略的系统能量损失（5个CUDC工况）

动力电池条件	能量管理策略	动力电池组损失	超级电容组损失	DC/DC变换器损失	总损失
Cyc=100 T=10℃	优化前	3244.1kJ	1883.5kJ	7945.7kJ	13073kJ
	实时	2741.8kJ	2895.5kJ	5382.5kJ	11020kJ
	优化率	15.48%	-53.73%	32.26%	15.7%
Cyc=50 T=10℃	优化前	4071.7kJ	2034.9kJ	7685.1kJ	13792kJ
	实时	3534.4kJ	2865kJ	5189.5kJ	11589kJ
	优化率	13.2%	-40.79%	32.47%	15.97%
Cyc=550 T=40℃	优化前	1656.5kJ	1748.6kJ	8503.1kJ	11908kJ
	实时	1500.6kJ	2816.2kJ	6181.9kJ	10499kJ
	优化率	9.41%	-61.05%	27.3%	11.83%
Cyc=650 T=10℃	优化前	4717.7kJ	2413.6kJ	6261.5kJ	13393kJ
	实时	4217.6kJ	2313.9kJ	4501.2kJ	11033kJ
	优化率	10.6%	4.13%	28.11%	17.62%

表5-13 基于不同能量管理策略的系统能量损失（对比不同的初始SOC）

初始SOC	能量管理策略	动力电池组损失	超级电容组损失	DC/DC变换器损失	总损失	效率
100%	优化前	333.56kJ	383.35kJ	1773.7kJ	2490.7kJ	84.7%
	实时	266.53kJ	497.69kJ	1420.2kJ	2184.5kJ	86.33%
	优化率	20.1%	−29.83%	19.93%	12.29%	1.92%
80%	优化前	365.3kJ	383.41kJ	1788kJ	2536.7kJ	84.46%
	实时	271.66kJ	421.52kJ	1115.7kJ	1808.9kJ	88.41%
	优化率	25.63%	−9.94%	37.6%	28.69%	4.68%
60%	优化前	378.2kJ	383.36kJ	1807.5kJ	2569kJ	84.3%
	实时	263.48kJ	420.41kJ	1193.9kJ	1877.8kJ	88.02%
	优化率	30.33%	−9.66%	33.95%	26.91%	4.41%
40%	优化前	345.8kJ	450.27kJ	1547.1kJ	2343.2kJ	85.48%
	实时	272.31kJ	485.79kJ	965.2kJ	1692.9kJ	89.07%
	优化率	21.25%	−7.89%	37.61%	27.75%	4.20%

为了验证基于强化学习的实时能量管理策略的适应性，进一步选择 PRIUS 工况、ECE_EUDC_LOW 工况和 UKBUS6 工况讨论复合电源系统性能表现。不同工况时的系统能量损失对比如表 5-14 所示，结果表明，相较于优化前的规则能量管理策略，基于强化学习的实时能量管理策略在不同循环工况时均能减少能量损失，提高系统的效率，有较强的适应性。

表5-14 不同工况时的系统能量损失

动力电池条件	能量管理策略	7×PRIUS	8×ECE_EUDC	2×UKBUS6
Cyc=100 T=10℃	优化前	16713kJ	23776kJ	10790kJ
	实时	15136kJ	23061kJ	10012kJ
	优化率	9.44%	3.01%	7.21%
Cyc=550 T=10℃	优化前	16458kJ	23611kJ	11059kJ
	实时	14873kJ	23052kJ	10223kJ
	优化率	9.63%	2.37%	7.56%
Cyc=550 T=40℃	优化前	16417kJ	25806kJ	9556.5kJ
	实时	14238kJ	24104kJ	9189.6kJ
	优化率	13.27%	6.6%	3.84%
Cyc=650 T=10℃	优化前	15888kJ	21605kJ	11285kJ
	实时	15206kJ	21019kJ	10990kJ
	优化率	4.29%	2.71%	2.61%

第 6 章 快速控制原型仿真与策略验证

由锂离子动力电池和超级电容组成的复合电源可以看作是一种强时变非线性特性的动态系统，应用于仿真研究的数学模型难以完全模拟储能部件的工作特性。在复合电源系统能量管理策略研究方面，受限于系统建模的精度和能量管理策略的适用性及可靠性，模型仿真结果并不能完全反映真实控制系统的响应，实际应用过程中可能会出现各类不可预知的问题。为验证仿真模型的精度、能量管理策略的有效性和可靠性，建立动力电池和超级电容复合电源系统快速控制原型（Rapid Control Prototype，RCP）仿真测试平台具有重要的意义。本章主要围绕复合电源系统的策略验证，对半实物仿真原理进行介绍，并进行基于 xPC-Target 环境的复合电源系统仿真测试平台搭建与实验验证。

6.1 半实物仿真介绍

半实物仿真是指用物理实物替代仿真回路中部分原有的数学模型（或虚拟模型），使得目标系统更加接近于真实应用环境，通过专用接口设备实现物理实物与仿真程序间信息交换的仿真测试。半实物仿真实验具有很高的置信度与可靠性，相对于传统实验方法，其具有成本低、风险小、开发周期短、实时性强、错误易修正等优势，在诸多系统研发领域中得到了普遍应用。目前，半实物仿真测试已经成为电动汽车电池管理系统、电机控制器、整车控制器三大核心技术开发流程中非常重要的一环。

半实物仿真可以分为两种形式：硬件在环（Hardware-in-the-Loop，HIL）和 RCP 仿真。

硬件在环是基于实际控制器和虚拟受控对象进行的半实物仿真。该形式的半实物仿真系统多用于航空航天、汽车等领域，这些领域中的受控对象较复杂、成本较高，同时考虑到测试安全性因素，难以基于实际受控对象进行测试，而通过硬件在环仿真，可以节约成本、降低安全隐患、提高控制器验证速度。

RCP 仿真常见于工业控制，是将实际受控对象直接引入到仿真回路之中，然后利用如工控机（或计算机）等作为虚拟控制器构建半实物仿真系统。RCP 仿真过程中，将既定的控制算法利用自动代码生成技术生成可执行代码并下载至构建的虚拟控制器中，对真实受控对象进行实时控制。RCP 仿真的优势在于无需进行硬件设计、底层代码编写等复杂耗时的工作，使设计人员能专注于控制算法的优化设计，利用自动代码生成技术加快了控制算法的测试速度。若实时仿真的结果不理想，可在编译环境中快速修改控制算法参数，最终得到满足要求的控制算法。

早期的半实物系统，多以 DSP 和 PowerPC 等微处理器为核心，是某些公司根据自身应用需求开发的专用系统。后来更为先进的实时仿真系统相继问世，如德国 dSPACE 公司开发了一套用于控制系统开发及半实物仿真的 dSPACE 实时仿真系统，实现了和 MATLAB/Simulink 环境的无缝衔接。在算法的实际研发过程中，dSPACE 实时仿真系统可以用作 RCP 和 HIL 两种平台，其硬件系统的处理器性能优越，搭载的软件集成度高、使用方便，配备有丰富的 I/O 接口，具有实时性强、可靠性高、扩展能力强等优点，但搭建此平台需高昂的费用。

为给用户提供低成本的半实物实时仿真环境，MathWorks 公司开发了基于 MATLAB/Simulink 平台的扩展工具箱 RTW（Real-time Workshop），它能够根据目标配置自动将 Simulink 模型生成多种类型的代码。作为 RTW 工具箱的附加产品，xPC-Target 能够将工控机或个人计算机转换成一个实时工作系统而不需要额外的硬件投入，同时工具箱中包含丰富的 I/O 硬件接口和驱动程序模块。本节采用该测试方案进行复合电源系统能量管理的 RCP 仿真实验验证。

6.2 基于xPC-Target的复合电源RCP仿真平台

标准的 xPC-Target 系统是一个“双机”系统，由一台宿主机和一台目标机组成，宿主机和目标机可以是不同类型的计算机。宿主机用于运行 MATLAB/

Simulink 软件，构建仿真模型并执行代码的编译，目标机则用于实时操作系统和编译代码的运行。用于实时运算的目标机通过通信网络下载宿主机的可执行代码后，可脱离宿主机独立运行。

基于 xPC-Target 的 RCP 仿真平台主要分为硬件和软件两部分。硬件部分包括宿主机、目标机、I/O 硬件、受控对象；软件部分包括平台硬件间的通信程序、仿真模型、仿真环境等。图 6-1 为基于 xPC-Target 环境的 RCP 仿真平台结构简图，“双机”之间的通信方式有串口通信和 TCP/IP 协议通信两种方式。

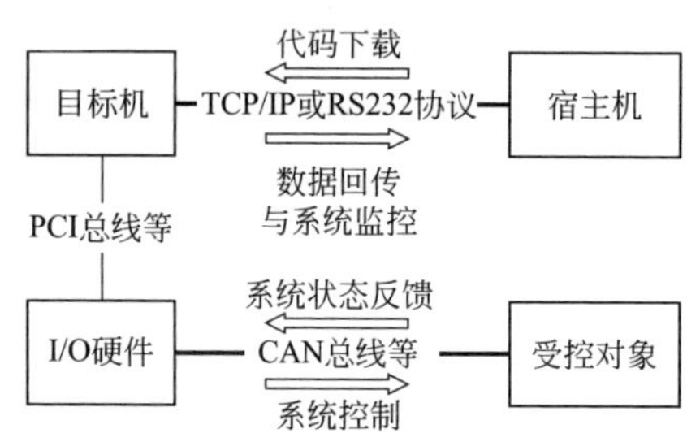

图6-1　基于xPC-Target环境的RCP仿真平台结构简图

本章基于此平台结构完成复合电源能量管理策略的验证实验。此平台通过将真实被控对象（动力电池组、超级电容组和电子负载仪）接入到仿真回路中，取代建立的数学模型，获取各部件真实的输入、输出响应。实验平台的搭建过程分为硬件平台搭建、软件环境搭建、仿真模型搭建三个部分。

6.2.1　硬件平台搭建

搭建的硬件平台拓扑结构如图 6-2 所示，主要包括宿主机、目标机、电子负载仪、动力电池组、超级电容组、DC/DC 变换器、电压采集板和霍尔电流传感器。图中标识 1 和 2 为霍尔电流传感器，用于确定 DC/DC 变换器两端的工作电流值。

电子负载仪主要用于模拟复合电源系统的负载设备，起到能量消耗和能量回馈的作用。与第 2 章介绍的动力电池与超级电容特性测试设备的区别在于该设备可实现基于 CAN 通信的数据传输，便于目标机的实时控制和信息反馈。该设备具有双通道，可以同时对两个对象进行充、放电测试，并采集超级电容组电压。

电压采集板用于精确地采集动力电池组总电压和模组中的单体电压，通过电压采集板监测动力电池单体电压，可以防止个别单体在实验过程中发生过充或过放。由于选用同一批次动力电池进行成组，动力电池单体间的特性差异较小，因此动力电池单体不一致问题在此验证性实验中不做考虑。

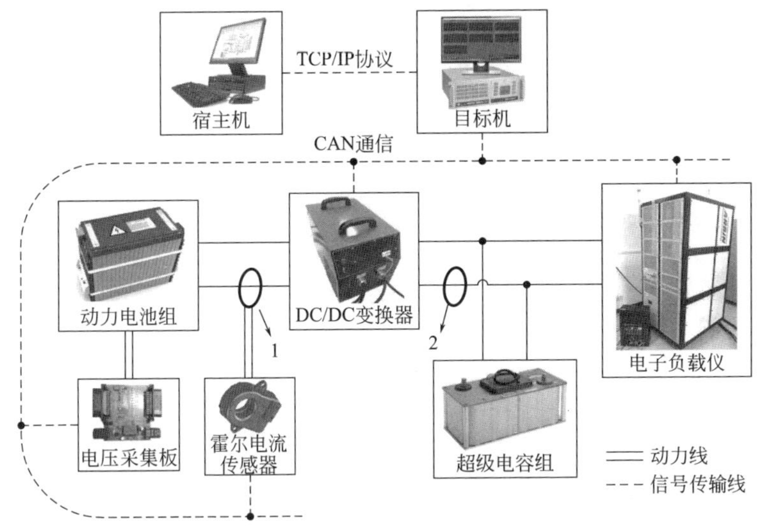

图6-2 复合电源实验平台拓扑结构

宿主机与目标机之间的通信选用 TCP/IP 协议，数据传输速率可达 10MB/s，同时能够支持远距离的信息传输。

目标机与电子负载仪、DC/DC 变换器以及电压采集板间采用 CAN 进行通信，该通信是目前汽车工业主流的通信方式。采用 CAN 总线的通信网络能够真实地模拟实车信号。为了降低实验平台搭建的时间成本，可以采用集成度高的硬件驱动程序模块。CAN 通信硬件接口选用德国 Softing AG 公司生产的带有 PCI 插槽的 CAN-AC2-PCI 型 CAN 卡，如图 6-3 所示。该 CAN 卡的硬件驱动程序被集成在 MATLAB/Simulink 的 RTW 工具箱中。

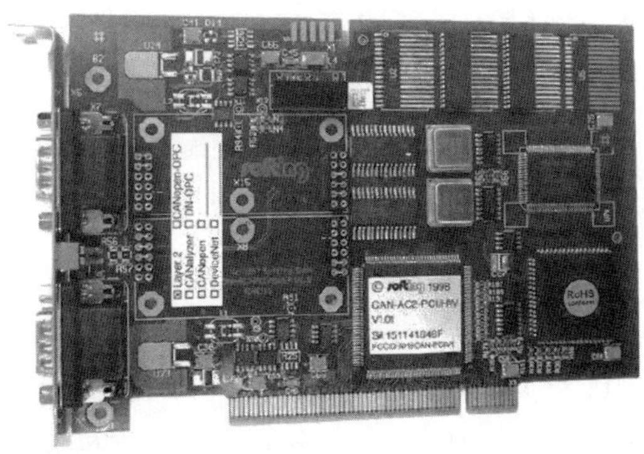

图6-3 CAN-AC2-PCI型CAN卡

在 RCP 仿真平台中，各硬件的参数如表 6-1 所示。

表6-1 复合电源系统实验平台中各部分的硬件参数

类型	参数
宿主机	惠普 Z240SFF 台式机
目标机	研华科技 IPC-610H 型工控机
动力电池组	18A · h 磷酸铁锂电池，105 串 1 并
超级电容组	Maxwell 超级电容 21 个 500F@16V 模组串联，最大电压 336V
DC/DC 变换器	动力电池组端电压变化范围：200~400V 超级电容组端电压变化范围：120~300V
电子负载仪	ARBIN BT-MP-100V-300A-2 工作电压范围：10~100V 工作电流范围：低量程为 -10~10A；中量程为 -50~50A；高量程为 -300~300A
霍尔电流传感器	莱姆电子 CAB 300-C/SP3 工作电流范围：-300~300A
电压采集板	单通道工作电压范围：0~5V

6.2.2 软件环境搭建

xPC-Target 允许用户使用多种驱动设备作为目标机的启动盘，该仿真平台以 U 盘作为启动盘。选用 DOS Loader 模式进行目标实时操作系统环境的生成，该模式下的目标机和宿主机能够更方便地进行信息交互。软件环境搭建过程可以分为以下几个步骤。

① DOS 启动盘的制作。

② 目标机实时运行环境的创建。DOS 启动盘制作完毕后，在宿主机上运行 MATLAB，在 MATLAB 命令窗口输入“xpcexplr”命令调出 Simulink Real-Time Explorer 窗口，完成如图 6-4 所示的参数配置，最后选择 DOS Loader 模式并下载 Boot 配置到启动盘。此时，启动盘即可引导目标机的启动，代码实时运行环境创建成功。

③ 通信网络连接。在目标机的“网络连接”中修改宿主机 TCP/IPv4 的地址，其 IP 地址可配置为 192.168.1.11，子网掩码为 255.255.255.0，采用默认 DNS。在 MATLAB 命令窗口中输入“xpctest”进行网络校验，校验通过后，

点击 Simulink Real-time Explorer 窗口中的“connect”按钮，即可完成宿主机与目标机之间的通信连接。

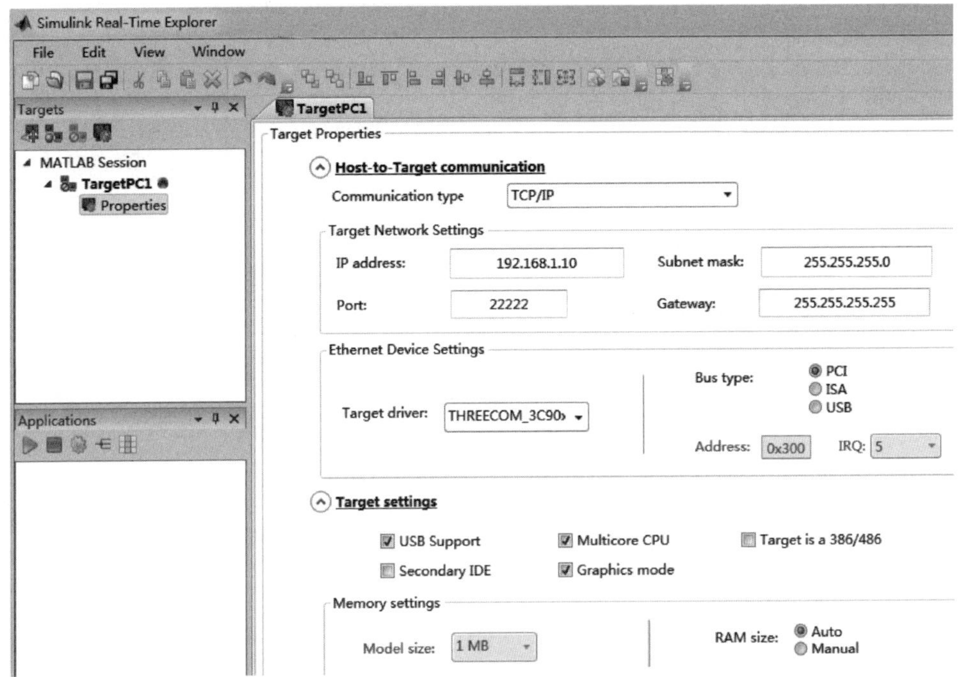

图6-4 Simulink Real-Time Explorer窗口

6.2.3 仿真模型搭建

在 RCP 仿真过程中，电子负载仪根据接收到的功率需求信号充放电，并实时采集母线电压。目标机则根据当前时刻的需求功率以及采集到的电流电压等参数实时调整功率分配，并将控制指令发送至 DC/DC 变换器。DC/DC 变换器接收到控制命令后进行电压调整。根据 DC/DC 变换器的电压调整，动力电池组和超级电容组作出相应的响应，与此同时，传感器采集两者的电压电流变化情况，并反馈至目标机。

基于上述对系统工作原理的讨论，搭建基于 MATLAB/Simulink 环境的 RCP 仿真模型，如图 6-5 所示，主要包括：复合电源系统能量管理策略模块；DC/DC 变换器控制模块；动力电池组 SOC 和超级电容组 SOV 计算模块；目标机与控制设备和采集设备间的信息通信模块。下面进行复合电源能量管理的 RCP 仿真，评估 4.5 节中基于优化规则的能量管理策略。

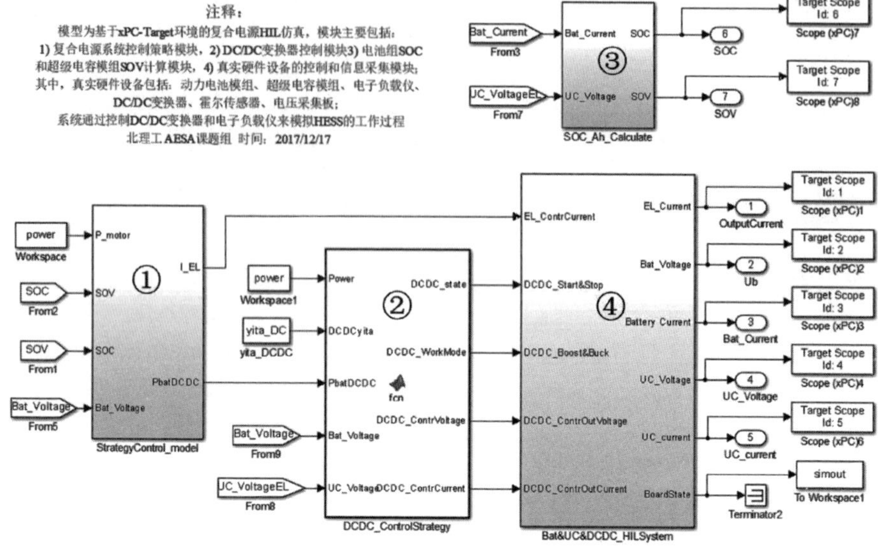

图6-5　复合电源系统的MATLAB仿真模型

在图6-5中，系统能量管理策略模块进行系统需求功率“power”的分配，并将DC/DC变换器的目标输出功率“PbatDCDC”发送给DC/DC变换器控制模块，此模块将目标输出功率解析为DC/DC变换器的目标输出端电压，进而实现对真实DC/DC变换器的实时控制。

目标机与控制设备和采集设备间的信息通信模块是仿真模型搭建的重点，CAN通信模块搭建协议可参照相应设备的使用手册。以电子负载仪与目标机的通信协议为例，搭建的Simulink通信配置模块如图6-6所示，该模块包含报文ID、通信速率、CAN通道、通信周期等配置。

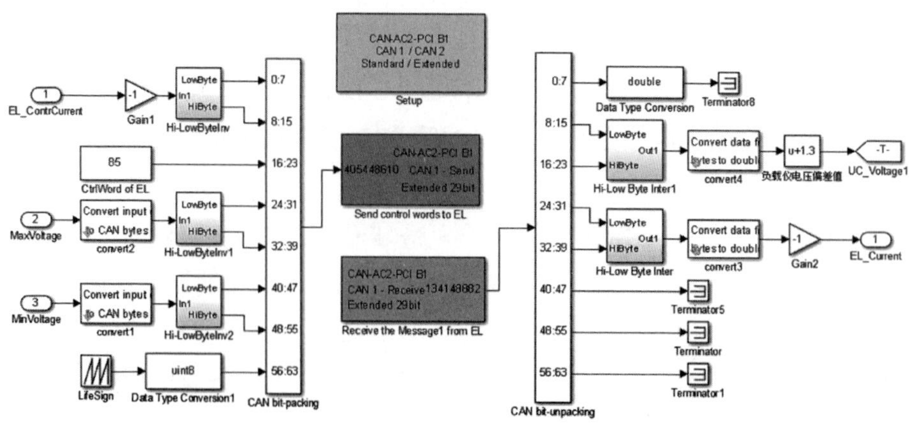

图6-6　CAN通信模块

完成以上硬件平台、软件环境以及仿真模型的搭建后，即可利用自动代码生成技术生成相应的算法程序。以 MATLAB 2014a 软件版本为例，其 Simulink 模型参数设置界面如图 6-7 所示。首先设置 Simulink 模型的编译环境：工作步长设置为 1s 离散值，模型代码下载目标文件选择为“slrt.tlc”，然后将 Simulink 模型转换成可执行 C 代码并下载到目标机中。

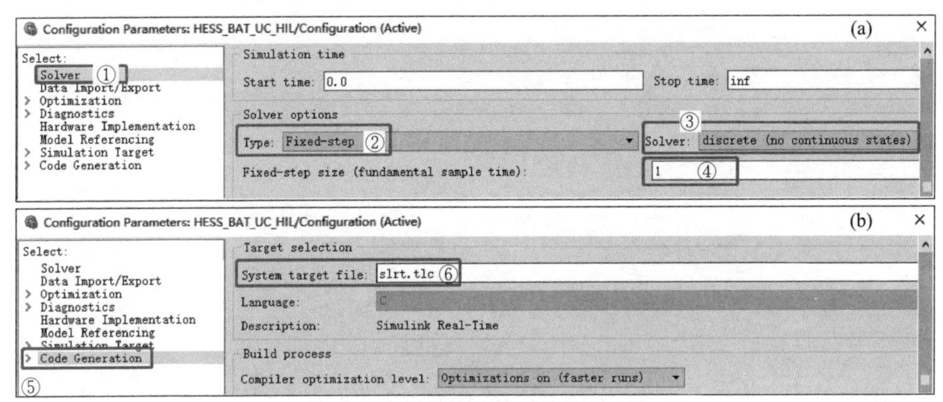

图6-7 Simulink模型参数设置界面

6.3 RCP仿真实验及结果分析

针对上节建立的仿真模型及其能量管理策略进行 RCP 仿真实验的验证，为保证动力电池组 SOC 估计的准确性及使用的安全性，本实验中充电时的 SOC 上限为 90%。仿真模型和实验中的动力电池组与超级电容组的电压及 SOC 设置为相同的值。

在实验验证过程中，目标机显示器可实时显示复合电源系统的参数变化，如图 6-8 所示。通过显示器对系统参数变化的实时显示，能够直观判断当前状态下能量管理策略的控制效果，防止在实验过程中发生因程序失控、能量管理策略不当和传感器测量误差导致的危险情况。

将实验与仿真过程中复合电源系统的重要参数响应进行对比，如图 6-9~图 6-15 所示为系统电压及电流响应。实验与仿真之间的误差表明建立的超级电容模型存在动态特性描述不准确的缺点，但以往超级电容模型特性在车载电源系统应用中没有引起足够重视。循环工况是基于车辆在道路上运行特点决定的客观存在，车载电源系统应该适应其复杂的特性变化。工况由加速或高速突

然变为紧急制动状态，行驶中的车辆会给电源系统输入非常大的制动电流（仿真得到的母线最大工作电流为 -153A）冲击，如果超级电容组因动态特性差导致大电流不能被充分吸收，可能会造成动力电池组和 DC/DC 变换器的损坏，这种情况会削弱此种类型的复合电源系统存在的意义。

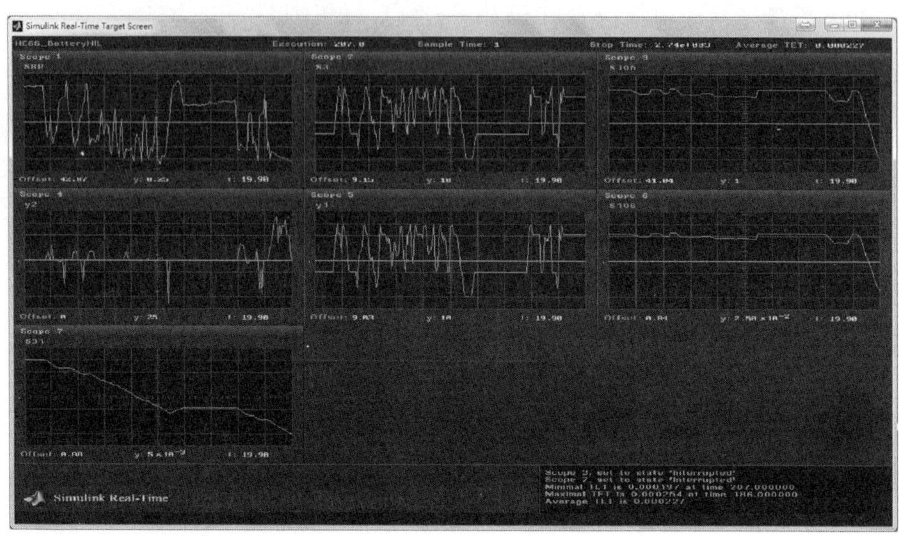

图6-8　RCP仿真实验过程中系统主要参数变化（彩图）

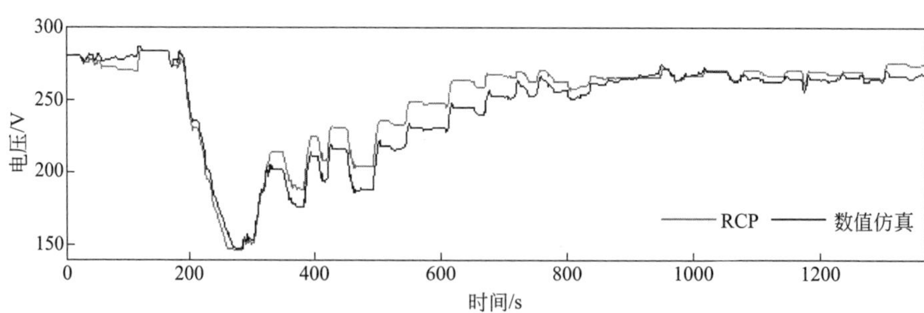

图6-9　实验与仿真的超级电容组电压（彩图）

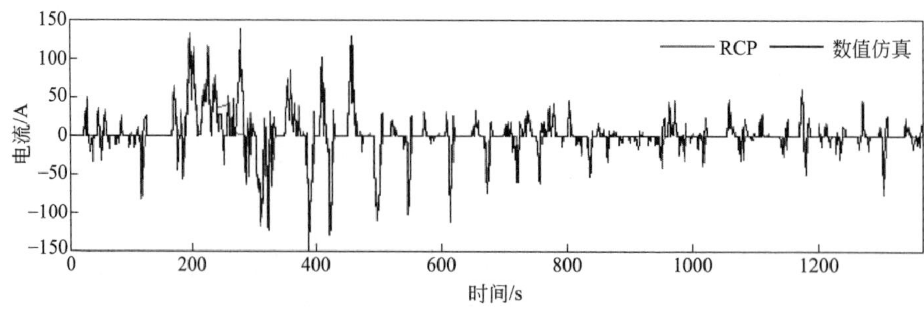

图6-10　实验与仿真的超级电容组电流（彩图）

实验与仿真得到的需求功率曲线如图 6-11 所示，实验中的系统需求功率为动力电池组和超级电容组实际输出功率之和，仿真的需求功率为循环工况下车辆的需求功率。实验结果表明：电源系统实际输出功率略低于循环工况的需求功率，对数据的统计分析发现，在需求功率较低时这种差异较为明显。实验中输出功率比需求功率低约 5%，原因在于 DC/DC 变换器在低功率范围内效率较低导致较大的能量损失。通过修改能量管理策略中 DC/DC 变换器的功率曲线参数可修正仿真模型结果。

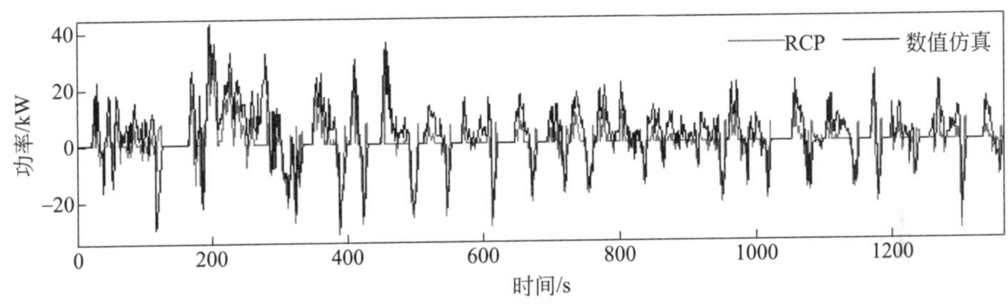

图6-11 实验与仿真的系统需求功率（彩图）

动力电池组电压结果如图 6-12 所示，利用动力电池 Thevenin 模型能够精确地响应动态输入，具有较高的精度。在仿真开始前 300s 内仿真和实验之间有较大误差，这是由于仿真时电压初始值存在误差，仿真时动力电池组电压初值固定，而实验时动力电池组初始电压具有一定波动。但动力电池的模型具有一定的鲁棒性，该误差对仿真精度并无影响，在 300s 后，实验中动力电池组电压和仿真计算结果逐渐趋于一致。

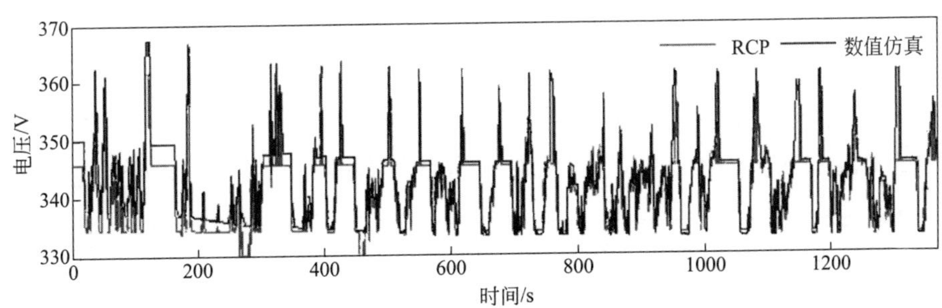

图6-12 实验与仿真的动力电池组电压（彩图）

为进一步验证这一点，将两个 UDDS 循环工况合并成一个多工况循环进行 RCP 仿真实验的验证，如图 6-13 所示。结果表明，在第一个工况结束后动力电池组电压已经和仿真结果非常接近，其后的实验显示动力电池组的实际响应

模拟结果非常准确。

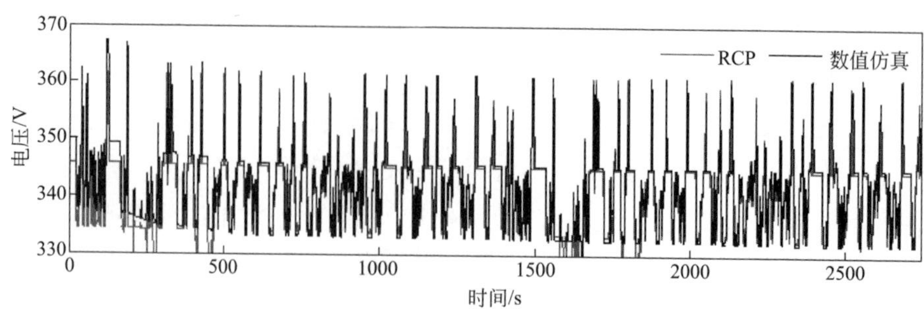

图6-13 实验与仿真的动力电池组电压（两个工况循环）（彩图）

实验和仿真动力电池组电流对比如图 6-14 所示，实验和仿真实验中动力电池工作电流均不超过 2*C* 倍率，电流变化情况基本一致，实现了电源系统限制动力电池最大工作电流以保障电池安全、延长电池使用寿命的设计目标。

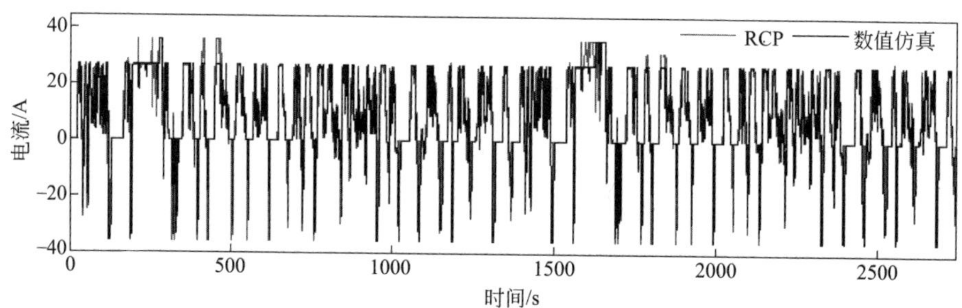

图6-14 实验与仿真的动力电池组电流（两个工况循环）（彩图）

最后，对动力电池组 SOC 估计精度进行了验证。如图 6-15 所示，动力电池模型初始 SOC 为 90%，工况循环结束后实验和仿真 SOC 分别为 SOC_{HIL1} 为 69.91%，SOC_{HIL2} 为 49.77%，SOC_{DS1} 为 72.50%，SOC_{DS2} 为 48.80%，得到 SOC 相对误差分别为 e_{err1}=3.57%，e_{err2}=1.98%。实验中 SOC 估计的相对误差均在误差限 5% 范围内，因此构建的 SOC 估计算法具有较高的精度和较好的实时性。

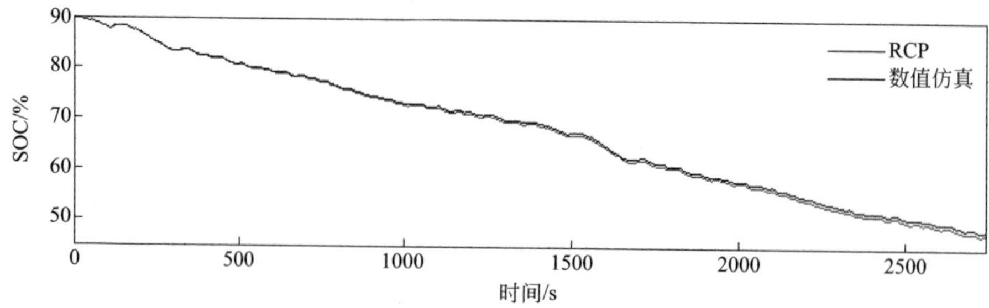

图6-15 实验与仿真的动力电池组SOC（两个工况循环）（彩图）

6.4 展望

近年来，研究人员聚焦于复合电源的能量管理方面取得了诸多成就。随着相关技术的不断提升，面向于进一步提升能量管理策略精度和适应性的迫切需求，未来能量管理倾向于多因素融合和多能量管理策略融合的方法研究。由于复合电源系统的控制受工况信息的影响较大，随着车辆智能化技术的发展，车辆工况预测的实现能够大大提升复合电源系统的能量管理控制效果。

（1）更加精确的复合电源系统建模

动力电池是复杂的电化学系统，工作温度、截止电压、充放电倍率、循环次数等多种因素对其性能衰退均会产生重要影响。由于动力电池特性受温度影响较大，可以通过引入动力电池温度模型或通过不同温度下的动力电池特性对比来设计能量管理策略，目前已有研究人员将动力电池温度因素考虑在能量管理策略中。在第 5 章中，结合动力电池实验结果，笔者将动力电池的耐久性和温度同时考虑到能量管理策略中，不同温度下优化得到的能量管理结果存在明显的差异。随着动力电池和超级电容逐渐老化，复合电源系统能量管理的控制效果会出现较大差异，因此对动力电池寿命衰减的讨论，特别是在动力电池不同老化特性下的能量管理策略设计同样具有重要的意义。

此外，DC/DC 变换器的性能与建模差异对能量管理控制效果也有很大的影响。在复合电源技术研究中，由于 DC/DC 变换器的动态效率与实验得到的静态效率存在差异，因此设计具有更高模拟精度的 DC/DC 变换器动态模型也是复合电源系统研究中的一个重要课题。

（2）更加精准的复合电源系统能量管理策略

许多专家与学者针对复合电源提出了种类繁多的能量管理方法，然而各种方法均有其优势和不足。结合每种算法的优势，融合多算法的能量管理策略受到越来越多研究者的关注。例如，动态规划的最大优势是在离线状态下实现能量管理策略的全局最优，但很难在线实时应用；基于规则的能量管理策略有较好的实时性，但规则依赖于经验，且适应性较差。因此，可先基于动态规划实现复合电源的全局最优能量分配，然后再以此为依据提取相关控制规则，发挥两种控制方法各自的优势。另外，通过机器学习算法训练模糊控制器也可实现多能量源负载功率需求的优化分配。结合多控制算法能够更好地优化复合电源

系统管理，不过也增加了系统计算复杂性，对运行策略的车载硬件控制器提出了更高的要求。

（3）更加强大的工况预测与信息识别能力

工况预测与信息识别对复合电源系统实时控制技术具有重要作用，极大地影响着复合电源系统的寿命、效率和性能，特别是对于实时优化能量管理策略的实际应用具有重要的意义。为提高混合动力车辆系统工作效率，研究人员基于对道路与地形信息的预测与复合电源系统的能量管理策略等方面已经取得了很大的进展。近年来全球定位系统与地理信息系统等技术在车辆上的应用使工况预测和识别成为可能。例如，为了减小预测工况与实际工况的差距，GPS 获取道路信息并传输给车辆，然后经过处理得到的预测工况给复合电源系统功率分配可以提供重要参考，如图 6-16 所示。

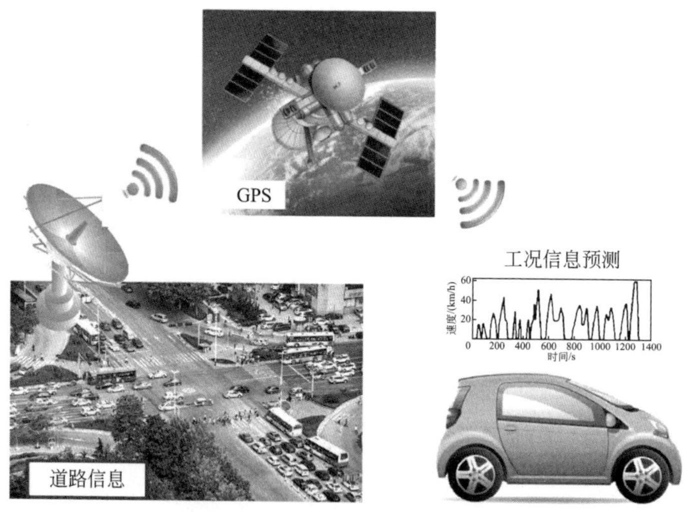

图6-16　智能化车辆道路信息

附录
常用变量

动力电池单体电流：i_{L}

动力电池单体端电压：U_{t}

动力电池单体极化电压：U_{d}

动力电池单体极化内阻：R_{di}

动力电池单体欧姆内阻：R_{i}

动力电池标称电压、单体的额定电压：U_{b}

动力电池的最大可用容量：C_{a}

动力电池的剩余容量：C_{r}

动力电池模组极化内阻：R_{D}

动力电池组电流：I_{Bat}

动力电池组电压：U_{Bat}

动力电池组极化电压：U_{D}

动力电池组欧姆内阻：R_{I}

动力电池组的容量：C_{Bat}

动力电池组最小工作电流：I_{Batmin}

动力电池组最大工作电流：I_{Batmax}

动力电池单体标称电压：U_{normal}

动力电池组最小电压限制：U_{Batmin}

动力电池组最大电压限制：U_{Batmax}

滞后电压：h

滞后电压的最大值：H

动力电池组最小荷电状态限制：SOC_L

动力电池组最大荷电状态限制：SOC_H

电压等级：U

超级电容单体电流：i_{uc}

超级电容组最小电压限制：U_{UCmin}

超级电容组最大电压限制：U_{UCmax}

超级电容组电流：I_{UC}

超级电容组电压：U_{UC}

超级电容当前电压：U_{uc}

超级电容标称电压：U_{ucmax}

参考超级电容模组端电压：U_{uc_nom}

串联模块容量、超级电容组容量：C_{UC}

超级电容单体容量：C_{uc}

超级电容组的内阻：R_{UC}

超级电容组最小工作电流：I_{UCmin}

超级电容组最大工作电流：I_{UCmax}

超级电容组电压状态：SOV

超级电容最小电压状态限制：SOV_L

超级电容最大电压状态限制：SOV_H

参数辨识的电压电流点总数：N

动力电池的极化电容：C_{Di}

理想电容：C_{uc}

整车需求功率、复合电源系统的需求功率、需求功率值：P_{req}

循环工况的峰值功率需求：P_{req_max}

循环工况平均需求功率：P_{ave}

动力电池组工作功率、动力电池的功率、动力电池组的输出功率：P_{Bat} 或 $P_{Bat}(k)$

动力电池组峰值输出功率、动力电池的最大放电功率：P_{Batmax}

动力电池的最大充电功率：P_{Bat_chgmax}

DC/DC 变换器的工作功率：$P_{DC/DC}$

DC/DC 变换器的工作电流（输出端）：$i_{DC/DC}$

超级电容组工作功率 、超级电容的输出功率、超级电容组的充、放电功率：P_{UC}

超级电容组峰值输出功率、超级电容组最大放电限制功率：P_{UCmax}

超级电容组最大充电限制功率：P_{UC_chgmax}

动力电池组的功率损失：P_{Bat_loss}

超级电容组的功率损失：P_{UC_loss}

DC/DC 变换器的功率损失：P_{DC/DC_loss}

DC/DC 变换器的工作效率：$\eta_{DC/DC}$ 或 η 或 $\eta_{DC/DC}(k)$

传动系统效率：η_T

动力电池组和超级电容组的工作效率：η_{Bat} 和 η_{UC}

动力电池充放电的库仑效率：η_b

动力电池组的充放电状态：sw

DC/DC 变换器的充 / 放电状态：λ

超级电容的存储能量：E_{uc}

能量：E

动力电池功率比：Prbi

能量损失函数：$\boldsymbol{f}$

动力电池组的能量损失：$f_{Bat}(k)$

超级电容组的能量损失：$f_{UC}(k)$

DC/DC 变换器的能量损失：$f_{DC/DC}(k)$

动力电池的需求总能量：E_{Bat_need}

动力电池组的总能量：E_{Bat}

超级电容组的总能量：E_{UC}

各阶段的状态：$s_1,s_2,\cdots,s_{n+1}$

决策量：$d_1,d_2,\cdots,d_n$

系统的状态变量：$x(k)$

控制变量：$u(k)$

车速：u_a

整车质量：m

时刻：k

电池 SOC 值：z

采样时间间隔：Δt

时间常数：τ_{Di}

衰退因子：κ

滚动阻力系数：f

重力加速度：g

坡道阻力系数：i

空气阻力系数：C_D

迎风面积：A

旋转质量换算系数：δ

惩罚项系数：β

动力电池的串联节数：N_{Bat}

超级电容串联模块数量：N_{UC}

最优函数：$\boldsymbol{J}$

目标工况的时间长度：N

分段指标函数：r_k

最优指标函数：$\boldsymbol{R}$

个体的编码方法：C

个体适应度评价函数：$\boldsymbol{E}$

初始种群：P_0

种群大小：M

选择算子：Φ

交叉算子：Γ

变异算子：Ψ

遗传运算终止条件：T

遗传算法优化问题的参数包括最大种群代数（程序终止代数）：$MAXGN$

种群所含个体数目：PN

种群代数：GN

交叉概率：P_c

变异概率：P_m

约束条件：Gx

二进制编码精度：eps

防止启发交叉结果溢出基因边界的可行性系数：Φ

分布于 [0，2] 区间的启发系数：P_{cr}

末端步的成本：$g_N[x(i)]$

第 k 步能耗最优时的累积成本函数：$J_k[x(i)]$

第 k 步的成本：$g_k[x(i),u(j)]$

控制变量集合：U_k

状态变量系统约束区间下的离散点、工况预测时刻点：i

控制变量系统约束区间下的离散点：j

最大工况预测长度、最大工况预测步长：N_p

预测时长：t_p

指数系数：σ

当前时刻：t_k

当前时刻速度：V_k

加速度：a_k

加速度网格值：$\bar{a}_j$

速度网格值：$\bar{V}_i$

循环工况的采样点个数：n

第 k 个采样点在预测时域内的均方根误差值：$RMSE(k)$

循环工况中 k 时刻后第 i 秒的车速预测值：$V(k+i)$

循环工况中 k 时刻后 i 秒的真实值：$V_0(k+i)$

$k+i$ 时刻的预测输出：$\hat{y}(k+i)$

$k+i$ 时刻的参考输出：$y_r(k+i)$

控制增量：Δu

控制增量系数：φ

折扣因子：γ

实时应用驾驶工况的长度：L

遗忘因子：ϕ

两个 MM′ 的转移概率矩阵：P 和 P'

矩阵 P 的稳态概率分布：P^*

参考文献

[1] 中华人民共和国科学技术部 . 国家重点研发计划新能源汽车重点专项实施方案（征求意见稿）[EB/OL].[2018-07-23].

[2] 中华人民共和国中央人民政府 . 国务院关于加快培育和发展战略性新兴产业的决定 [EB/OL].[2018-07-23].

[3] 中华人民共和国中央人民政府 . 节能与新能源汽车产业发展规划 [EB/OL].[2018-07-23].

[4] 中华人民共和国中央人民政府 . 中国制造 2025[EB/OL].[2018-07-23].

[5] 中华人民共和国国家发展和改革委员会 . 战略性新兴产业重点产品和服务指导目录 [EB/OL].[2018-07-23].

[6] 中华人民共和国科学技术部 . 国务院关于印发"十三五"国家战略性新兴产业发展规划的通知 [EB/OL].[2018-07-26].

[7] 中华人民共和国科学技术部 . 科技部关于发布国家重点研发计划新能源汽车等重点专项 2018 年度项目申报指南的通知 [EB/OL].[2018-07-29].

[8] 曹秉刚，曹建波，李军伟等 . 超级电容在电动车中的应用研究 [J]. 西安交通大学学报，2008，11：1317-1322.

[9] Burke A，Hardin J E，Dowgiallo E J.Application of ultracapacitors in electric propulsion systems[C].Proceeding of the 34th International Power Source Symposium: 1990: 19-21.

[10] Xiong R，Chen H，Wang C，et al.Towards a smarter hybrid energy storage system based on battery and ultracapacitor-A critical review on topology and energy management[J].Journal of Cleaner Production，2018，202: 1228-1240.

[11] Tian J，Xiong R，Yu Q.Fractional order model based incremental capacity analysis for degradation state recognition of lithium-ion batteries[J].IEEE Transactions on Industrial Electronics，2018.

[12] 陈铖 . 车用锂离子电池容量和荷电状态的多尺度联合估计研究 [D]，北京：北京理工大学，2016.

[13] Chen C，Xiong R，Shen W.A lithium-ion battery-in-the-loop approach to test and validate multi-scale dual H infinity filters for state of charge and capacity estimation[J].IEEE Transactions on Power Electronics，2018，33（1）: 332-342.

[14] 熊瑞 . 基于数据模型融合的电动车辆动力电池组状态估计研究 [D]. 北京：北京理工大学，2014.

[15] Xiong R，Sun F，Chen Z，et al.A data-driven multi-scale extended Kalman filtering based parameter and state estimation approach of lithium-ion polymer battery in electric vehicles[J].Applied Energy，2014，113（1）: 463-476.

[16] Xiong R，Cao J，Yu Q，et al.Critical Review on the Battery State of Charge Estimation Methods for Electric Vehicles[J].IEEE Access，2018，6（99）: 1832-1843.

[17] Xiong R，Li L，Tian J.Towards a smarter battery management system: A critical review on battery state of health monitoring methods[J].Journal of Power Sources，2018，405: 18-29.

[18] 王春 . 车用复合电源系统建模与能量管理策略研究 [D]. 北京：北京理工大学，2018.

[19] Wang C，Xiong R，He H，et al.Efficiency analysis of a bidirectional DC/DC converter in a hybrid energy storage system for plug-in hybrid electric vehicles[J].Applied energy，2016，183: 612-622.

[20] 熊瑞，张硕，何洪文，孙逢春等 . 一种电动汽车的能量管理系统及管理方法: ZL201510862376.8[P].2015-12-01.

[21] 熊瑞，陈铖，杨瑞鑫，田金鹏 . 一种联合估计动力电池系统荷电状态与健康状态的方法：中国，201610675853.4[P].2016-08-16.

[22] He H W，Xiong R，Chang Y H.Dynamic modeling and simulation on a hybrid power system for electric vehicle applications[J].Energies，2010，3（11）: 1821-1830.

[23] 熊瑞 . 插电式混合动力车用复合电源系统仿真研究 [D]. 北京：北京理工大学，2010.

[24] 陈金干 . 基于模型的动力电池参数估计研究 [D]. 上海：同济大学，2009.

[25] 张潇华 . 插电式混合动力汽车复合电源系统集成优化方法研究 [D]. 北京：北京理工大学，2015.

[26] Lee Seongjun，Kim Jonghoon，Lee Jaemoon，et al.State-of-charge and capacity estimation of lithium-ion battery using a new open-circuit voltage versus state-of-charge [J].Journal of Power Sources，2008，185（2）: 1367-1373.

[27] Gregory L Plett.Extended Kalman filtering for battery management systems of LiPB-based HEV battery packs: Part 2.Modeling and identification[J]. Journal of Power Sources，2004，134（2）:262-276.

[28] He H，Xiong R，Guo H.Online estimation of model parameters and state-of-charge of $LiFePO_4$ batteries in electric vehicles[J].Applied Energy，2012，89（1）: 413-420.

[29] Yu Q，Xiong R，Lin C，et al.Lithium-ion battery parameters and state-of-charge joint estimation based on H-infinity and unscented Kalman filters[J]. IEEE Trans.Veh.Technol，2017，66（10）: 8693-8701.

[30] Sundstrom O，Guzzella L.A generic dynamic programming Matlab function[C]//Control Applications，（CCA）& Intelligent Control，（ISIC），2009 IEEE.IEEE，2009: 1625-1630.

[31] 王熠 . 插电式混合动力汽车复合电源系统设计与硬件在环仿真 [D]. 北京：北京理工大学，2011.

[32] 曹家怡 . 电动车辆复合电源系统构型分析、参数匹配及优化控制研究 [D]. 北京：北京理工大学，2018.

[33] 雷英杰，张善文，李继武等 .MATLAB 遗传算法工具箱及应用 [M]. 西安：西安电子科技大学出版社，2005.

[34] Cheng D L，Wismer M G.Active control of power sharing in a battery/ultracapacitor hybrid source[C]//Industrial Electronics and Applications，2007. ICIEA 2007.2nd IEEE Conference on.IEEE，2007: 2913-2918.

[35] Xiong R，Cao J，Yu Q.Reinforcement learning-based real-time power management for hybrid energy storage system in the plug-in hybrid electric vehicle[J].Applied Energy，2018，211: 538-548.

[36] 高阳，周志华 . 基于 Markov 对策的多 Agent 强化学习模型及算法研究 [J]. 计算机研究与发展，2000，37（3）: 257-263.

[37] Zhang S，Xiong R.Adaptive energy management of a plug-in hybrid electric vehicle based on driving pattern recognition and dynamic programming[J]. Applied Energy，2015，155: 68-78.

[38] 李国勇 . 智能预测控制及其 MATLAB 实现 [M]. 北京：电子工业出版社，2010.

[39] Zhang S，Xiong R，Sun F.Model predictive control for power management in a plug-in hybrid electric vehicle with a hybrid energy storage system[J].Applied Energy，2017，185: 1654-1662.

[40] Xiong R，Duan Y，Cao J，et al.Battery and ultracapacitor in-the-loop approach to validate a real-time power management method for an all-climate electric vehicle[J].Applied Energy，2018，217: 153-165.

[41] Zhang S，Xiong R.Adaptive energy management of a plug-in hybrid electric vehicle based on driving pattern recognition and dynamic programming[J]. Applied Energy，2015，155: 68-78.

[42] 朱福顺，何洪文，何银 . 基于硬件在环仿真的复合电源能量管理研究 [J]. 机械设计与制造，2013（1）: 119-121.

[43] 薛定宇 . 控制系统仿真与计算机辅助设计 [M]. 北京：机械工业出版社，2005:50-89.

[44] Xiong R，Duan Y.Development and Verification of the Equilibrium Strategy for Batteries in Electric Vehicles[J].Journal of Beijing Institute of Technology，2018，27（1）: 22-28.

[45] Zhang Y，Xiong R，He H，et al.Long short-term memory recurrent neural network for remaining useful life prediction of lithium-ion batteries[J].IEEE Transactions on Vehicular Technology，2018.DOI: 10.1109/TVT.2018.

[46] Lin C.C.Modeling and Control Strategy Development for Hybrid Vehicles[D].US: University of Michigan，2004.

[47] 杨涤，李立涛，杨旭，等 . 系统实时仿真开发环境与应用 [M]. 北京：清华大学出版社，2002.

[48] 薛定宇，陈阳泉 . 基于 MATLAB/Simulink 的系统仿真技术与应用 [M]. 北京：清华大学出版社，2011.

[49] 孙忠潇 .Simulink 仿真及代码生成技术入门到精通 [M]. 北京航空航天

大学出版社，2015.

[50] Xiong R，Zhang Y，Wang J，et al，Lithium-ion battery health prognosis based on a real battery management system used in electric vehicles[J]. IEEE Transactions on Vehicular Technology，2018.

[51] Xiong R，Li L，Li Z，et al.An electrochemical model based degradation state identification method of Lithium-ion battery for all-climate electric vehicles application[J].Applied Energy，2018，219:264-275.

[52] Xiong R，Zhang Y，He H，et al.A double-scale，particle-filtering，energy state prediction algorithm for lithium-ion batteries[J].IEEE Transactions on Industrial Electronics，2018，65（2）: 1526-1538.

[53] Yu Q，Xiong R，Lin C，et al.Lithium-ion battery parameters and state-of-charge joint estimation based on H-infinity and unscented Kalman filters[J]. IEEE Trans.Veh.Technol，2017，66（10）: 8693-8701.

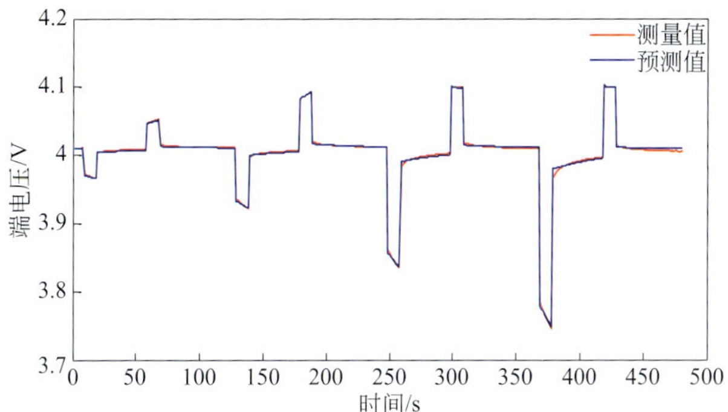

图2-10　带滞后的1阶RC模型90%SOC下端电压拟合结果

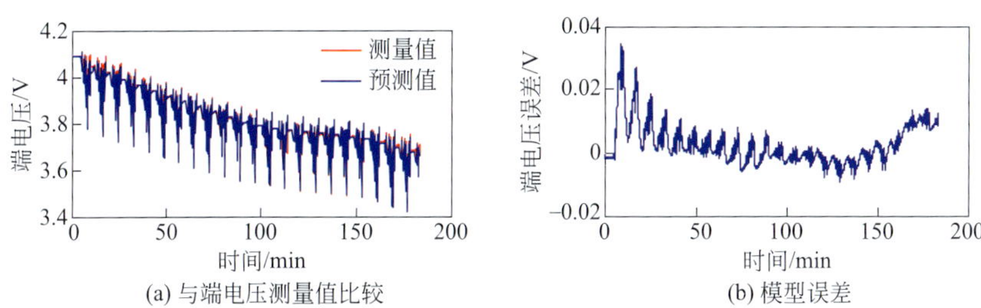

图2-11　基于离线参数辨识的带滞后的1阶RC模型的端电压响应(NCM1)

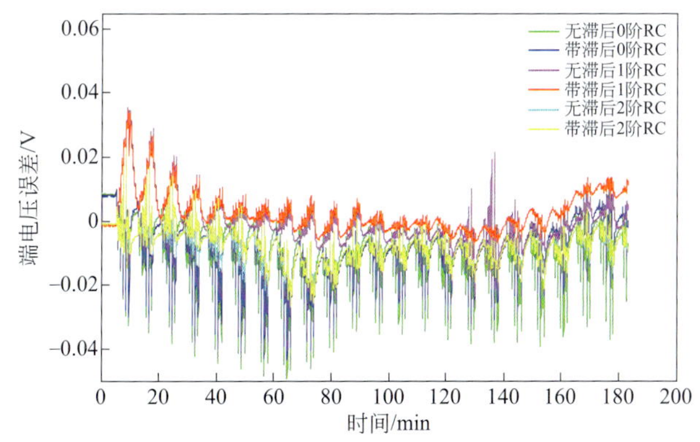

图2-12　6种不同模型的端电压误差对比

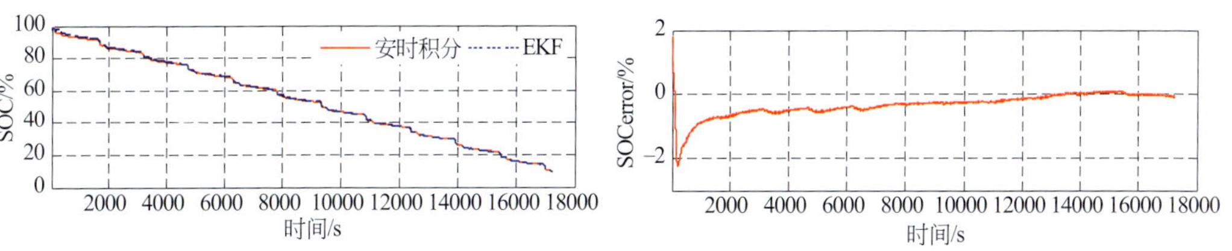

图2-16　基于EKF的SOC估计结果及误差

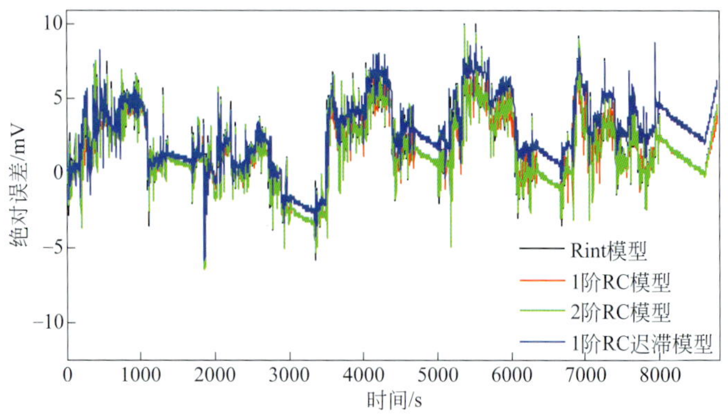

图2-19　四种模型误差

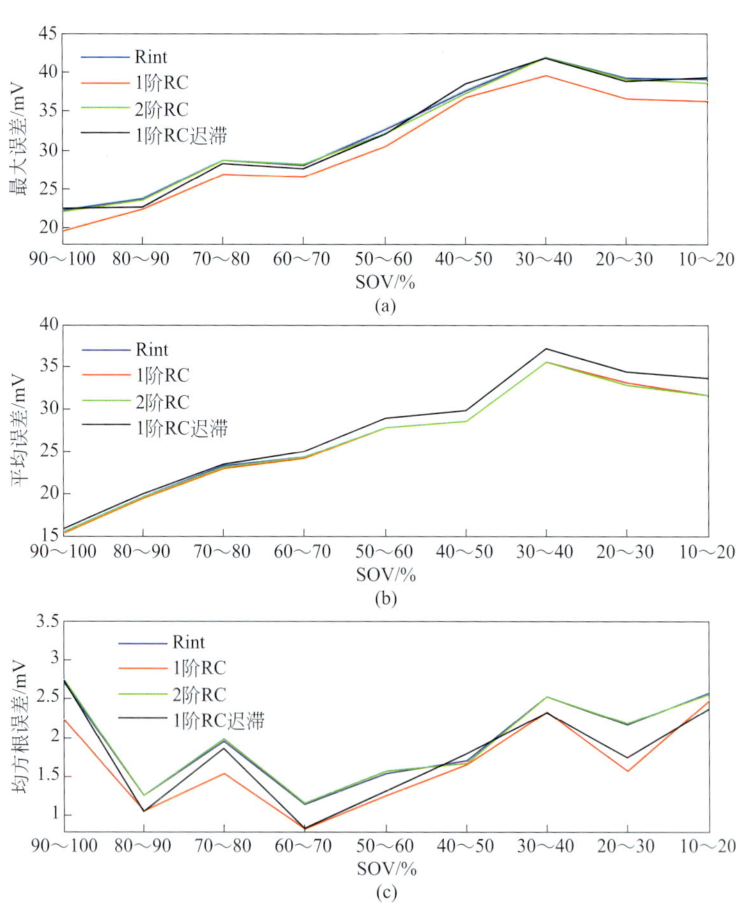

图2-20　四种模型在不同SOV区间的误差

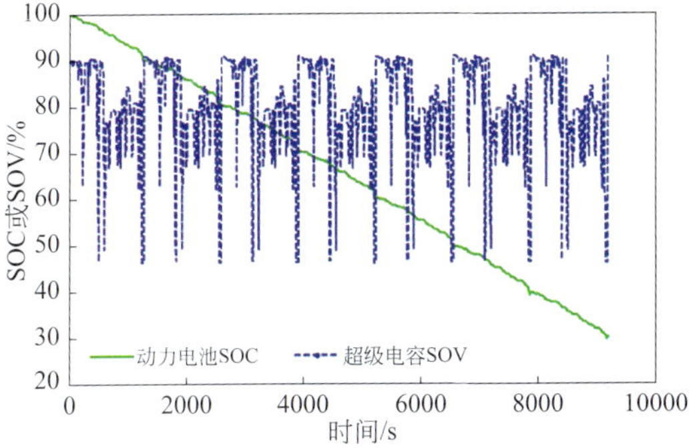

图3-11　基于逻辑门限策略的动力电池组SOC与超级电容组SOV

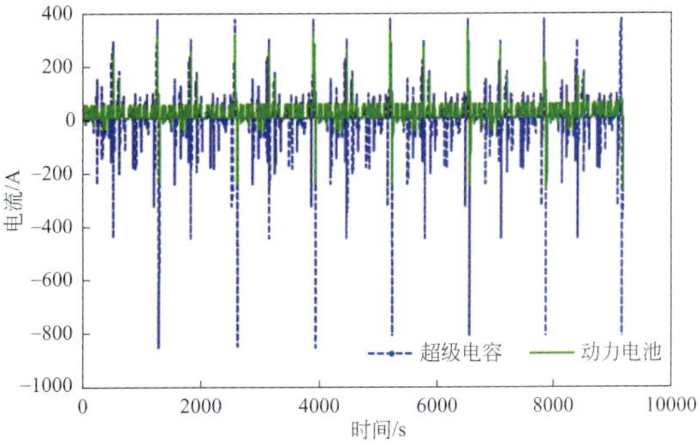

图3-12　基于逻辑门限策略的动力电池组与超级电容组电流

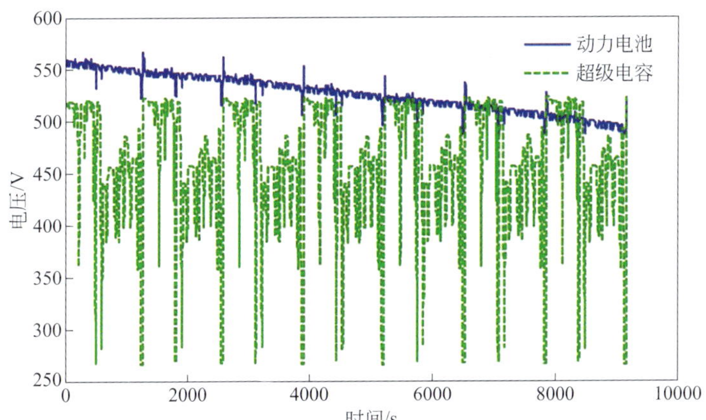

图3-13　基于逻辑门限策略的动力电池组与超级电容组电压

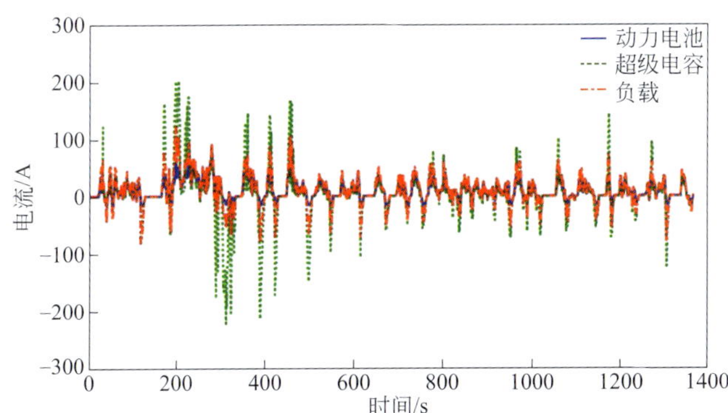

图3-17　基于模糊逻辑控制策略的动力电池组与超级电容组电流

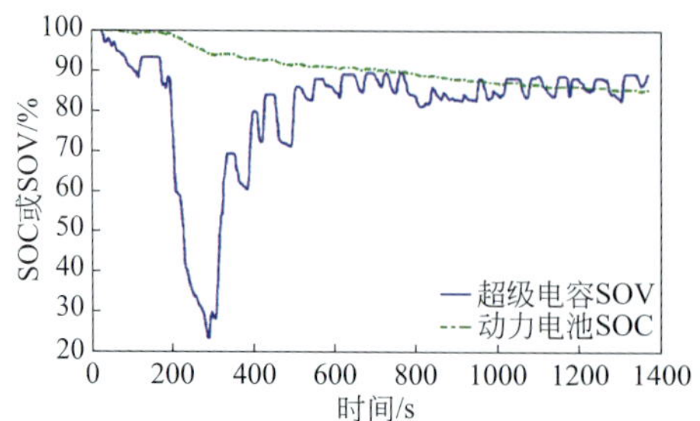

图3-18　基于模糊逻辑控制策略的动力电池组SOC和超级电容组SOV

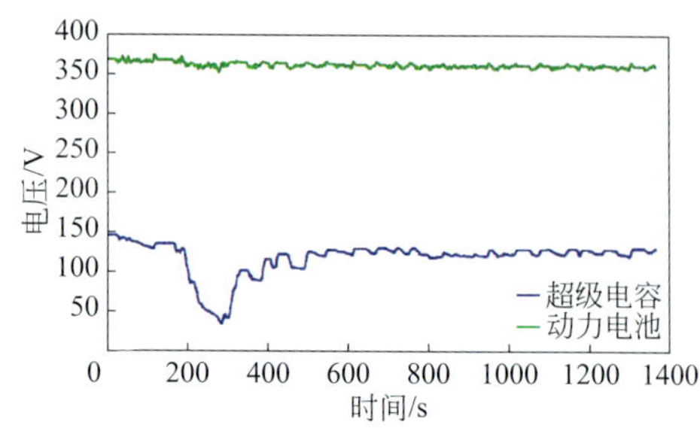

图3-19　基于模糊逻辑控制策略的动力电池组与超级电容组电压

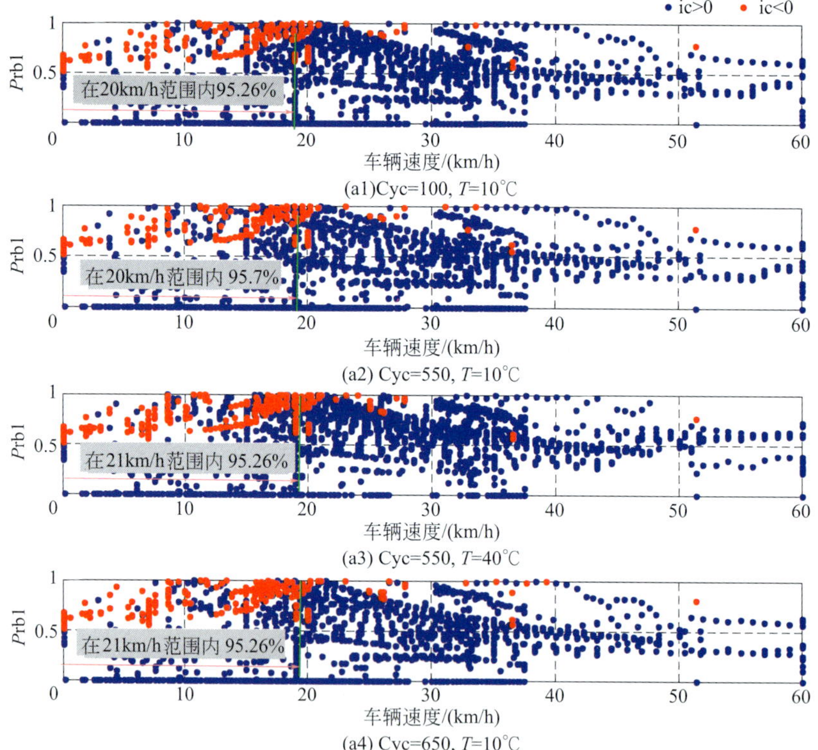

图4-14　需求功率大于0时动力电池功率比与车辆速度的关系

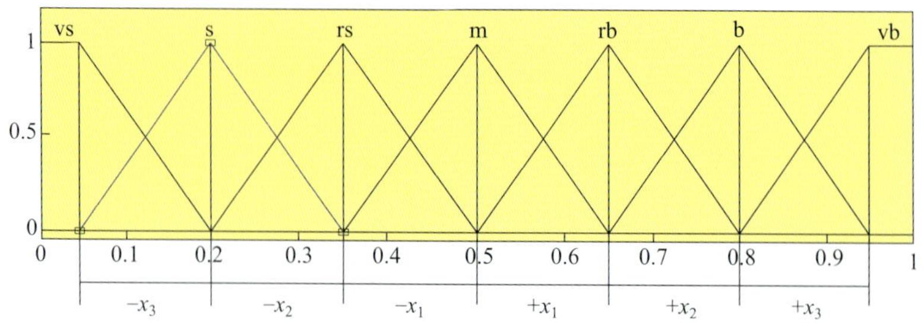

图4-19　模糊逻辑控制器的隶属度函数编码方式

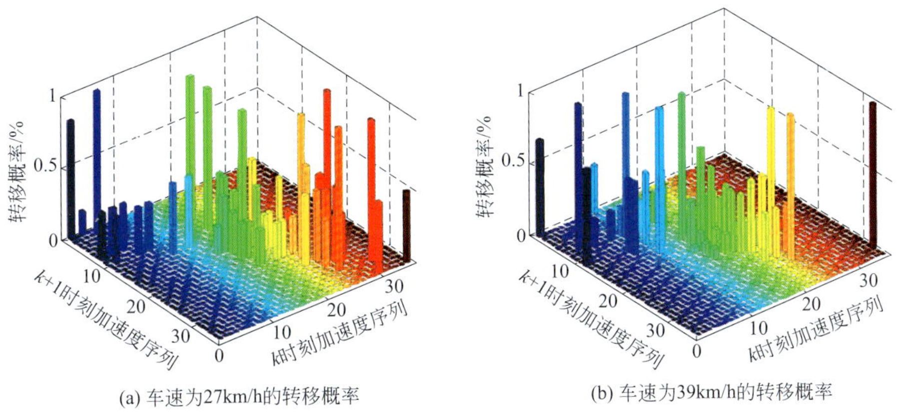

(a) 车速为27km/h的转移概率　　(b) 车速为39km/h的转移概率

图5-18　不同车速状态下的马尔可夫转移概率矩阵

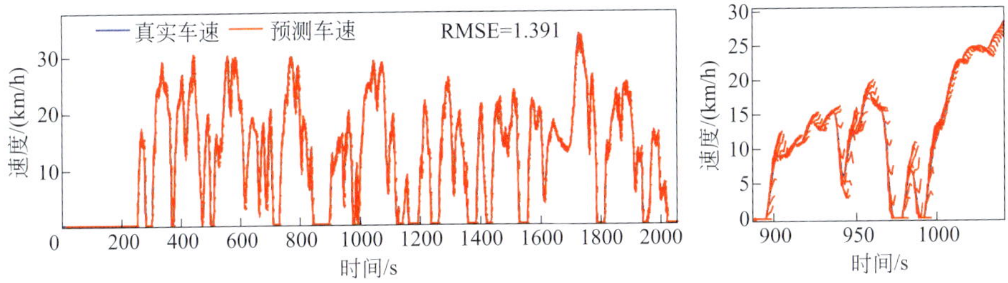

(a) 5s预测时域

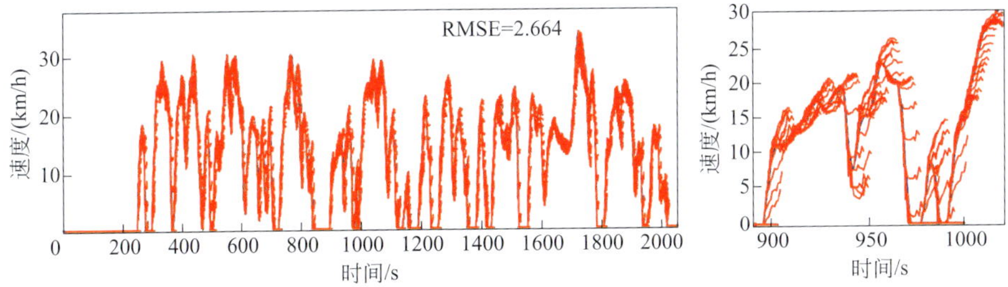

(b) 10s预测时域

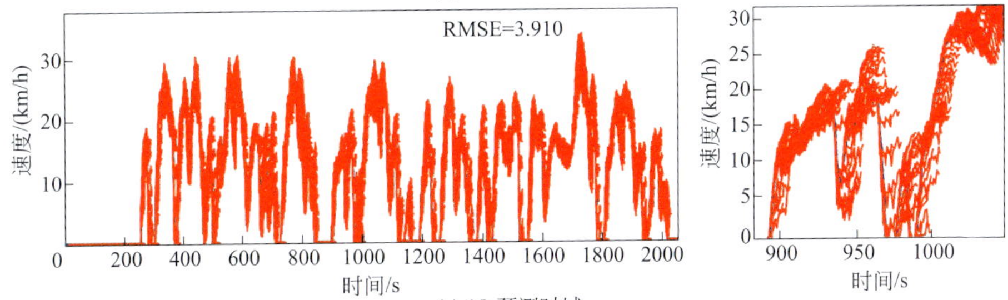

(c) 15s预测时域

图5-20　基于LSTM神经网络的工况预测

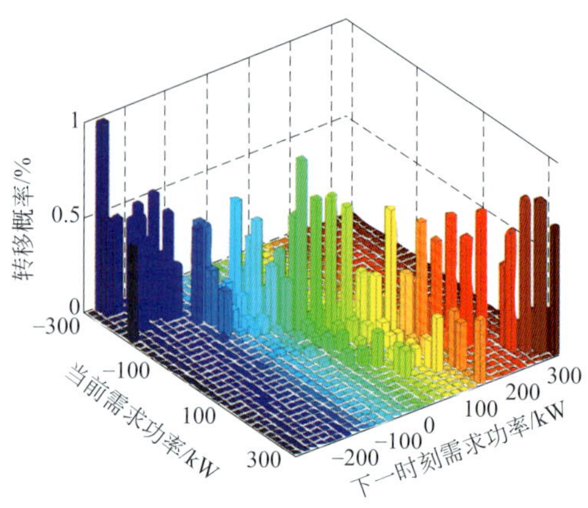

图5-28　需求功率转移概率矩阵分布图

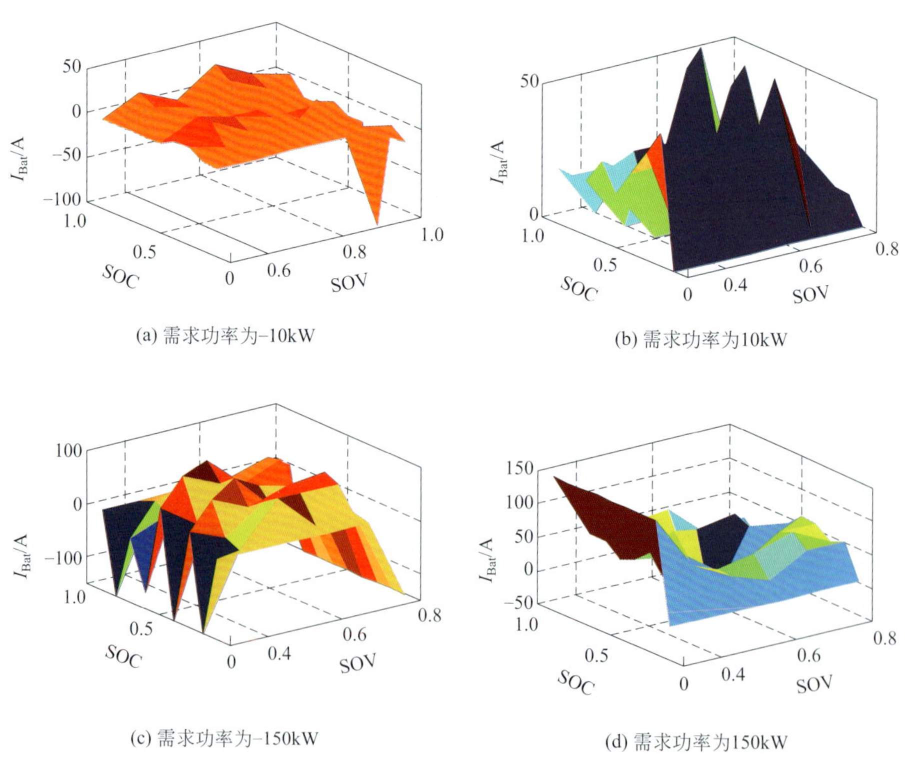

图5-31　动作变量分布图

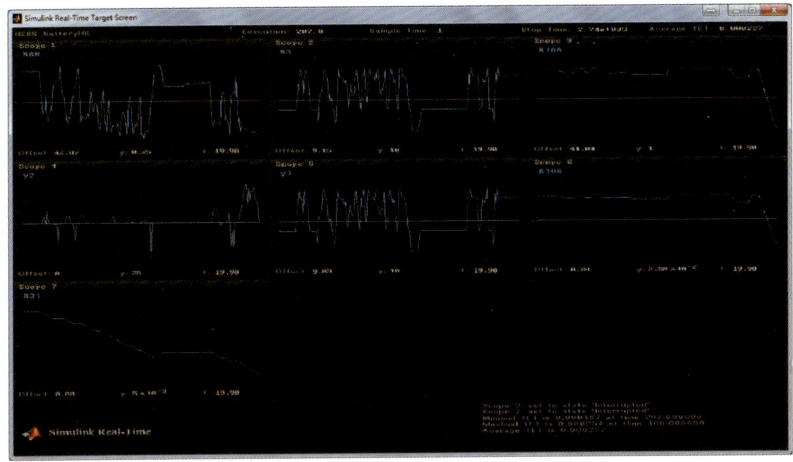

图6-8　RCP仿真实验过程中系统主要参数变化

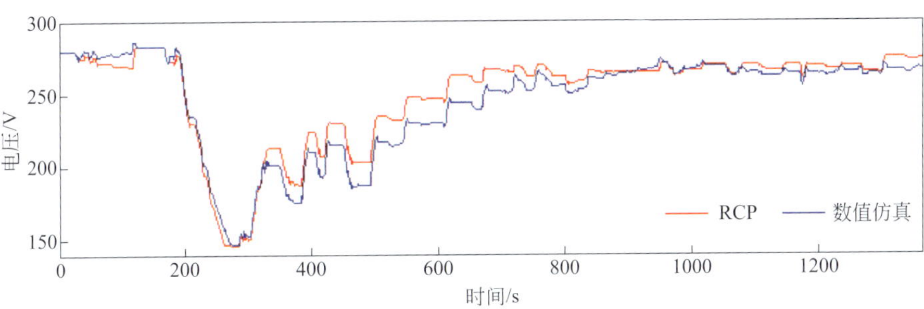

图6-9　实验与仿真的超级电容组电压

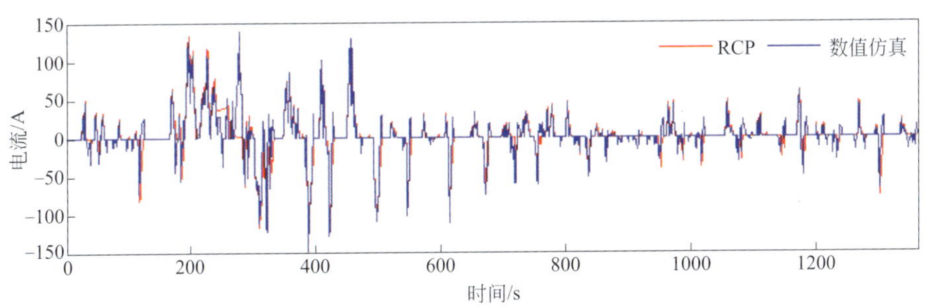

图6-10　实验与仿真的超级电容组电流

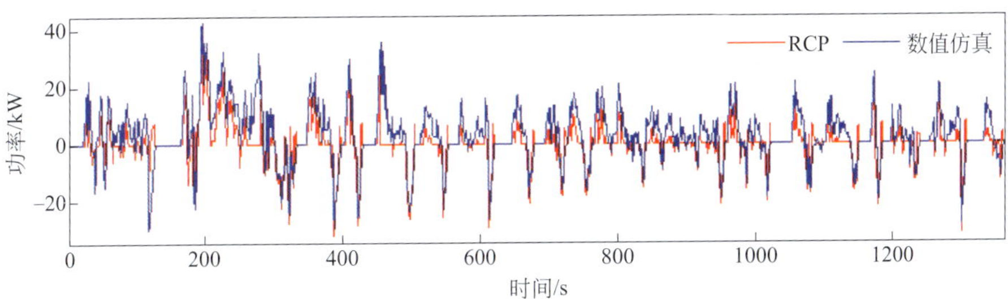

图6-11　实验与仿真的系统需求功率

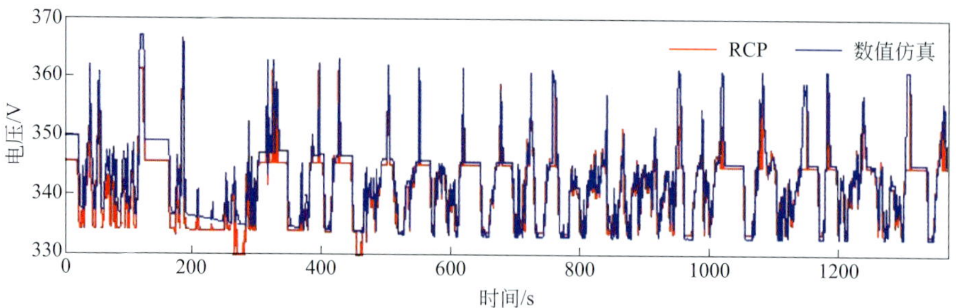

图6-12　实验与仿真的动力电池组电压

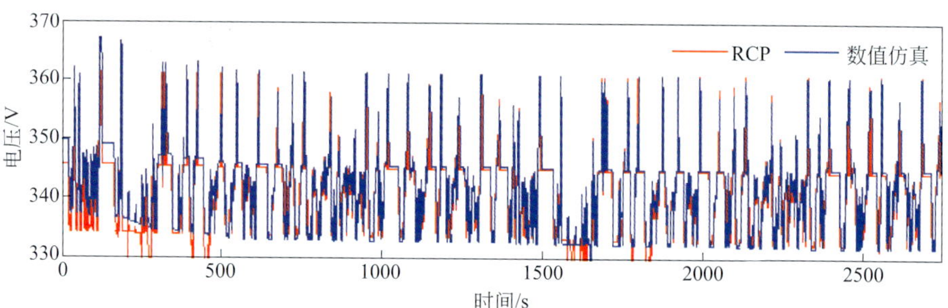

图6-13　实验与仿真的动力电池组电压(两个工况循环)

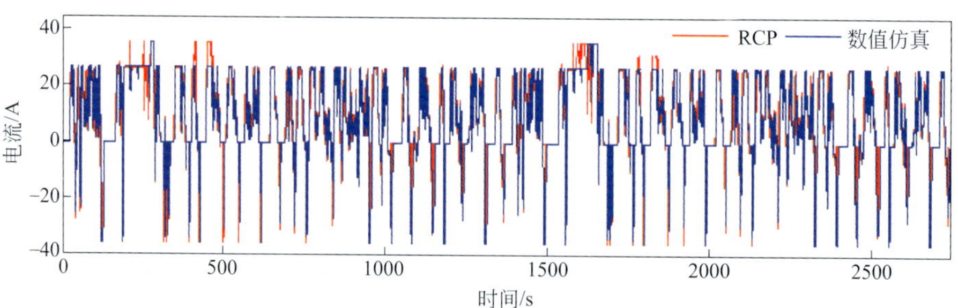

图6-14　实验与仿真的动力电池组电流(两个工况循环)

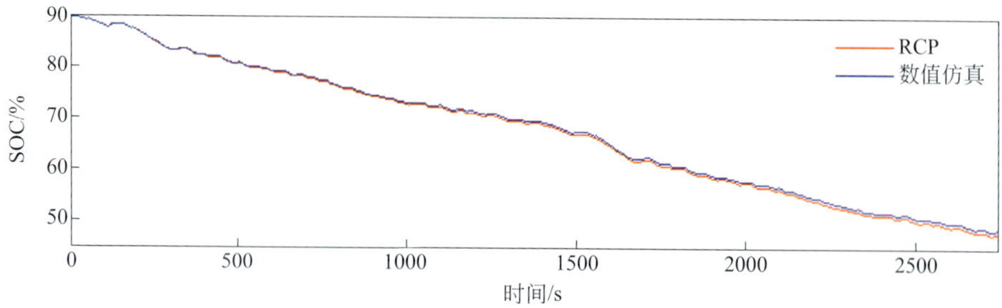

图6-15　实验与仿真的动力电池组SOC(两个工况循环)